Nelia Schmid König

Damit
Kindern
kein Flügel
bricht

Nelia Schmid König

Damit Kindern kein Flügel bricht

Kindliche Verhaltensauffälligkeiten
verstehen und ein gutes
Familienklima fördern

Kösel

Für meine Kinder
und alle anderen,
mit denen ich
unterwegs sein darf

Nähere Informationen über die Autorin erhalten Sie über *www.neliaschmidkoenig.de*

Anfragen an die Autorin richten Sie bitte an ihre Mailadresse *nelia@neliaschmidkoenig.de*

Verlagsgruppe Random House FSC® N001967
Das für dieses Buch verwendete FSC®-zertifizierte Papier
Munkenprint Cream liefert Arctic Paper Munkedals AB, Schweden.

3. Auflage 2014
Copyright © 2010 Kösel-Verlag, München,
in der Verlagsgruppe Random House GmbH
Dieses Werk wurde vermittelt durch die Autoren-
und Projektagentur Gerd F. Rumler.
Umschlag: fuchs_design, München
Umschlagmotiv: Istockphoto/A-Digit
Druck und Bindung: CPI – Ebner & Spiegel, Ulm
Printed in Germany
ISBN 978-3-466-30852-1

www.koesel.de

Inhalt

Die fünf häufigsten Gründe, einen Kindertherapeuten aufzusuchen

Marvin, ein neunjähriger Junge, malt am liebsten Vögel in der Therapie. Adler, Raben, Bussarde, Schwäne. Marvin ist ein Vogelexperte. »Am liebsten wäre ich ein Adler, die fliegen ganz weit oben, keiner kann sie erreichen ... Sie fliegen allen anderen davon.«

Seine Realität sieht anders aus – und seine gemalten Vögel auch. Sie haben gebrochene Flügel, alle. Zuerst habe ich die gebrochenen Flügel meinem Unvermögen zugeschrieben, Marvins Bilder richtig wahrnehmen zu können. Wir Erwachsenen wollen ja oft in der gemalten Welt unserer Kinder unsere eigene Erwachsenenrealität wiederfinden. Und ein Adler sieht nicht aus wie ein Schwan. Bei Marvin sieht der Adler aus wie ein Schwan, doch Marvin unterscheidet mit wissender Stimme: »Das ist ein Adler, das ist ein Schwan ... das merkt man doch.« Ich hab es nicht gemerkt, doch vorsichtig geworden bei meinem Wunsch, die Dinge klar einzuordnen und zu benennen, halte ich mich bei Marvins Flügeln zurück. Auffällig ist nur, dass alle Flügel, ob Adler- oder Schwanflügel, in der Mitte abknicken. »Das sind ganz besondere Flügel ...«, taste ich mich vorsichtig an seine Vogelbilder heran. Manchmal malt Marvin gleich mehrere Bilder in der Therapiestunde. »Ja, die kommen gerade von einem Kampf ... sie waren aber stärker ... sie fliegen jetzt davon.«

Wie kann man mit gebrochenen Flügeln fliegen? Es war nur ein Gedanke, ich hab ihn nicht ausgesprochen.

Ein halbes Jahr später sagt Marvin, und Tränen laufen über sein blasses, schönes Gesicht: »Der Papa hat gesagt, wenn du es nicht ins Gymnasium schaffst, kannst du es gleich vergessen ...« Am Ende dieser Stunde malt er sein für lange Zeit letztes Vogelbild, einen roten Adler: »Hast du gemerkt, dass der kaputte Flügel hat?« Ich nicke: »Ja, er ist wunderschön, aber seine Flügel sind kaputt ... ein trauriger Vogel.«

Marvin ist ein ganz normales Kind. Sensibel und begabt wie viele andere Kinder auch. Was ihn von anderen Kindern unterscheidet, sind seine Diagnosen. Er ist neun Jahre alt und hat schon drei Diagnosen, die wie Blei auf seinem noch jungen, erst begonnenen Lebensweg liegen. Die letzte ist erst kürzlich vor ihm aufgebaut worden. Seine Mutter sagte am Telefon: »Können Sie uns helfen? Wir haben einen Zappelphilipp zu Hause, die Ärzte wissen jetzt, was los ist mit ihm ...«

Nach unserer ersten Begegnung habe ich als Erstes die Diagnosen beiseitegelegt. Marvin ist kein krankes Kind. Marvin ist ein unverstandenes Kind. Ein vitaler, entzückender Junge steht vor mir, mit einem für sein Alter sehr wachen Verstand und überdurchschnittlichen Ausdrucksvermögen. Ich beglückwünsche die Eltern zu ihrem begabten Kind. Die Reaktion der Eltern ist – Überraschung. »Wir hören immer nur Negatives über ihn ... und Sie gratulieren uns zu diesem Kind!« Und Marvins Vater, ein in der rauen Welt der Wirtschaft geschulter Kämpfer, meint mit leicht sarkastischem Unterton: »Bis jetzt gab's Diagnosen ... jetzt plötzlich Glückwünsche ... ist das eine neue Tour?«

Nein, das ist keine »neue Tour«. Es ist nach vielen Jahren Erfahrung als analytische Kinder- und Jugendlichentherapeutin der Versuch, die Augen der Eltern mit Hoffnung zu füllen und nicht mit weiterer Angstmacherei eine Eltern-Kind-Beziehung zu verstopfen. Dort, wo vorher Angst, Sorge und das lähmende Gefühl, als Eltern zu versagen, geherrscht haben, möchte ich bei den Eltern wieder Freude und Neugierde am Kind wecken.

Ein viel zu häufiger Mitbewohner in vielen Familien ist die Angst. Sie nistet sich ganz unauffällig im Laufe der Jahre ein und kann irgendwann ein Dreh- und Angelpunkt im Familienleben werden. Selten zeigt sie ihr Gesicht. Wen man klar erkennen kann, gegen den kann man kämpfen. Doch die Angst ist eine Meisterin der Maskierung. Sie bleibt diffus, entzieht sich jedem Zugriff, hüllt sich schnell wieder in ein anderes Kostüm, wenn ihr Entblößung droht.

Anfangs ist die Angst im jungen Paarglück nur ein graues, mickriges Pflänzchen: Was, wenn wir keine Kinder bekommen? Doch das Kind kommt. Unkraut vergeht. Dieses Pflänzchen ist also schnell wieder ausgerissen und stirbt ab. Doch das nächste lauert bereits: Was, wenn ich keine gute Mutter bin, was, wenn ich kleine, schreiende Kinder nur als nervig empfinde, endlich wieder einmal durchschlafen möchte? Was, so der Mann, wenn ich meine Frau wieder einmal ganz für mich haben möchte, sie ist ja nur noch Mutter ... Wieder ein paar Jahre später, die erste soziale Schwellensituation: der Kindergarten. Kann sich unser Kind integrieren, findet es Freunde? Dann die erste große Belastung: die Einschulung. Die Angst ist inzwischen kein mickriges Unkraut mehr, das man mit einer entschlossenen Handbewegung ausreißen kann, sondern eher ein Schlingpflanzengewächs, das durch die Familienräume wabert und sich im Wohnzimmer ebenso ausbreitet wie im Kinderzimmer, in der Küche. Manchmal bahnt sich dieses Schlingpflanzengewächs seinen Weg sogar schon ins Ehebett: »Du, Florian hat eine Mitteilung im Hausaufgabenheft stehen, dass er wieder keine Hausaufgaben gemacht hat ...« Der Übertritt an eine weiterführende Schule steht bevor. Die Angst lächelt gemein. Sie wächst, legt an Gewicht zu, die anderen sichtbaren Familienmitglieder leiden mehr oder weniger unter Appetitverlust. Kein »Freude, schöner Götterfunken« mehr, solche erhebenden Wohlklänge klingen nur noch vereinzelt an, sondern Ärger und Stress mit den Götterjünglingen und -töchtern von einst. Auch der Göttergatte hat an charmanter Aufmerksamkeit schon lange eingebüßt.

Die Mutter spricht mit dem Vater, der Vater ermahnend mit dem Sohn oder der Tochter, wobei sich die Tochter die warnenden Worte des Vaters bedeutend mehr zu Herzen nimmt als der bockige Bruder. Die Angst kriegt in diesem Alter nicht so richtig Platz bei den Töchtern, denn diese sind gewillter, den elterlichen Ängsten durch schöne Schrift und regelmäßige Erledigung der Hausaufgaben vorzubeugen als die gleichaltrigen Jungen. Die Jungen bewegt mit neun oder zehn Jahren nicht so sehr das Ergebnis des letzten Aufsatzes, sondern die Zeit, die sie für 50 Meter gebraucht haben im Sport. Und ob sie ein Alphatier sind im Klassenverband oder als Angsthase gelten.

Die Zeit vergeht. Es ist eine Ewigkeit her, dass Mutter und Vater zusammen, nur sie allein, essen waren, sich für einen Kinofilm begeistert haben, im Bett gestöhnt haben vor Lust, nicht vor Sorge. Die Angst lächelt wieder. Sie hat alles im Griff, sogar die Blicke der Eltern. Diese wandern wie von selbst zu den größeren Kindern hin. Größere Kinder, größere Sorgen, raunt der Volksmund. Die Eltern leihen ihm ihr Ohr. Und der Blick des Vaters gleitet schnell wieder von seiner Frau weg, die sich eh nur beklagt, für die ganze Familie der Mülleimer zu sein. Und die Mutter, die jetzt schon so viele Jahre Mutter ist und ganz vergessen hat, dass sie für ihren Mann einst eine begehrenswerte Frau war, zuckt resigniert die Schultern und folgt den Blicken ihres Mannes. Beide haben wieder das Ruder ergriffen. Das Familienschiff, für einen kurzen bitteren Moment ins Schlingern geraten, hält wieder Kurs. Die zwei Kapitäne, für einen Bruchteil einer Sekunde in Gefahr, als Schiffbrüchige durch das weite Meer ihrer traurigen Seele und enttäuschten Wünsche zu treiben, steuern wieder auf ihr altes, neues Ziel zu: »Also, so geht das nicht weiter,

Tobias/Katharina, du hängst nur rum, hast keine Ziele mehr. Ohne Abitur biste gar nichts ...«

Auch Eltern lügen manchmal.

Solche Elternbotschaften stimmen nicht, aber sie entfalten in der Kinderseele Wirkungen wie ein wüster Orkan. Kinder, die mit solchen Botschaften aufwachsen, suchen vergeblich nach Flügeln in ihrem Reisegepäck. Vieles kramen sie hervor, Vorschriften, Spielregeln, Kataloge, gefüllt mit Bildern von Abgestürzten, Behinderten, Arbeitslosen, Verarmten, Drogensüchtigen. Wo nur stecken die verdammten Flügel? Wo sind die Kinder, die wie Ronja Räubertochter mit neugierigem Blick in den fremden, unvertrauten Wald aufbrechen? Wo sind die kleinen Ronjas und Birks, die nicht mehr darauf warten können, die Welt zu entdecken und die ihr innewohnenden Herausforderungen zu meistern? Wir waren doch alle einmal neugierig, mutig und unersättlich, waren ... waren einfach normale Kinder.

Dieses Buch, um es ganz deutlich zu sagen, ist kein Schulden-Buch, in welchem Elternfehler aufgelistet oder Eltern an den Pranger gestellt werden. Die Eltern sind nicht schuld, wenn ihre Kinder noch keine starken Flügel ausgebildet haben oder noch mit geringer Flugkraft in den aufregenden, wunderschönen Ländern ihrer Seele unterwegs sind. Die Flügel der Erwachsenen sind doch manchmal auch etwas verkümmert. Angst essen Seele auf.

Auf den folgenden Seiten stehen Wechselwirkungen im Vordergrund, manchmal sind es günstige, manchmal eher ungünstige. Es sind nur Wechselwirkungen – und die sind etwas Bewegliches und somit korrigierbar. Schuld spielt hier keine Rolle. Schuld ist ein Flügelkiller par excellence. Wer sich schuldig fühlt, ist für die Lebensfreude verloren. Und wie viele Eltern kommen in die Praxis mit dem Gefühl, versagt zu haben oder, milder, ihren Kindern nicht ganz gerecht zu werden! Ich kenne nichts Vergleichbares im unendlichen Land der Seele, was Flügel so zu stutzen vermag, wie Schuldgefühle.

Ich hatte zu Beginn meiner Arbeit als Kinderanalytikerin einen großen und fast heiligen Respekt vor Schuldgefühlen. Ich habe ihn verloren. Und das ist gut so. Ich schiebe ihn, wenn der Zeitpunkt gekommen ist, sanft aus dem Therapiezimmer hinaus und hole statt seiner die Verantwortung herein. Mit einem Gefühl der Verantwortung lässt sich so viel besser arbeiten. Schuld lähmt und macht passiv. Das Gefühl der Verantwortung bringt uns alle in den lustvollen und lebensbejahenden Reigen der eigenen Existenz zurück. Mit Verantwortung lässt sich besser leben und leichter erziehen.

Eltern haben keine Schuld, wenn ihren Kindern ein Flügel bricht. Sie haben nur die Verantwortung, den verletzten Flügel wahrzunehmen und ihn, so gut es ihnen möglich ist, wieder zu heilen. Zusammen mit ihrem Kind. Und Eltern ist vieles möglich. Und der Anfang dieser wunderbaren Möglichkeiten ist, an diese Möglichkeiten zu glauben.

Ich möchte hier vielen Eltern danken, auch für ihre Bereitschaft, dass ich auf ihre Geschichten und die ihrer Kinder in diesem Buch zurückgreifen durfte (selbstverständlich anonymisiert). Ich hatte und habe nicht nur begabte Kinder in Therapie, sondern auch begabte Eltern, Männer und Frauen, die zu ihrer Erziehungskompetenz zurückgefunden haben. Und manchmal sogar zu ihrer Liebe füreinander. Manchmal, wenn eine Therapie gut gelaufen ist, befinden sich atmosphärisch gesehen mehr Menschen im Raum als zu Beginn der Therapie: Zur Familie, bestehend aus Mutter, Vater und den Kindern, ist das Paar zurückgekehrt. Wie bei Marvin. Und mit dem Paar hat doch auch diese Familie ihren Anfang genommen.

Das Paar

Es stimmt nicht, dass Therapeuten ihre professionell geschulte Liebesfähigkeit gleich zur Verfügung haben, sozusagen von der ersten Begegnung an. Wenn es – beim Therapeuten – gut läuft, kann er im ersten Kontakt auf seine eigene Offenheit und Unvoreingenommenheit zählen. Die Liebe, eine unverzichtbare Konstante im psychoanalytischen Prozess, kommt oft erst mit der Zeit. Doch dann ist sie ein Fundament, das trägt, auch und gerade, wenn schmerzliche, traurige oder einfach hässliche Beziehungswunden in den therapeutischen Prozess Eingang finden und nicht mehr vereitern müssen, sondern wahrgenommen und behandelt werden dürfen.

Frau M. macht es mir leicht. Eine anmutige Erscheinung, wie sie da vor der Tür steht, ein kleines Lächeln auf den Lippen, ein fester Händedruck. Guter Blickkontakt. Auf Fragen kommen keine vorgefertigten, schnellen Antworten, sondern ein tastendes Suchen nach Erklärungen.

Frau M.: »Ja, also, Sie sind ja Kindertherapeutin ...«

Frau S.-K.: »Ja, und Paartherapeutin.« (Manchmal macht man intuitiv Anmerkungen, wie sie sonst nicht geschehen.)

»Genau, das hat mir meine Freundin gesagt ... also, jetzt weiß ich gar nicht ..., mein Mann wollte auch kommen, ist aber jetzt verhindert.« (Sie verstummt, verliert den Faden.)

»Sind Sie enttäuscht ... ich meine, dass Sie alleine kommen mussten?«

»Ja, schon, mein Mann, wissen Sie, er hat wahnsinnig viel um die Ohren ... Also ich komm wegen unserer Tochter, hab Ihnen gesagt am Telefon, dass sie 16 ist, redet kaum noch mit uns. Wenn, dann beschimpft sie uns, jetzt auch meinen Mann, früher nicht. Die hatten eine Superbeziehung ... vor einer Woche hab ich es gesehen ...«

»Was haben Sie gesehen?«

»Die Narben auf dem Oberschenkel, sie schneidet sich. Ich hätte es nicht gemerkt, wenn nicht die Mutter ihrer besten Freundin es mir gesteckt hätte vor einigen Tagen ... Ich verstehe das nicht ... Maja war uns immer wichtig, wir haben sie gut erzogen ... gut behandelt ... Warum macht sie so was?« (Frau M. weint.)

»Weil sie im Moment nur diese Sprache hat. Sie hat andere Ausdrucksweisen gehabt, sie wird auch wieder andere finden. Aber im Augenblick spricht sie diese Sprache.«

»Aber das ist doch keine Sprache, das ist ... ist ... mein Mann hat, wie er es erfahren hat, zu ihr in der Erregung gesagt: ›Hör sofort auf mit dem Scheiß, du tickst doch nicht mehr richtig ...‹ Jetzt macht er sich auch Sorgen.« (Sie weint wieder leise vor sich hin.)

»*Sie* machen sich vor allem Sorgen, habe ich den Eindruck, Ihr Mann hat ja keine Zeit, sich zu sorgen, er hat viel um die Ohren. Aber er braucht sich ja auch nicht zu sorgen, wenn Sie die Sorge um Maja für beide übernehmen. Fühlen Sie sich etwas alleingelassen von Ihrem Mann?«

»Ja ...«

»Schon lange?«

»Schon lange ... Wissen Sie, Maja war nie ein einfaches Kind ... sie war süß als Baby, aber sie hat sich nur von mir trösten lassen. Mein Mann hat damals, ich erinnere mich noch genau, mehr als einmal lachend gesagt, wenn man euch so sieht, kommt man auf die Idee, man sei als Mann hier überflüssig ...«

»Ihr Mann hat das zwar lachend gesagt. Aber könnte es sein, dass er Sie damals vermisst hat?«

»Aber ich war doch da!«

»Ja, für Maja – nicht für ihn.«

(Frau M. mit plötzlichem Ärger in der Stimme, die Tränen versiegen): »Haben Sie auch Kinder?«

»Ja.«

»Dann müssten Sie doch wissen, wie anstrengend das ist, das erste Kind, man weiß noch nichts, will alles richtig machen, es schreit, Hunger kann es nicht sein ... hat ja eben getrunken ...«

»Ich weiß es ... ich fand es auch anstrengend ... Trotzdem glaube ich, dass Ihr Mann Sie vermisst hat, weil aus seiner geliebten Frau fast über Nacht eine hingebungsvolle Mutter geworden ist. Da hat seine Einsamkeit angefangen ... und inzwischen, so hört es sich an, besteht Ihre Familie aus drei Kindern und zwei einsamen Erwachsenen. Der eine Erwachsene nimmt alles auf sich, was mit den Kindern nicht läuft, der andere Erwachsene schiebt alles von sich ... Übrig bleibt: Sie können nicht einmal mehr einen Termin gemeinsam wahrnehmen, weil Sie zu viel mit der Familie zu tun haben – und Ihr Mann zu wenig.«

(Frau M. mit zögerlicher Stimme): »Eigentlich hat mir gefallen, dass Sie Paartherapie machen, doch angerufen hab ich wegen meiner Tochter ... mein Mann hat auch gesagt, jetzt muss was vorangehen ...«

»Ihr Mann hat recht ... Was meinen Sie, wenn wir das wörtlich nehmen – und Sie beide, Ihr Mann und Sie, Ihrer Tochter vorausgehen. Beides ist einen Versuch wert, Jugendlichentherapie oder Paartherapie. Sie wissen am besten, wozu Sie und Ihre Familie im Moment in der Lage sind. Beides ist in Ordnung.«

Herr und Frau M. haben sich für eine Paartherapie entschlossen. Ich habe Maja nie kennengelernt. Nach einem halben Jahr hat sie ganz aufgehört zu ritzen. Sie hat wieder andere

Ausdrucksmittel entwickelt, eines davon ist das Filmen. Sie lässt sich zur Kamerafrau ausbilden.

Am Anfang war das Paar. Ein Mann und eine Frau lernen sich kennen. So haben alle Geschichten angefangen, bevor eine Familie den Weg zum Therapeuten findet. Alle Paare hatten einmal eine Liebesgeschichte. Die einen eine heftigere, die anderen eine leise, unauffällige, die sich allmählich entwickelt hat. Zwei Menschen haben zueinander gefunden und beschlossen, ein gemeinsames Lebenshaus zu entwerfen. Ein großes Wagnis und ein herrliches dazu. Sich gemeinsam auf einen Paarweg machen, setzt Ströme unvorhersehbarer Sehnsüchte und Wünsche in Bewegung. Lieben ist wie das Öffnen einer Schleuse. Nur dass da nicht nur ein Lebensfluss in Bewegung gerät, sondern gleich zwei Flüsse das gemeinsame Strömen beginnen. Eine manchmal fast archaisch anmutende Kraft wirkt am Beginn einer Liebesbeziehung. Liebe belebt und erfasst auch bis jetzt ruhende Kräfte. Liebe ist der natürliche Sonderfall von Lebendigkeit. Liebe will und begehrt immer das Neue, das schon lange nicht mehr oder noch nie Dagewesene. Liebe ist in seinem Ursprung der vitalste und strahlendste Affekt, über den wir Menschen verfügen. Liebe verwandelt einen einfachen Sonnenaufgang in ein Naturereignis, die Berührung zweier Lippen in eine Ahnung von Zeitlosigkeit. Ewigkeit ist ein paar Sekunden lang kein religiöses Wort mehr, sondern eine Erfahrung, die sich nicht um Herkunft, soziale Schicht, materielle Gegebenheiten schert, sondern einfach für alle Menschen erreichbar ist.

Am Anfang war der Kuss. Es gibt den berühmten ersten Kuss. Teenagerlippen. Manchmal ist er nicht so schön, wie bei mir damals, weil der Junge so nach Bier gerochen hat, spät in der Nacht, nach einem langen, aufregenden und ersten Jugendball auf der Zinne einer Festung. Manchmal ist er unvergesslich. Es gibt die berühmten Filmküsse, die wir uns immer wieder gerne ansehen: *Casablanca, Vom Winde verweht, Berüchtigt* oder *Verdammt in alle Ewigkeit* mit einer hinreißenden Deborah Kerr und Burt Lancaster. Es gibt Rodins unvergleichlichen »Kuss«, um den auch junge Menschen, wie 2007 in München zu sehen, mit verklärtem Blick herumgehen, um ja nichts von den Küssenden und ihrer Versunkenheit ineinander zu verpassen. Es gibt die berühmten gemalten Küsse. Klimt fällt mir ein, der mit seinem Bild »Der Kuss« so unendlich viel besser wiedergeben kann, was ich zuvor den strahlendsten Affekt genannt habe. Alles erstrahlt in seinem Bild in verschwenderischem Glanz. Gold beherrscht die Farbpalette, überzieht das küssende Paar bis in die golden gemalten Lippen mit Licht. Ein Abbild des Inneren der Partner. Kein Kitsch, wie Klimt manchmal vorgeworfen wird, nur der Mut eines Künstlers, gewisse Zustände in Gold zu tauchen – weil sie so sind. In diesem einen kostbaren Augenblick. Das Bild hält ihn fest.

Getrennt vom Bild wissen wir um die Flüchtigkeit solcher Augenblicke. Doch man kann diesen goldenen Kuss auf dem langen und mitunter verdunkelten Weg durchs Leben immer wieder finden. Ein altes Paar, sie 72, er 75 Jahre alt, haben in der Paartherapie von genau so einem Kuss erzählt. Sie: »Er hat mich geküsst, können Sie sich vorstellen, dass er mich seit 30 Jahren nicht mehr so geküsst hat? Ich hab zu ihm gesagt: He, wenn du mich so geküsst hättest in den Jahren davor, hätten wir nicht so viel Ärger gehabt miteinander … Da hätten wir uns einiges erspart … können Sie sich das vorstellen?« Ja, natürlich kann ich es mir vorstellen, und die Vorstellung bereitet mir Vergnügen, großes sogar.

Es gibt die berühmten literarischen Liebespaare: Romeo und Julia, Tristan und Isolde, Philomen und Baucis, Abelard und Eloise, die weltlichen Liebespaare Cäsar und Kleopatra, Goethe und Christiane Vulpius (oder eher Freifrau von Stein?), Gabriele Münter und Wassily Kandinsky, Liz Taylor und Richard Burton, Helmut Schmidt und seine Frau Loki. Einige dieser großen Liebesgeschichten enden tragisch. Liebe muss aber nicht immer dramatisch sein. Sie muss nicht durch den vorzeitigen Tod des oder der Liebenden ihr Ende finden. Sie könnte weitergehen, wenn der Paarweg als lebenslange Herausforderung und intensiver Lernprozess verstanden würde. Der Paarweg ist neben der Kindererziehung der längste und aufregendste Weg auf der Wanderkarte unseres Lebens.

Doch zurück zu den Spielarten der Liebe. Lassen wir drei Paare vom Beginn ihrer Liebe erzählen:

Das Paar Solide:

Sie: »Wir haben uns beim Oktoberfest kennengelernt. Er setzte sich zu mir ins Auto – und wir haben die ganze Nacht geredet. Noch nie habe ich mich bis zum damaligen Zeitpunkt mit einem Menschen so lange und so gut unterhalten. Wir entdeckten, dass wir gleich denken, ähnliche Ansichten haben ... es war super.«

Er: »Sie verstand mich auf Anhieb. Wir haben geredet ohne Ende und ich hab gehofft: Lass diese Frau ein Leben lang neben mir sitzen. Sie versteht dich wie noch nie eine vor ihr. Es war, wie wenn wir uns schon ewig kennen würden. Nichts war da fremd. Eine große Vertrautheit, etwas ganz Unkompliziertes war da. Nicht so ein Krampf wie sonst, wenn ich eine Frau kennengelernt habe und überlegen musste, wie ich ihr gefallen könnte. Es war einfach.«

Das Paar Adam und Eva:

Sie: »Ich wollte ihn unbedingt. Er sah gut aus, hatte viel Charme, war witzig und geistreich. Ich habe sehr wohl gemerkt, wie andere Frauen aus der Gruppe plötzlich zu Weibchen geworden sind, wenn er aufgetaucht ist. Plötzlich wurden die lebendig, erzählten interessante Dinge, waren wie verwandelt.«

Er: »Sie flirtete mit mir ganz ungeniert und ich dachte: Hoppla, die will was von dir. Sie gefiel mir sofort, hatte so ein mädchenhaftes Lachen. Sie war sexy ... die bringt dich zum Träumen, dachte ich mir. Mit der wird's nicht langweilig.«

Das Narzissen-Paar:

Sie: »Er stand da, hielt eine Spitzenrede als Trauzeuge, eine kleine One-Man-Show. Wir haben uns ziemlich amüsiert. Alle waren begeistert. Er konnte sich gut ausdrücken, war auch danach so ein Mittelpunkt ... Der Mann hat's drauf, dachte ich. Der ist erfolgreich und zielstrebig, der bringt's zu was im Leben.«

Er: »Ich kannte sie ja noch nicht, sie ist mir aber ziemlich schnell aufgefallen ... könnte eine Tänzerin sein, so wie sie sich bewegt ... war dann etwas enttäuscht, wie sie mir erzählt hat, dass sie im Büro arbeitet, aber was soll's, das ist eine echt gute Frau ... Sie und ich, wir würden ein gutes Paar abgeben ... Vielleicht hab ich das aber auch erst später gedacht, sechs Monate danach oder so ...«

Ich habe diesen drei Paaren einen Beinamen gegeben, der etwas Exemplarisches ausdrücken soll. Es sind die drei am häufigsten vorkommenden Liebesmächte und Liebeszauber in diesen Aussagen spürbar, wie sie sich am Anfang einer erwachenden Liebe ausdrücken lassen. Mir sind im Laufe der Jahre vor allem diese drei Formen begegnet, natürlich auch in Mischformen.

Was zieht einen Mann zu einer Frau hin? Was hebt, mit den Augen der Frau gesucht, einen Mann aus der Schar anderer potenzieller Lebensgefährten heraus? Keines der drei Paare ist das »richtige« Paar. Alle drei können es schaffen. Bei allen dreien kann es gut gehen. Alle drei können aber auch an den scharfen Klippen ihrer Fantasie beziehungsweise beim Versuch, ihre Fantasien alltagstauglich zu machen, sich Verletzungen holen oder über die Klippen stürzen.

Das Paar Solide

Kommt es am häufigsten vor? Fast will es den Anschein haben, doch das kann auch mit meiner Haupttätigkeit als Kinder- und Jugendlichentherapeutin zu tun haben. Wenn die Familien wegen eines Kindes kommen, hat das Elternpaar oft schon das Liebespaar, das es einmal war, vergessen. Sexualität, körperliche Anziehung sind in vielen Ehen bereits zu seltenen Gästen geworden. Das heißt aber noch lange nicht, dass es sie nie gegeben haben soll oder nur im Rahmen der Kinderzeugung.

Es fällt auf, dass das Aussehen beim Paar Solide (bitte französisch ausgesprochen, ohne e am Ende) keine große Rolle zu spielen scheint. Der Blick der Frau und der Blick des Mannes machen beim Aussehen nicht lange Halt, sondern gehen gleich tiefer. Nicht der äußere Körper und seine Beschaffenheit spielen hier eine große Rolle, sondern der *Gefühlskörper*. Beide beschreiben nicht, was sie beim ersten Anblick des anderen gesehen, sondern was sie *gefühlt* haben: Vertrauen, Anstrengungslosigkeit, Geborgenheit, Verständnis, Wohlbefinden.

Das Paar Solide wird manchmal schnell in die Ecke Mutter-Kind-Abkömmling geschoben, dorthin, wo das Kind noch keine großen Unterschiede zwischen sich und den wichtigsten Bezugspersonen wahrnimmt, sich in vielen innigen Augenblicken verschmolzen erlebt mit der Mutter, dem Vater. Das Stichwort Symbiose fällt leise, schnell und nachdrücklich. Du bist wie ich, ich bin wie du. Wir wollen das Gleiche, wir empfinden das Gleiche.

Das Paar Solide ist kein in der psychischen Entwicklung zurückgebliebenes, regrediertes Paar. Am Anfang meiner therapeutischen Tätigkeit habe ich noch geglaubt, ich müsste solchen Paaren auf die Sprünge helfen, Geburtshelferin spielen beim Gebären einer sexuellen, von Erotik geprägten Beziehung. Eine Sichtweise, die von Arroganz und professioneller Besserwisserei geprägt war – und mir heute die Schamröte ins Gesicht treibt. Wo steht denn geschrieben, welches die richtigen Zutaten sind für eine Liebesbeziehung? Kein Lehrbuch hat die Antwort. *Die Antwort ist immer das Paar selber.*

Manchmal kommt ein Paar Solide in die Praxis, das sich sehnsuchtsvoll an die guten Gespräche von einst erinnert, aber nicht mehr miteinander sprechen kann. Dann geht es nicht darum, diesem Paar wilde Orgien im Bett nahezubringen (das entspräche einem der anderen Paare), sondern diesem Paar die in den Stürmen der Erziehungsjahre verloren gegangene gemeinsame Sprache zurückzubringen. Sie zu ermutigen, sich einander wieder anzuvertrauen, die Hand auszustrecken nach dem anderen, damit er sie nimmt und zärtlich drückt. Diese Paarbeziehung muss nicht durch irgendwelche erotischen Techniken aufgepeppt werden, sondern der bei diesen Paaren oft reiche und wärmende Gefühlskörper muss wieder aus seinem Alltagsgestrüpp aus Verpflichtungen und Aufgaben herausgelöst werden. Ein solches Paar würde ich nie ins Bett schicken, sondern zum Beispiel auf eine Felsplatte auf Elba, wo sie eng umschlungen den Sonnenauf- und -untergang beobachten können. Oder, falls Elba zu weit ist, in die Berge zum Wandern. Falls die Berge immer noch zu weit sind: ins Bett zum Kuscheln, und jeder liest dem anderen aus seinem aktuellen Lieblingsbuch vor – Eintritt verboten für Kinder.

Das Paar Solide hat ein differenziertes Gefühlsleben, lebt in einem solide gebauten Gefühlshaus, und die Eckpfeiler davon heißen Vertrauen und Verlässlichkeit. Die Partner haben ein tiefes Wissen umeinander, das der Verständigung, nicht der Ausbeutung des anderen dient.

Das Paar Solide ist ein Brückenbauer. In dieser Liebesbeziehung wird alles getan, um die Brücke immer wieder instand zu setzen, zu erneuern und zu stabilisieren. Auch diese Brücken kennen Risse. Doch es ist das besondere Vermögen solcher Paare, den anderen nicht in Unkenntnis darüber zu lassen, wie bedeutsam die gemeinsam errichtete Brücke bleibt – und wie tragfähig für eine gemeinsame Reise durchs Leben. Es sind Paare, in deren Gegenwart man sich wohlfühlen und entspannen kann, weil sie einander mit Achtung begegnen. Die gegenseitige Achtung ist das Fundament dieser Beziehung. Geht diese Achtung einmal verloren oder ist sie bedroht, so wirkt der Wunsch nach Verständigung heftiger und machtvoller als die verletzte Eitelkeit oder persönliche Narzissmen.

Das Paar Adam und Eva

Dieses Paar begegnet und erkennt sich im geschlechtlichen Unterschied. »Da wurden ihrer beiden Augen aufgetan und sie wurden gewahr, dass sie nackt waren ...« (Mose 3,7) Die Partner begrüßen, ja suchen geradezu das Fremde im anderen. Zuerst einmal auf der sichtbaren körperlichen Ebene. Penis und Vagina erzählen zwei garantiert verschiedene Geschichten mit zwei garantiert verschiedenen Möglichkeiten, nämlich derjenigen der Penetration und der Öffnung. Eine Geschichte von Schwert und Scheide, Yin und Yang, weiche Nacht und harter Tag.

Es sind die Unterschiede, die hier mächtig locken. Dieser Fischer wirft seine Netze nicht aus für die Fische, das wäre ihm viel zu langweilig und monoton. Er hofft auf einen anderen, weit verlockenderen Fang, nämlich den der Seejungfrau auf grazilen Beinen. Der gemeinsame Gang ist hier nicht so wichtig. Der Gang eines Mannes, der Gang einer Frau muss beim Paar Adam und Eva anschaulich und sinnlich erfahrbar werden als der attraktive Unterschied. Die Sexualität spielt bei diesem Paar, fast unnötig zu sagen, eine große Rolle.

Warum ist diesen Paaren der *Geschlechtskörper* so wichtig? »Körper« möchte ich übrigens in einem umfassenden Sinne verstehen: als Gestalt, als Inhalt. Der Geschlechtskörper hilft ihnen bei der eigenen Ortung auf der hohen See des Lebens. Manchmal hat er sich biografisch aus einer zu engen Umschlingung vom eigenen Geschlecht herausgeschält. Eine Beobachtung, die ich oft bei engen Mutter-Töchter-Beziehungen beziehungsweise Umarmungen machen kann: Frauen, die einmal festgehalten statt fest gehalten worden sind von ihren Müttern, suchen oft das Weite. Und Weite scheint ihnen in der Gestalt eines Mannes zu winken. Der Mann kann ihrem Streben nach Unabhängigkeit nicht so gefährlich werden wie die Mutter, dafür ist er einfach zu anders. Sein Penis kann zwar auch eindringen, aber gerade der macht alles klar: Es ist nicht die Mutter. Der Penis ist Garant für solche Frauen, dass die Herrschaft der Mutter ein Ende gefunden hat.

Bei den Adams dieser Welt wird der Geschlechtskörper aus anderen Gründen wichtig: Er kommt aus einem tiefen Wunsch nach Aufwertung der eigenen Männlichkeit. Der Mann beim Paar Solide würde sein Selbstverständnis vielleicht so formulieren: Ich bin Mensch und Mann. Adam sagt es in der anderen Reihenfolge: Ich bin Mann und Mensch. Er versteht es, eine Aura von Männlichkeit um sich zu erzeugen. Und die Frauen spüren in Gegenwart solcher Männer dankbar, was sie sind: Frauen. Der Wunsch nach Bestätigung der eigenen Männlichkeit kann biografisch aus einem Vater-Sohn-Verhältnis abgeleitet werden, dem Spuren der Entwertung oder Konkurrenz angehaftet haben, oder aus einer zärtlich und erotisch getönten Beziehung zwischen Mutter und Sohn, die jedoch frei von Übergriffen psychischer oder körperlicher Art war. Eine solche würde eher eine Abkehr vom Weiblich-Mütterlichen bedeuten und eine Hinwendung zum weniger ängstigenden und bedrohlichen eigenen Geschlecht, also eine homosexuell orientierte Partnerwahl begünstigen.

Adam und Eva waren nackt, wie sie einander gewahr wurden – und sie schämten sich. Ihre Nachfolger schämen sich nicht wegen ihrer Nacktheit. Sie treiben gerne ein buntes, facettenreiches Spiel mit der Nacktheit, kleiden sie in fantasievolle, kostbare Stoffe, hüllen ihre Körper in Tausendund-eine-Nacht-Gewänder, verwandeln und schmücken ihre Körper. Sie spielen mit ihrem Geschlechtskörper, die Frauen besonders gerne mit ihren Haaren, ihren mal strengen, mal weichen Frisuren. Zutaten, Accessoires, Düfte, auch bei Adam, verstärken den Eindruck der Körperlichkeit. Die Optik wird immer mitbedacht und verweist auf die Botschaft von Adam und Eva: Ich bin eine Frau, du bist ein Mann. Lass mich dich entdecken, lass mich dich überraschen.

Es ist nicht überraschend, dass diese Paare die unumstrittenen Lieblinge der Yellow Press sind. Sie machen etwas her mit ihrer raffiniert inszenierten Nacktheit, die sie manchmal real zeigen, meistens aber schlichtweg – verkörpern. Diese Inszenierungen kommen unserem Bedürfnis nach Verflachung komplexer Zusammenhänge und haptischem Begreifen der Welt entgegen. Diese Paare sind wichtige Bestandteile der Illusion: Was sichtbar ist, muss wahr sein. Wobei ganz wichtig ist zu sagen, dass solche Paare kein flaches Gefühlsleben aufweisen. Eifersucht, Konkurrenz, Leidenschaft, Gier, Glücksempfinden, Folie à deux treiben solche Paare mehr um als das Paar Solide und das Narzissen-Paar. Doch durch die Betonung auf den Geschlechtskörper werden feinere und tiefere Signale solcher Paare oft übersehen. Ihr sicher gewähltes Parfum übertüncht weniger eindeutige Signale der Seele.

Das Narzissen-Paar

Spieglein, Spieglein an der Wand, wer ist der Beste, Erfolgreichste, Tollste im ganzen Land? Und welche Frau ist die Anmutigste, die Besondere hier?

Narcissos, der anmutige griechische Jüngling, so geht die Sage, beugte sich über das Wasser und war ergriffen von seiner Schönheit. Er verliebte sich sofort unsterblich in sein Spiegelbild.

Narzissen-Paare tragen, zuerst einmal jeder der Partner einsam für sich, starke Bilder mit sich herum. Was ist der Inhalt dieser Bilder? Er kreist um Perfektion, Größe, Unverwundbarkeit, Achilles-Bilder also, doch ohne die verwundbare Ferse. Es sind wunderschöne Bilder in einer nicht so perfekten Welt.

»Sie sieht ein verkrüppeltes Kind oder einen Zwerg oder eine Frau mit einem amputierten Arm (…) Figuren (…) inmitten einer Anhäufung von unglücklichen, hämischen, verdammten, von Demütigungen und Verbrechen beschriebenen Gesichtern, unträumbaren Visagen. Und deren Ausdünstung, diese globale Emanation von Hässlichkeit, treibt ihr die Tränen in die Augen, lässt sie den Boden unter den Füßen verlieren ...« (Bachmann 1982a, S. 335) Von dem im Bachmann-Zitat Gesehenen und Empfundenen, oft und gerade in der eigenen Seele, gilt es wegzukommen. Nur fort, fort von so viel Unzulänglichkeit und Beschränkung. Dieses Streben nach dem Reinen und Wahren ist wie ein starker Motor. Am ehesten mit einem Porsche vergleichbar. Oder würden männliche Leser einer anderen Automarke den Vorzug geben? Egal, Hauptsache leistungsstark und vollkommen.

Weder der Gefühlskörper noch der Geschlechtskörper steht im Visier des Narzissen-Mannes, der Narzissen-Frau. Es ist der *Ideenkörper*, mit dem hier die Liebesbeziehung angefüllt wird. Kein Paar ist so stark von Ideen gesteuert wie das

Narzissen-Paar. Und immer kreisen diese Ideen um Absolutes, um das Ticket in ein Land, in welchem die Sonne stärker und besser strahlt als in den Nachbarländern. Es sind ehrgeizige, ambitionierte und leistungsstarke Paare. Die Männer sind durchaus bereit, beim Verfolgen ihrer inneren Bilder auch Nachtschichten einzulegen, die Frauen stöhnen zwar unter der (oft vorhandenen) Doppelbelastung Beruf-Kind, »aber man hat ja so seine Ziele« (so eine Narzissen-Frau zu mir).

Oft kommt bei solchen Paaren nicht nur ein intensives Wollen, sondern auch viel Können zusammen. Doch bei ihrem Getriebensein nach Erfolg und Anerkennung haben sie auch mit ein paar Stolpersteinen zu kämpfen, und zwar nicht mit Kieselsteinen. Manchmal sind es Felsbrocken, die plötzlich auf dieser rasanten Fahrt zum Sonnenland herunterkrachen und die Reise vorzeitig beenden.

Das Narzissen-Paar baut sein Ideenhaus mit einem Material, das nicht immer aus solidem Mörtel ist, sondern aus Idealisierung der eigenen und der geliebten Person besteht. Und Idealisierung, das wissen zumindest alle Therapeuten, weil sie nicht selten ein Opfer davon werden, hat eine weniger schöne Kehrseite: die Entwertung. Das Narzissen-Paar hat einzeln und gemeinsam das Vollkommene und Fehlerlose im Blick. Also eine Idee. Denn das Fehlerlose und Vollkommene gibt es nicht. Kein Mensch kann von dieser Welt abtreten und sagen: Ich habe keine Fehler gemacht oder: Mir ist alles geglückt.

Diese Paarbeziehung ist vom Schatten der Gewöhnlichkeit bedroht. Enttäuschungen am Partner sind normal, doch bei diesem Paar bedrohen sie die Beziehungsbalance. In meinem vorangestellten Beispiel auf Seite 23 verspürt der Mann eine leichte Enttäuschung, als er erfährt, dass seine Frau nicht Tänzerin, sondern »nur« Sekretärin ist. Vorerst tut es seiner Begeisterung keinen Abbruch, es ist nur eine kleine Wolke auf sein Bild der idealen Partnerin gefallen. Der Schatten verzieht sich gleich wieder. Doch wenn die Phase der euphorischen Verliebtheit abklingt und der Partner mit seinen Unzulänglichkeiten und ganz alltäglichen Mängeln hinter dem idealen Bild hervortreten will, wird er schnell wieder hinter das Bild geschoben.

Narzissen-Paare sind lange Zeit Meister der Verleugnung. Und wenn die Mängel beim Partner nicht mehr zu übersehen sind (es gibt hier nicht mehr davon als bei anderen Paaren), droht der Beziehungsabbruch – oder eine erste Chance, die Bildergalerie durch handfestere Paarvorstellungen zu ersetzen. Aber dafür muss man sich ein Herz fassen und zur Sprache finden über die eigenen Mangelerfahrungen. Denn diese sind dafür verantwortlich, dass sie in Ideen vom besseren und wertvollen Leben kompensiert worden sind. In der Biografie solcher Menschen finden wir oft Erfahrungen von frühem Leid und, in Abwandlung von Alice Millers einstigem Bestseller, »Dramen begabter Kinder«. Das erlittene Drama kreist um den eigenen Selbstwert, der oft dem kleinen Kind nicht genügend vermittelt werden konnte und das Kind nun dazu führt, seine Anstrengungen, wertvoll und bedeutend zu werden, zu verdoppeln und zu vervielfachen. Solche Kinder entwickeln früh und nachdrücklicher als andere, die emotional besser gehalten worden sind in den Elternarmen, besonders wache Sinne, besonderen Ehrgeiz. Sie lernen früher sprechen, laufen und gewöhnen sich daran, auf der Überholspur durch die Lebensstraßen zu fahren.

Vom Liebespaar zum Elternpaar

Das Liebespaar ist nun auch ein Elternpaar geworden. Am unkompliziertesten ist der Übergang dem Paar Solide gefallen. Das Paar Adam und Eva zögert vielleicht etwas beim Gedanken, ihrem sinnlich erfahrenen Geschlechtskörper ein kleines Körperchen hinzuzufügen. Oft bleiben diese Paare auch ohne Kinder. Ganz bewusst und instinktiv, weil sie ihre ihnen so wichtige Sensualität nicht verlieren wollen in Nächten, die vom Geschrei des Neugeborenen und nicht von ihrer Lust gefüllt werden. Das Narzissen-Paar steht vor einer ersten Hürde: Empfängnisbereitschaft und Zeugung funktionieren nicht immer »nach Plan«. Da jedoch gerade dieses Paar eine kristallklare Idee von umfassendem Erfolg in sich trägt, gehören auch Kinder dazu. Bei diesen Paaren stellt sich die Schwangerschaft der Frau oft nicht so schnell ein. Manchmal muss nachgeholfen werden mit künstlicher Befruchtung. Doch weil diese grundsätzlich dem Ideal eines fruchtbaren Paares entgegensteht, kommt es oft erst dann zur Schwangerschaft, wenn dieses Paar die erste narzisstische Kränkung überwunden hat und sich ein erfülltes Leben auch ohne Kinder vorstellen kann. Dann geht es manchmal erstaunlich schnell mit der erfolgreichen Zeugung.

Alle drei Paare und ihre Mischformen können gute Eltern werden. Lassen wir auch hier drei frischgebackene Elternpaare zu Wort kommen. Es sind, mit Ausnahme des dritten Paares, wieder andere Eltern, die hier zitiert werden.

Ein Elternpaar vom Typ »Paar Solide«:

Mutter: »Wir wollten zwar erst in zwei, drei Jahren Kinder, mein Mann war noch mitten im Studium, doch dann war ich plötzlich schwanger. Wir haben uns dann gesagt: Okay, dann kommt es halt früher ... und haben uns nach einer schlaflosen Nacht dann gefreut. Mein Mann war ganz liebevoll zu mir in der Schwangerschaft, wollte mir alles abnehmen ... he, ich bin nicht krank! Die Geburt hat sich ziemlich hingezogen, die Ärztin hat gesagt, das ist normal bei einer Erstgebärenden, und wie wir dann Lucia gesehen haben, war es ... ach, das war einfach unbeschreiblich. Mein Mann hat fast geweint, wie er sie das erste Mal auf dem Arm hatte. War schön, die zwei so zu sehen ...«

Vater: »Ich komm selber aus einer Familie mit vier Kindern. Ging dann zwar etwas schnell mit dem Nachwuchs ... wie machen wir das finanziell, ich mitten im Studium, meine Frau wollte gerade mit einer Ausbildung anfangen. Sie war hübsch mit dem Bauch. Bei der Geburt war ich so was von fertig ... Ich fand's klasse, wie Lucia gleich getrunken hat ... Es war alles gar nicht so schwierig. Schon nach einigen Wochen konnte ich mir schon gar nicht mehr vorstellen, wie es ohne Lucia gewesen ist ... hat halt gepasst ...«

Ein Elternpaar vom Typ »Adam und Eva«:

Mutter: »Ich schäme mich jetzt fast ein wenig ... wissen Sie, was ich als Erstes gedacht habe, als der Schwangerschaftstest positiv war: Jetzt wirste dick wie deine Mutter ... Doch ich war auch neugierig. Mein Mann hat mich beruhigt und gesagt: Ist doch super, dass wir ein Kind bekommen, das schaukeln wir schon und du musst ja nicht mit dem Arbeiten aufhören. Ich hab ihn während der Schwangerschaft mehrmals gefragt: Magst du mich auch noch, wenn ich kein Apfelbäumchen mehr bin? (Ihr Mann nannte sie mitunter so, NSK.) Die Geburt war ziemlich easy, Denis war ein süßes

Baby, doch dann haben alle erwartet, dass ich happy bin. Die neun Monate sind zu kurz, da kann man nicht vorauslernen. Und dieser Schwabbelbauch nach der Geburt war dann zwar ziemlich schnell wieder weg, aber die haben mir alle nicht so richtig Zeit gelassen mit den Muttergefühlen und so ...«

Vater: »Ich hatte ja schon einen Sohn aus erster Ehe, hatte es jetzt nicht eilig mit Manuela, aber ich fand das mit der Schwangerschaft okay. Hätte zwar lieber ein Mädchen gehabt, aber spielt ja keine Rolle ... Manuela hatte etwas Probleme am Anfang, na ja, sie hatte großen Spaß an ihrer Arbeit, aber das haben wir ja gut hingekriegt ... Ich helf jetzt auch mehr mit als bei meiner ersten Frau, die wollte unbedingt ein Kind ... Hab damals gedacht, gut, dann kümmerst du dich auch allein um das Kind. Ist jetzt nicht mehr so, man lernt dazu ... Ich wickle ihn, na ja, mach halt alles, was man so mit einem Baby machen muss ... Versuch meine Frau schon zu entlasten, will ja nicht, dass diese Beziehung auch wieder in die Binsen geht, verstehen Sie ... Unser Sexleben findet übrigens kaum mehr statt.«

Ein Elternpaar vom Typ »Narzissen-Paar«:

Mutter: »Die Schwangerschaft war absolut super. Perfekt. Ich war die ganze Zeit super drauf ... keine Beschwerden, nichts. Ich hab etwas Schiss gehabt vor der Geburt, wollte auf jeden Fall keinen Kaiserschnitt. War dann doch notwendig ... Alex hat bis zum Schluss gesagt: Das schaffst du ohne ... war dann nicht so. Aber die zwei (Frau G. hat Zwillinge zur Welt gebracht, NSK) waren überraschend pflegeleicht. Hab gedacht: Jetzt wird's Horror pur. War aber nicht so, hab viel Unterstützung bekommen, meine Schwiegermutter, meine Schwester ... die hat mich riesig beneidet. Sie hatte damals noch keine Kinder, obwohl sie unbedingt welche wollte, jetzt hat sie auch zwei. Ich hab mich oft, wenn es anstrengend und aufreibend war, getröstet: Jetzt hast du gleich beide Kinder, die du haben wolltest ... auch nicht schlecht, in einem Aufwasch ... Mein Mann war ziemlich stolz. In unserem Freundeskreis hat keiner Zwillinge, und dann noch ein Pärchen ... da träumen doch viele davon ...«

Vater: »Ich war, seien wir mal ehrlich, einfach froh, dass sie endlich schwanger war, die hat sich so in was reingesteigert, der Monat bestand nur noch aus den drei, vier wichtigen Tagen und dem Rest. Ich erinnere mich noch an ein Fest, da waren so viele Frauen, sie hat den ganzen Abend nur die eine mit dem Bauch gesehen ... Und, unter uns, hat doch prima geklappt. Anna wollte immer zwei Kinder, jetzt haben wir die zwei. Ich hätte gern, dass sie etwas lockerer wäre. Sie will natürlich eine perfekte Mutter sein, immer noch, obwohl sie ja seit drei Jahren wieder 20 Stunden arbeitet. Manchmal nervt mich das, dieser Perfektionsdrang. Ich war auch mal so, aber geht doch nicht mit kleinen Kindern, mit Zwillingen ... Ich sag ihr immer, schalt mal einen Gang runter, aber sie mault dann nur: Du hast leicht reden, bist ja den ganzen Tag weg ...«

Elternschaft zwischen Traum und Wirklichkeit

Kinder haben nichts gegen tagträumende Eltern, solange sie nicht Dreh- und Angelpunkt dieser Träume werden. Träumende Eltern sind etwas Wunderbares. Martin Luther Kings Traum hat eine ganze Generation von Schwarzen in Bewegung gesetzt. Seine Rede »I have a dream« hat Schleusen geöffnet, hat bei Millionen von Schwarzen passiv ertragene Demütigung in kämpferisches Handeln zu verwandeln vermocht. Ein aktuelles Beispiel für die Macht eines Tagtraumes bildet sich eindrucksvoll in Barack Obama, dem neuen amerikanischen Präsidenten ab. Er versteht es meisterhaft, eine nachhaltig verunsicherte und in ihrem Freiheitsmythos zutiefst verletzte und gedemütigte Weltmacht trotz Wirtschaftskrise wieder mit der Hoffnung auf Aufbruch zu erregen. Oder ein Beispiel älteren Datums ist Ernst Blochs *Prinzip Hoffnung*. Es hatte, allerdings eher unter jungen deutschen Intellektuellen, eine ähnlich zündende Wirkung wie Kings »I have a dream«. Auch das Prinzip Hoffnung ist ein Tagtraum. Es ist, laut Bloch, »der Vorschein von möglich Wirklichem«. (Bloch 1977, S. 109) Auch Obama hat durchaus diese utopische Haltung. Diesen Tagträumen ist etwas eigen, was sie kostbar werden lässt: das Drängen auf Veränderung, der tiefe Glaube daran, dass neue, bessere Kapitel entstehen können, sowohl auf individueller, gesellschaftlicher wie politischer Ebene.

Kindern kann man nichts Besseres wünschen als Eltern, die immer wieder aufbrechen. Wohlverstanden, nicht einbrechen in das Leben ihrer Kinder, die »ihnen nicht gehören«, wie Khalil Gibran zu Recht feststellt, sondern die sie nur möglichst gut begleiten sollen. Ein 74-jähriger Großvater hat einmal in der Mehrgenerationentherapie gesagt: »Ich hab noch was vor … ich brauch Ihre Unterstützung dabei.« Ich habe ihm damals geantwortet: »Mit der Haltung brauchen Sie keine Unterstützung, da brauchen Sie nur weiterzugehen. Sie sind Ihren Kindern und den drei Enkeln noch einmal Vorbild. Was können die mehr von ihrem Großvater verlangen!«

Eltern, die mit unverändertem Mut, mal ist dieser Mut sichtbarer, mal versteckter, eigene Vorhaben verfolgen und an ihrer Entwicklung arbeiten, sind ein Geschenk für ihre Kinder. Die 60-Jährige, die ihre Freunde zum großen Fest mit einer Kostprobe in Bauchtanz beschenkt, die 55-Jährige, die ihre Apotheke verkauft, um endlich Germanistik studieren zu können, der 48-Jährige, der seine sichere Laufbahn als verbeamteter Lehrer beendet und nochmals eine Weiterbildung zum Kindertherapeuten beginnt, die Kosmetikerin, die mit 51 merkt, wie sie in ihrem neuen Betätigungsfeld als Reflexzonen- und Reiki-Therapeutin Befriedigung findet und wieder mit Freude am Morgen aufsteht …, es gibt so viele Beispiele von Menschen, die nochmals einen Aufbruch gewagt haben.

Und, wen erstaunt es, ihren Kindern ging es mit den Veränderungen im Leben ihrer Mutter, ihres Vaters besser. Keine dieser Frauen ist durch die Verwirklichung eines Traumes eine Rabenmutter geworden. Die schwierigsten Therapien, dies sei hier einmal klar gesagt, sind diejenigen, in denen die Mütter Hausfrauen sind. Das Hausfrauendasein ist eine legitime Aufgabe, solange die Kinder klein sind. Doch wenn die Kinder in die Schule kommen, sollten die Mütter wieder in ein eigenes Leben zurückkehren, weil sonst ihre Tagträumerei ins Stocken gerät.

Das heißt: Ins Stocken gerät die Tagträumerei nicht unbedingt. Es passiert etwas Schlimmeres. Das Objekt der Tagträume wird ausgetauscht. Wo irgendwann noch die Träumende selber das Objekt ihrer Begierde, ihrem sehnsüchtigen Wunsch nach Wachstum und Selbstverwirklichung war, wird ganz unmerklich das Kind ins Zentrum der Tagträumerei geschoben. Plötzlich handeln die Träume nicht mehr von der Träumenden, sondern von ihrem Stellvertreter, dem Kind. Das Zutrauen in die eigenen Fähigkeiten ist verloren gegangen – nicht die Fähigkeiten selber! – und jetzt wird den Kindern, meistens ist es ein Kind in der Geschwisterreihe, alles zugetraut. Aber damit diese Verschiebung nicht auffliegt, die eigentlich nichts als Missbrauch ist, wird dem auserwählten Kind besondere Aufmerksamkeit geschenkt. Solche Eltern lassen ein Förderungsprogramm anlaufen, bei dem einem Außenstehenden angst und bange werden könnte. Diese super geförderten Kinder kommen aus der Schule nach Hause – damit das Nachmittagsprogramm anrollen kann. Und da diese Kinder ja ein Versprechen sind (was ihnen auch schmeichelt), halten sie oft lange durch, bringen gute Zeugnisse nach Hause, sammeln Abzeichen und Pokale – und geraten spätestens in der Pubertät in die Atemlosigkeit.

Julia, eine 16-Jährige, sitzt dann da, zählt auf, was sie alles kann – sie kann viel –, was sie alles macht – sie macht viel. Und wie ich dann mit staunender Stimme frage: »Aha, also hast du ziemlich viele Interessen?«, antwortet sie dumpf: »Nein, hab ich nicht.« Auf meinen fragenden, irritierten Blick hin sagt sie langsam: »Ich habe keine Interessen.«

»Ja, also … du machst Ballett, du voltigierst, du spielst Geige, du bist im Schultheater … warum machst du das dann alles?«

»Meine Eltern finden das gut.«

»Und du?«

»Scheiße … aber wenn ich sage, ich hör auf mit Geige, kriegt meine Mutter die glatte Panik und dann muss ich mir anhören, wie gut ich doch bin, wie viel sie schon gezahlt haben, dass sie als Kind von so was geträumt hätten … Und dann kann ich nicht einschlafen am Abend und ... ich will sie nicht enttäuschen ...« (Julia weint.)

»Was möchtest du denn machen?«

»Ich weiß es nicht. Nichts (eine lange Pause, dann kaum hörbar) ... manchmal mag ich gar nichts mehr ... nur weg, weg.«

»Wie meinst du das? Weg ...«

»Halt nicht mehr da sein .... Ich bin eine Enttäuschung, hat die Mama gestern gesagt.«

Sie weint, diesmal sehr lange. Und zwischendurch immer wieder einmal dieser entleerte Blick. Grauenhaft. Wie der einer Toten.

»Du bist keine Enttäuschung. Du bist ein wunderbares Mädchen. Aber du bist sehr enttäuscht, dass es nie um dich und deine Wünsche geht. Und gerade merkst du, dass du deine Wünsche nicht einmal kennst. Und das tut sehr weh: Du kennst die Wünsche deiner Eltern so gut, aber nicht deine eigenen. Wir werden sie finden, das versprech ich dir – und deinen Eltern werde ich, wenn sie bereit sind, dabei helfen, ihre eigenen Wünsche wiederzufinden. Ist doch klar, dass du dieses Leben hasst. Aber vielleicht oder ziemlich sicher werden wir hinter diesem verhassten Leben dein eigenes entdecken. Und darauf freue ich mich.«

Julia hat, nach einer nochmaligen schweren Krise, ihr eigenes Leben gefunden – und die Eltern haben es zugelassen. Drei Jahre haben die hartnäckige Suche nach den eigenen Träumen und der Kampf um die eigenen Leidenschaften gedauert. Julia war dabei mindestens so hartnäckig wie ich. Die Suche hat alle bereichert, auch mich. Die Arbeit mit dieser Jugendlichen hat mich einmal mehr darin bestärkt, dass das Schlüsselwort von uns Erwachsenen im Umgang mit Kindern und Jugendlichen Neugierde ist. Neugierde, die erfahren will, die damit rechnet, einem unbekannten Menschen zu begegnen.

Unsere unbekannten Kinder

Es gibt meiner Meinung nach ein großes Missverständnis unter Eltern. Eltern glauben, ihre Kinder zu kennen. Man war ja schließlich vom ersten Tag ihrer Geburt an dabei. Man hat ihr erstes Lächeln empfangen, ihnen an der Brust oder Flasche beim Trinken zugeschaut, ihren süßen kleinen Körper als Erstes berührt, sie die ersten Worte finden, die ersten Schritte ausprobieren sehen.

Wenn Eltern die Bemerkung »Wissen Sie, ich kenn mein Kind genau ...« fallen lassen, tun mir diese Worte fast körperlich weh. Oft erreichen diese Worte gerade in dem Augenblick mein Ohr, in welchem ich den Eltern eine größere Neugierde auf ihr Kind nahelegen möchte. Wie kommt es zu dieser oft falschen Einschätzung?

Eltern, und davon nehme ich mich nicht aus, haben neben ihrem leibhaftigen Kind aus Fleisch und Blut immer noch ein zweites Kind vor Augen: das Kind im Kopf. Dieses Kopf-Kind spukt den Eltern vom Moment der Zeugung an im Kopf herum, das heißt, sobald klar ist, dass ein Kind im Entstehen begriffen ist. Eine Mutter sagte zu mir voller Entsetzen: »Ich kriege noch einen zweiten Jungen ... bin so enttäuscht.« Oder ein Vater, lachend und ernst zugleich: »Jetzt kommt die Nachfolgerin doch noch ... die Firma stirbt nicht aus.« Die Nachfolgerin war zu dem Zeitpunkt noch im Mutterleib. Gewiss, er hatte scherzhaft nur eine Fantasie mitgeteilt. Doch warum gerade diese? Gedanken sind viel mehr als Gedanken, wie uns die Neurobiologie eindrucksvoll zu beweisen vermag. Gedanken erzeugen einen bestimmten Gefühlszustand, der wiederum hirnorganisch dazu tendiert, psychosomatische Realitäten zu entwerfen.

Wie oft erlebe ich Mütter und Väter, die in ihren Kindern Potenziale zu erkennen glauben, die mehr über die nicht gelebten und erfahrenen Wünsche der Eltern Aussagen machen als über das Kind, das mir in der Praxis begegnet! Eine ehrgeizige Mutter zwingt ihr Kind in den Klavierunterricht, »… weil ich es unendlich bedaure, nie ein Instrument gespielt zu haben. Und ich sehe doch, wie talentiert sie ist. Wenn sie üben würde, wäre sie spitze.« Sara übt aber nicht.

Ein völlig unsportlicher Vater, der darunter leidet, dass er kein männliches Vorbild in der Herkunftsfamilie hatte, verwendet viel freie Zeit darauf, den einen Sohn zu Judoturnieren zu begleiten, den anderen beim Fußballtraining zu unterstützen. Wobei »überwachen« hier wohl der passendere Ausdruck wäre. Beide Jungen wollen die Erwartungen ihres Vaters nicht enttäuschen, strengen sich an. Der Jüngere bringt vor einem Turnier keinen Bissen mehr hinunter, der Ältere, gerade 16 geworden, geht in den passiven Widerstand: Er verletzt sich auffällig oft seit einem Jahr. Als ich ihn darauf anspreche, dass er sechs Jahre lang keine einzige Verletzung gehabt habe und jetzt alle paar Monate ausfalle, meint er mit einem schiefen Grinsen: »Machen Sie jetzt auch schon Stress? Mein Vater hat, wie ich mir die Bänderverletzung zugezogen habe, gleich im Terminkalender nachgeschaut und nur gesagt: ›Scheiße, dann kannst du am nächsten Turnier nicht teilnehmen. Dann musste ich mir noch Vorwürfe anhören, wie ›Du passt nicht mehr gut auf dich auf … früher hast du keine einzige Verletzung gehabt und jetzt, wo du ganz vorne bist … ständig passiert was.‹«

In mehreren Gesprächen wurde klar, dass Peter überhaupt keine Lust mehr auf Judo hat, doch seinem so überaus ehrgeizigen jüngeren Bruder nicht nachstehen und vor allem nicht als Versager in den Augen des Vaters gelten wollte: »Immer wieder muss ich mir sagen lassen, dass mein Vater doch seine ganze Freizeit für seine Söhne opfert, dass er keine Weicheier großgezogen hat und dass er glücklich gewesen wäre, wenn sein eigener Vater ihn so gefördert hätte.«

Es hat Monate gedauert, bis Peter genug Mut gesammelt hatte, seinem Vater zu sagen, dass er keine Lust mehr auf

Judo und die dreimaligen wöchentlichen Trainingseinheiten hat. Zuerst passierte genau das, wovor sich Peter gefürchtet hatte: Sein jüngerer Bruder wurde ihm als Vorbild hingestellt, »einer, der nicht so schnell aufgibt«, so der Vater. Peters Vater kümmerte sich einige Wochen lang hingebungsvoll nur noch um den jüngeren Sohn. Der Kontakt zu seinem älteren Sohn wurde auf das Nötigste beschränkt. Vater und Sohn gingen sich aus dem Weg. Ihre Gespräche, die vorher weitgehend um Judo kreisten, hörten ganz auf.

Peter: »Er interessiert sich nicht mehr für mich, ich gehe ihm am Arsch vorbei ...«

»Was würdest du ihm denn gerne sagen?«

Peter, ein sensibler Jugendlicher mit einem guten Gespür für den eigenen Wert, auch wenn ihm dieser gerade abhandenzukommen drohte, meinte nach längerem Nachdenken: »Ich würde ihm gerne sagen: He, Papa, ich hab doch nur mit Judo aufgehört ... ist das so schlimm?«

Ja, es ist schlimm für einen Vater, wenn ein in Judo erfolgreicher Sohn damit aufhört. Peter hat seinem Vater die Delegation »Sei, was ich gerne gewesen wäre, aber nie sein konnte« zurückgegeben. Peter hat sich von einem väterlichen Auftrag, auch wenn es ein gut gemeinter war, verabschiedet. Damit hat er seinem Vater auch die Hoffnung genommen, dass durch die Erfolge des Sohnes eine alte Wunde heilen könnte. Sein Vater ist als Junge oft gehänselt worden, weil er so unsportlich war. Eine zutiefst kränkende Erfahrung. Peters Vater wollte seinen Söhnen diese schmerzliche Erfahrung ersparen. Eine lautere Absicht.

Ich habe oft Eltern dasitzen, die voll lauterer Absichten sind. Doch Hand aufs Herz: Um was geht es wirklich? Geht es wirklich nur darum, dass sie es »besser machen« wollen als die eigenen Eltern? Oder ist das ihnen oft unbewusste Motiv nicht ein weniger lauteres, nämlich um die Bearbeitung und Auflösung ihrer eigenen kränkenden Erfahrungen herumzukommen? Das schmerzliche Defizit und die damit verbundene Selbstwertkränkung werden oft einfach in die nächste Generation hineingeschoben. Hinter der elterlichen Haltung »Ihr sollt es besser haben!« steckt ein verworrenes Motivbündel. Wenn wir es sorgsam auseinandernehmen, fällt ein ganz bestimmtes Motiv mit einer Doppelbotschaft zuerst heraus: Macht es mal besser! Aber eben auch: Glaubt ihr wirklich, dass ihr es besser macht?

Vielleicht sind einige Eltern jetzt empört. Also ist es an der Zeit, mit einem Klischee aufzuräumen: immer nur geben, immer nur gut, »Mutter Teresa« sein zu müssen.

Der Mutter-Teresa-Komplex

Die uneigennützige, selbstlose Elternschaft gehört ins Reich der Legenden. Ein zwölfjähriger, aufgeweckter Junge hat mich letzthin mit der Frage überrascht: »Wann würden Sie töten? Würden Sie überhaupt töten?« Ich musste, obwohl mich die Frage überrascht hatte, nicht lange überlegen. »Ja, ich würde töten ... wenn ich selber angegriffen würde, um mein Leben fürchten müsste – und ich lebe gern – oder wenn ich töten müsste, um meine Kinder zu retten.« Wahrscheinlich würden die meisten Eltern so antworten. Vorausgesetzt, sie haben keine Aggressionshemmung.

Die selbstlose Elternschaft ist ein Mythos. Denn die Familie ist eine Interessengemeinschaft. Jedes einzelne Familienmitglied will bestimmte Bedürfnisse befriedigt bekommen. Schon beim Gedanken an eine Familiengründung muss etwas Lohnendes »herausspringen«, um es einmal etwas ökonomisch und profitorientiert zu formulieren.

Bis ins 19. Jahrhundert hinein waren in den bäuerlichen Familienstrukturen die Nachkommen die Garantie, dass der

Hof nicht in fremde Hände kam und die Eltern bis ans Lebensende eine feste Bleibe hatten. Die Familie war ein stabiles Gefüge, Mobilität ein Fremdwort. Oft endete das Leben des Einzelnen am selben Ort, wo sein Leben einst angefangen hatte. Mit der Industrialisierung kam es zu einer ersten Aufweichung dieses statischen Familienbildes. Der Vater verschwand tagsüber aus den Augen von Ehefrau und Heranwachsenden. Manchmal war der Weg ins Geschäft, die Fabrik, die Kanzlei nur kurz, doch weit genug, um eine erste Trennung zwischen Familienleben und Broterwerb zu schaffen. Im 20. Jahrhundert nahm die Mobilität zu, parallel zu den Eisenbahnnetzen und zum Flugverkehr. Noch waren, zumindest in der ersten Hälfte des 20. Jahrhunderts bis in die 70er-Jahre hinein, vor allem die Ehefrauen für die Aufrechterhaltung der familiären Stabilität zuständig. Die meisten deutschen Frauen hielten ihren Männern »den Rücken frei«.

Eine der bekanntesten Rückendeckerinnen war Hannelore Kohl, die Frau des Exbundeskanzlers Helmut Kohl. Sie beschrieb sich »als unauffällige Gefährtin an der Seite des mächtigen Mannes, der verlässliche Pannenservice für den Chef, ansonsten zuständig für Heim und Herd und Kinderlachen« (*Der Spiegel*, Nr. 28/2001, S. 71).

Mit dem Wechsel ins dritte Jahrtausend haben viele Frauen ihre über Jahrhunderte treu und fraglos gelebte Mutter- und Hausfrauenidentität stehen lassen oder zumindest als einzig gültige weibliche Identität infrage zu stellen angefangen. Die Frau hat mit dem Eintritt ins 21. Jahrhundert einen bedeutsamen Stellungswechsel vorgenommen: Ihre Position ist nicht mehr im Schatten ihres Mannes, sondern an seiner Seite. Auch sie strebt hinaus in die Berufs- und manchmal auch Karrierebahnen, auch ihrem Selbstbewusstsein tut es gut, finanziell ein Eckpfeiler in der Familie darzustellen – und nicht nur für den emotionalen Unterhalt der Familie geachtet zu werden. Eine »Achtung«, die übrigens den Familienmitgliedern oft so selbstverständlich wird wie das tägliche Brot. Tobias, das älteste von drei Geschwistern und ein munteres Bürschchen mit einem fatalen Hang zur Entwertung seiner Lehrerinnen (»die sind alle so sch …«), schwärmt gern von seinem Vater. Kühl wie ein Nordwind bemerkt er:

»He, mein Vater verdient krass viel Kohle, ist den ganzen Tag halt beschäftigt mit Geldverdienen.«

»Und deine Mutter?«

Tobias grinsend: »Die gibt das Geld aus … sagt mein Vater.«

»Ist sie auch so beschäftigt tagsüber?«

»Nö, womit denn …«

Die Institution Familie, auch in Form der Patchworkfamilie, wird immer wieder totgesagt. Die Familie wird die Begräbnisreden überleben. Sie ist nicht totzukriegen, weil sie Bedürfnisse abzudecken vermag, die keine andere Institution so zu befriedigen weiß. Die Institution Familie wird weiter existieren, weil sie archaische Grundbedürfnisse von uns Menschen zu befriedigen verspricht: Geborgenheit, Nestwärme, Zugehörigkeit, emotionale Verlässlichkeit, Bindung, Gewissheit eines vollständigen Lebenszyklus von der Geburt bis zum Tode, Zukunftsfantasien, Ewigkeitsutopien.

Der Begriff Familie ist viel mehr als nur ein gesellschaftspolitischer, sozialer Begriff. Er ist ein uraltes Bollwerk gegen den Tod. Und zwar den Tod im geistigen, psychischen und körperlichen Sinne. Wer Familie will, will weitergeben – und damit auch weiterleben, über den persönlichen Tod hinaus.

Die Freude ist durchaus nachvollziehbar, wenn eine Mutter, ein Vater in ihren Kindern eine Begabung, einen Charakterzug wiederfinden, der schon in ihnen geblüht und Früchte getragen hat. »Meine Tochter ist genauso gut in Latein wie ich«, begeistert sich eine Mutter. Und ich freue mich über ihre Begeisterung. Eine andere Mutter entdeckt mit Verblüffung die Leidenschaft ihres 13-jährigen Sohnes für das Schultheater. »Hätte ich nie gedacht, er ist ja eher zurückhaltend, und jetzt spielt er mit genauso viel Spaß mit wie ich damals.« Und ein Vater: »He, das muss in den Genen liegen, meinem Sohn fällt Mathe einfach zu.«

Ob es in den Genen liegt, wissen wir nicht. Doch fällt bei den drei Elternbeobachtungen etwas ganz Entscheidendes auf: die Überraschung der Eltern. Keiner dieser Eltern hat die Förderung von Mathe, Latein, Schultheater forciert oder dem Kind gar aufgezwungen. Doch jeder freut sich einfach darüber, dass in der nächsten Generation eine eigene Leidenschaft sich wieder abbildet und verströmt. Absichtslos. Diese Eltern fantasieren deswegen noch lange nicht den zukünftigen Mathematiker, Sprachwissenschaftler oder Schauspieler in ihrem Nachwuchs. Sie freuen sich nur darüber, dass ein Funke übergesprungen ist. Dass eine offensichtliche Begabung der Eltern die Generationenschranke übersprungen hat und damit eine Kontinuität herstellt zwischen der alten und der neuen Generation. So eine Kontinuität erzeugt in Eltern das wunderbare Gefühl von Transzendenz. Auch wenn sie einmal nicht mehr sein werden: Etwas von ihnen lebt weiter und über sie hinaus.

Der Kinderwunsch hat heute keine materiellen Implikationen mehr. Kinder sind keine Altersvorsorge mehr. Viele Eltern sind froh, wenn sie ihre Kinder zu lebenstüchtigen jungen Erwachsenen herangezogen haben, die einmal selber für sich sorgen können. Doch der transzendente Gedanke bestimmt heute mehr denn je unbewusst den Kinderwunsch eines Paares. Oft ist dieser Wunsch hinter handfesteren, besser verbalisierbaren Fantasien verpackt: »Wenigstens ein Kind sollte man heute schon haben, sonst stirbt ja die Welt aus.«

»Wenn ich dann 45 bin und von der Politik genug habe, kommt vielleicht der große Katzenjammer und das Gefühl, nichts wirklich Beständiges geschaffen zu haben.«

»Wir können doch nicht nur im eigenen Saft schmoren, man hat doch auch eine soziale Seite.« (Ein Paar, das sich den Sprung in die Elternschaft lange überlegt hat.)

»Ich wollte einfach wissen, was mein Mann und ich so zustande bringen. Das ist doch irgendwie die Krönung, wenn man einander liebt, oder nicht?«

»Ich bin selber als Einzelkind aufgewachsen ... ganz schön fad, wollten wir unserer älteren Tochter nicht antun.«

»Als Paar ohne Kinder – was ist, wenn der andere einfach geht, weil's nicht mehr prickelt? Mit Kindern hat man eine Verantwortung.«

»Ist doch einfach langweilig, ein Leben ohne Kinder, da fehlt was.«

»Ich hab die Pille vergessen ... ist halt so passiert, gedacht haben wir uns nichts dabei, hatte ja keine Zeit zum Nachdenken, bin sofort schwanger geworden.«

Es ist unverkennbar – an guten Gründen für die Elternschaft mangelt es meist nicht. Erwachsene Männer und Frauen wollen sozial sein, Verantwortung übernehmen, ihren Betrag leisten zum Weiterbestand dieser Welt. Doch sind das auch in diesen ersten und noch von Vorsicht und Zurückhaltung gefärbten Kontakten mit Patienteneltern die Gründe, die wirklich vom Grunde erzählen? Vom Urgrund menschlichen Handelns und Wollens?

Beim Kinderwunsch entpuppt sich nach einer gewissen Zeit der Begegnung mit den Eltern, dass der wahre Grund für den Kinderwunsch verloren gegangen ist, dass es dabei um viel Tiefgründigeres geht als die soziale Verantwortung, die vergessene Pille, das gesellschaftlich verankerte Bild eines erfolgreichen Mannes, zu welchem Frau und Kinder gehören, will er nicht als kalter Karrierist und teamunfähiger Technokrat gelten und die engagierte Berufsfrau nicht als unweiblich.

Die Institution Familie hält das Sterben auf. Angefangen bei einfachen Wünschen, die im bisherigen Leben von

Mann und Frau keine Verwirklichung erfahren haben, und beendet im Wunsch nach etwas, was die Grenze des Einzelnen transzendiert, seine Hülle sterben lässt, doch die ein Leben lang gesammelten Inhalte weitergibt – in ein neues Leben hinein. Wir bestaunen diese Weitergabe im Kleinen in unseren Kindern und ihren Talenten, die sich durchgesetzt haben, und im Großen in der Malerei, in der Literatur, in der Architektur, der bildhauernden Kunst, der Musik. Die zuletzt genannte Absicht ist eine Absicht vom Grunde her. Sie ist verantwortlich für all das, was wir Kultur nennen und als unser kollektives Vermögen hüten.

Mit den einfachen Elternwünschen, die keine Kinder mehr in der Erklärung aufführen, ist es etwas komplizierter. Sie heißen etwa:

»Ich wollte Abitur machen.«

»Ich wäre gern Pianistin geworden.«

»Ich hätte mir gewünscht, dass mein Vater stolz auf mich ist.«

»Ich wollte immer selbstständig sein.«

»Ich war so ein ängstliches Kind, wie gerne hätte ich mehr Selbstbewusstsein gehabt.«

»Ich wäre gern so hübsch gewesen wie meine Tochter.«

»Ich hatte einen Freund, nach dem haben sich die Mädchen umgedreht, der hatte an jedem Finger eine.«

»Ich war immer die Dumme.«

»Bei uns zu Hause hat sich alles um meine Schwester gedreht.«

»Als Kind wollte ich ein Mädchen sein, da war man auf der sicheren Seite beim Vater, die hat er nie geschlagen.«

»Ich wär gern eine richtige Prinzessin gewesen, so eine, die man verwöhnt, der man hübsche Kleider kauft.«

Nicht nur Kindermund, irgendwann tut auch Elternmund Wahrheit kund. Diese Augenblicke, in welchen sich die Eltern nicht mehr mit Ärger, Wut, Verunsicherung, Sorge über die Lebensjahre und -bewegungen ihrer Kinder beugen, sondern in ihre eigenen emotionalen Bewegungen hineintauchen, haben oft die Wirkung von endlich geöffneten Schleusen, die das Familiengewässer wieder zum Fließen bringen. Es sind kostbare Augenblicke und mit der Erkenntnis verbunden, dass nicht der Sohn oder die Tochter wehtun, sondern eine eigene, nie ganz verdaute Erfahrung von großer emotionaler Wucht. Diese Erfahrung ist meistens in der Flut neuer Erfahrungen und zunehmender Lebensjahre untergegangen. Sozusagen in den psychischen Untergrund. Doch an Wirksamkeit haben solche Verletzungen und unerfüllte Träume wenig eingebüßt. Jetzt, im Angesicht der eigenen Kinder, werden sie nicht mehr in der eigenen Seele, sondern im Kind geortet.

Es ist ein uralter Mechanismus, alles, was wir nicht an uns mögen, aus uns zu verbannen – und draußen, in der näheren oder weiteren Umwelt, wiederzufinden. Man nennt diesen Vorgang Projektion: Alles Belastende, uns Quälende wird nach außen geworfen, zu einem anderen hin. Manchmal ist dieser andere eine ganze Gruppe oder gar ein Volk – um es dann dort mit großer Entschlossenheit zu bekämpfen. Für diesen uralten menschlichen Mechanismus gibt es unzählige Beispiele. Hitler hat ihn bei den Juden angewendet, Mao bei den Intellektuellen Chinas, die Christen bei den Nichtchristen.

Auch Eltern haben ein Kind in sich

Eltern berichten mir oft erst nach einem längeren Testen und Prüfen meiner Person von ihren geheimen Fantasien:

»Manchmal glaube ich, wenn mein Sohn so weitermacht, wird er kriminell, ständig macht er mit Waffen (Spielzeugwaffen) rum.«

»Unsere Tochter ist so schüchtern … wie will die es mal schaffen? Die geht doch unter.«

»Claudio hat so was Verdrucktes, er sagt nie, was er wirklich denkt.«

Das sind nur drei Elternstimmen, doch jede trägt das Gesagte mit Inbrunst und im Ton vollster Überzeugung vor. Diese drei Charakterisierungen stehen da wie Betonpfeiler in der Familienlandschaft. Solche Betonpfeiler entstehen aber nicht einfach so in einer von permanenten Veränderungen und Entwicklungen bewegten Familie. Sie sind in dieser Familie aufgebaut worden. Doch warum braucht eine Familie aggressive, »verdruckste« und schüchterne Kinder? Noch bis vor wenigen Jahren – eigentlich bis gestern (so schnell ändert sich aktuell der Wissensstand!) – waren wir Psychoanalytiker der Meinung, dass keine Kinder mit diesen Eigenschaften auf die Welt kommen. Leider doch, denn wenn ein Embryo erlebt, wie die Mutter geschlagen wird in der Schwangerschaft oder wie zwischen den werdenden Eltern akustisch Wörter wie Schläge fallen, zieht er sich in der eh schon engen Gebärmutter in den hintersten Winkel zurück. Diese vom embryonalen Hirn noch nicht verarbeitbaren Reize prägen bereits die embryonale Gehirnstruktur. Insofern müssen wir feststellen, dass bereits Neugeborene mit Angst, Aggression, Schüchternheit auf die Welt kommen. Keine schöne neue Tatsache … Sicherlich gibt es genetisch bedingte Temperamentsunterschiede, doch die genannten Adjektive, sprich: Charaktereinfärbungen, werden im ständigen Wechselspiel mit der Primärfamilie erworben. Babys sind leiser oder lauter, schreien mehr oder weniger, sind hungrig oder schnell satt, sind aktiver oder zurückhaltend-beobachtend – aber gewiss nicht schüchtern, aggressiv oder verdruckst. Solche Arten, auf die Welt zuzugehen, sind bereits Antworten auf die soziale Umgebung. Und es sind oft stimmige, sinnmachende Antworten. Es sind, einfach und mit Ruhe gesagt, Spiegel.

Spiegel können immer wieder ausgetauscht werden, sie sind nicht für die Ewigkeit geschaffen und unverrückbar. Die ersten Spiegel der Kinder sind die Eltern oder die anderen Menschen, mit denen die Kinder viel Kontakt haben. Wenn Kleinkinder sich das erste Mal im Spiegel entdecken, bleiben sie oft ganz versunken davor stehen oder sitzen. Sie gucken einfach, neugierig und aufmerksam. Dann gehen sie wieder weg, verlieren irgendwann, meistens sehr schnell, das Interesse am Spiegel. Er antwortet nicht, es passiert nichts. Viel spannendere Spiegel sind die Gesichter der Eltern, der Geschwister. Da gibt's so richtig was zu sehen: die Begeisterung der Mutter, wenn das Kleinkind die ersten Schritte macht; ein gerührter Blick des Vaters, wenn er »Papa« hört; das verärgerte Hochziehen der Augenbrauen bei der Mutter, wenn der kleine Junge zum zehnten Mal seine Rassel auf den Boden wirft und die Mama sich schon wieder bücken muss; die Wut im Gesicht des älteren Geschwisters, wenn das kleine Mädchen den eben gebauten Turm umwirft; die genervten fahrigen Bewegungen der Mutter, die eben ans Telefon gegangen ist und sich mal etwas ausgiebiger mit ihrer Freundin unterhalten will und der Kleine fängt nach der Mutter zu schreien an.

Aus diesen täglichen, tausendfachen Spiegelungen wächst ein Charakter heran. Aus diesen Spiegelungen beginnt das Kind ein inneres Bild von seinem Sosein zu entwickeln. Alle Kinder sind Künstler: Aus den Farben, die sie zur Verfügung gestellt bekommen, entwerfen sie ihr Selbstbild: Aha, ich bin ein lustiges Kind, die Mama muss so oft lachen. Aha, ich bin ein böses Kind, der Papa muss so oft schimpfen. Aha, ich bin ein hübsches Kind, die schauen mich oft so entzückt an. Aha, ich bin ein kluges Kind, die werfen sich oft so erstaunte Blicke zu. Aha, ich bin ein trauriges Kind, die sind oft so traurig. Aha, ich bin ein schwieriges Kind, die Mama guckt oft so verzweifelt und entsetzt. Aha, ich bin ein König, die lassen mich alles machen, was ich will. Aha, ich bin eine

Prinzessin, die Mama kauft mir hübschere Sachen als den anderen. Aha, ich bin ein Unglück, der Papa schaut immer so entgeistert. Aha, ich bin mächtig, die haben Angst vor meinen Wutausbrüchen. Aha, ich bin was ganz Besonderes, die schauen mich so erwartungsvoll an.

Es gibt unzählige Blickgeschichten in jeder Familie. Und die ersten Stunden einer Therapie erzählen mir ganz viel von diesen Blickgeschichten, weil die Kinder von der ersten Minute an diese Blicke auch bei mir hervorrufen wollen: bewundernde, verärgerte, gelangweilte, entzückte Blicke – entsprechend ihrer verinnerlichten Blickgeschichten.

Eltern fragen oft, was denn eigentlich wirken würde in der Erziehung. Ich habe über diese Frage unzählige Male nachgedacht. Meine jetzige Antwort müsste lauten: Es sind die Blicke, die Sie, die Eltern, auf Ihre Kinder werfen. Den Worten wird meistens zu viel Bedeutung gegeben, zumindest wenn die Kinder klein sind. Viel später, in der Pubertät, mag das Wort wichtiger sein, da gilt es wirklich manchmal, dass man als Eltern Rede und Antwort stehen muss, Klartext reden muss, die Heranwachsenden nicht im Zweifel lassen sollte über die eigene Weltsicht, die persönlichen Werte, die eben auch Erfahrungswerte sind.

Wenn eine Mutter, ein Vater oder, in der Paartherapie, der Partner fragt: »Was soll ich dem anderen sagen?«, antworte ich oft dahin gehend, dass es nicht so wichtig ist, was gesagt, sondern wie geschaut wird. Wir alle kommunizieren ungleich deutlicher und handfester mit Blicken als mit Worten. Die Wahrnehmung des anderen springt aus unseren Augen, dem Gefühlsausdruck, unseren Gesten viel mächtiger heraus als aus den gesprochenen Worten, die oft schneller fallen, als die dahintersteckenden Gefühle deutlich werden, die manchmal weder erfasst noch im Kopf so richtig angekommen sind. Oft besteht zwischen rechter und linker Gehirnhälfte noch gar keine Verbindung. Im rechten

»Hirnhaus«, wo die Gefühle zu Hause sind, kann noch totale Unordnung herrschen – und schon glänzt das linke Haus (Logik, Sprache) mit perfekter Ordnung. »Simultanübersetzungen« kommen leider nur dort vor, wo zwischen rechter und linker Gehirnhälfte eine optimale Verbindung besteht. Häufiger läuft es zwischen Sprache und Gefühl so ab, dass – wenn wir unsere zwei Hirnhälften einmal mit Bewohnern ausstatten – der rechte Bewohner staunend der logischen Rede des linken Bewohners zuhört und sich dabei denkt: Der weiß doch gar nicht, wovon er spricht. Er tut aber so – auch wenn er keine Ahnung hat, was ich gemeint habe. Ich weiß es ja selber noch nicht, ich brauche einfach mehr Zeit.

Es wird viel geredet in den heutigen Kinderzimmern, auf dem Flur, im Wohnzimmer, in der Küche. Im Elternschlafzimmer manchmal zu wenig. Eltern lassen sich oft zu wenig Zeit in der Erziehung und im Umgang mit ihren Kindern. Wie wohltuend wäre es, wenn Eltern, statt vorschnell sich wieder einmal in ihrer Wahrnehmung zu bestätigen, die etwa heißt: »Mit dir gibt's ständig Ärger« oder: »Schon wieder eine schlechte Note!«, sich einfach mal Zeit nehmen und schweigen würden. Und die Spiegel mit den ewig gleichen Bildern beiseitestellen könnten.

Als Therapeut hat man vor allem eine Aufgabe: die alten Familienspiegel mit den alten Gesichtern und deren wie fest gemeißelten Ausdrücken langsam und geduldig abzuhängen, einen nach dem anderen, und Platz für neue Spiegel zu schaffen. Spiegel, welche die ganze Lebendigkeit des Einzelnen in der Familie wiedergeben können.

Der Weg zu neuen Spiegeln mit wärmeren und frischeren Bildern führt oft über die Eltern und deren Bereitschaft zu einer eigenen Spiegelmeditation: Was erkenne ich, wenn ich in meinen eigenen Spiegel schaue? Sehe ich da nicht eine ähnliche Ängstlichkeit und Schüchternheit, die mich bei meiner Tochter so aufregen? Kommt mir da nicht eine vertraute Verdruckstheit wie bei meinem Sohn entgegen? Wäre ich manchmal nicht auch, wenn ich mich so richtig trauen würde, ganz schön aggressiv, zumindest in meinen heimlichen Gedanken? Wie war das denn vor einer Woche meinem Chef gegenüber, wenn ich da eine Pistole gehabt hätte … Über den Haufen hätte ich den geschossen! Und habe ich nicht vor einigen Tagen innerlich genickt, wie unser Sohn seine Mutter beschimpft hat, sie sei eine blöde Kuh?

Ich habe einen Vater, der seinen Sohn immer wieder demütigt mit entwertenden Bemerkungen, gebeten, einmal darüber nachzudenken, wo es in seinem Leben Stationen der Demütigung gegeben hat. Hier das Ergebnis seiner Spiegelmeditation, einem sehr offenen Bericht über das gedemütigte Kind, das er einmal war:

»Meine Mutter wollte, nach meiner Schwester, mit der schon im Kindergarten alles super gelaufen ist, noch ein zweites Mädchen. Mädchen sind toll. Ich war kein Mädchen. Mein Vater fand es gut, dass er noch einen Jungen bekommen hatte. Doch bis ich dann mit zehn oder elf das erste Mal eine Klasse wiederholen musste, war mein Vater eben nicht so, wie man sich als Junge einen Vater wünscht. Er war mein ehrgeiziger Privattrainer, mein Privatlehrer. Er forderte ständig was. Wenn er am Abend, ich muss noch ziemlich klein gewesen sein, aus der Kanzlei nach Hause kam, ging's auf die Wiese zum Fußballtraining. ›Zeig mal, ob du das von gestern noch kannst … He, hast du schon wieder alles vergessen!‹ Ab der 4. Klasse, er wollte unbedingt, dass ich den Übertritt aufs Gymnasium schaffe, musste ich ihm jeden Abend die Hausaufgaben zeigen. Ich hab Bauchschmerzen bekommen, wenn ich hörte, dass unten die Haustür ging. ›Sag mal, bist du zu blöd oder was?‹ Ich hatte in Mathe ab dem Zeitpunkt die volle Sperre. Ich habe dann mit Nachhilfe den Übertritt doch geschafft. Auf jede schlechte Note kam eine Drohung. ›Ah, mein Sohn will nichts aus seinem Leben machen, interessant.‹ Meine Mutter war froh, dass sie sich nicht mit mir beschäftigen musste. Dafür war ja mein Vater da. Wie ich dann die 6. Klasse wiederholen musste, hatte ich zwar meine Ruhe. Mein Vater war enttäuscht. ›Du hast mich schwer enttäuscht, du machst nichts aus dir, ich geb's auf … kannst mich ab jetzt mal.‹ Ich hab ihn gehasst, merk ich erst seit Kurzem, damals war ich sicher, dass er recht hatte. Ich bin eine Enttäuschung.

Im Internat war ich unglücklich, und ich bin auch in der 8. Klasse durchgefallen. Ich musste aber bleiben. Dann lernte ich ein Mädchen kennen, eine Klasse über mir. Die hat mir geholfen. Sie hat mich gemocht. Ich war das erste Mal verliebt. Dann bekam ich einen neuen Mathelehrer. Er war super. Den vergess ich nie mehr. Er hat gesagt: ›Du hast's drauf, musst nur einmal an dich glauben.‹ Das war die Wende.

Meinem Sohn gegenüber hab ich noch mal meinen Vater auferstehen lassen. Ich hab mich ihm gegenüber benommen wie mein Vater. Eine ziemlich dumme Geschichte.«

Solche hilfreichen Mitschüler, hier eine Mitschülerin, solche ermutigenden Lehrer gibt es immer wieder. Gott sei Dank. Wenn die Lehrer wüssten, wie viele in die Schieflage geratenen Gefühle sie mit einer so positiven Haltung wieder geradebiegen könnten! Wenn sie wüssten, was eine Sprache der Ermunterung erreichen kann bei einem verunsicherten Schüler! Doch oft wählen sie die moralisierende Sprache der Enttäuschung. Wenn zu einem 16-jährigen Schüler vor versammelter Klasse gesagt wird: »Ich bin enttäuscht von dir«, und die Schulaufgabe mit einer Sechs drauf dem Schüler mit grimmigem Gesichtsausdruck hingeknallt wird, wird's traurig. Glaubt ein Lehrer wirklich, ein 16-Jähriger wüsste nicht, was eine Sechs bedeutet?

Solche verbalen Bestrafungsaktionen wirken sich verheerend auf die kindliche Psyche aus. Das von den Lehrern intendierte Aufbäumen findet in der Regel nicht statt. Die schlechte Note ist ein Fußtritt. Die verbale Beschämung ein zweiter, der sich ungleich tiefer in das labile Selbstwertgefühl eines Pubertierenden eingräbt. Wie wenig würde es einen Lehrer kosten, Mitgefühl zu zeigen, dem Schüler als Ausgleich zur schlechten Schulaufgabe ein paar aufmunternde Worte zu schenken!

Kein Vater, keine Mutter braucht sich den eigenen Kindern gegenüber für das eigene Leben und Erlebte, oft Erlittene, zu rechtfertigen. Ich sage oft zu betroffenen Eltern: »Sie brauchen sich für Ihre eigene Biografie nicht zu rechtfertigen, nur kennen sollten Sie sie.« Oft heilen viele aktuelle Wunden in der Eltern-Kind-Beziehung, wenn Eltern von ihren eigenen Wunden erzählen. Doch dafür braucht es Kenntnis von diesen Wunden. Es ist erstaunlich, welch gewaltige Löschkraft das Langzeitgedächtnis bei vielen Eltern gerade da besitzt, wo es um schmerzliche Erinnerungen geht! Die Zeit löscht oder korrigiert viele unangenehme Erfahrungen, im Kopf wohlverstanden, nicht im Gefühl (andernfalls käme es in der nächsten Generation nicht zu den traurigen Wiederholungen!).

Wie oft vergessen Eltern, dass sie nicht nur glückliche, behütete Kinder waren! Wie oft höre ich als Erstes beim Aufzeichnen der elterlichen Lebensgeschichte den Satz: »Ich hatte eine glückliche Kindheit.« 30, 40 Jahre später sitzen da Männer und Frauen, die nicht von ihrer tatsächlichen, sondern der erträumten Kindheit sprechen. Sie lügen nicht, sie haben nur oft ihre Kindheit da und dort etwas umgeschrieben. Weil es sich damit einfacher leben lässt. Für sie, nicht für ihre Kinder. Denn die Eltern bleiben im Bann dessen, was ihnen wehgetan hat. Alles Verdrängte und somit einer verantwortungsbewussten, kontrollierten Handhabung nicht mehr Zugängliche wühlt und wuchert weiter in die nächste Generation hinein. Zielgerichtet und energiegeladen.

In der Mehrgenerationentherapie fällt es einem manchmal wie Schuppen von den Augen, wenn es darum geht, welche Inhalte von einer zur nächsten Generation weitergegeben werden: Es ist das Glück und das Unglück im Elternleben. Es sind die *Begabungen*, also die Orte, wo das Kind die Eltern leidenschaftlich, gelöst und ganz bei sich erlebt, und es sind die *Leiden*, welche die Eltern unterschwellig in ihrem Handeln und Agieren den Kindern gegenüber transportieren. Mit den Leidenschaften der Eltern kommen Kinder ganz gut zurecht, weil diese auch meistens offen sichtbar sind. Mit den Leiden der Eltern weniger, weil sie den Eltern-Kind-Kontakt zwar permanent unterströmen, aber oft nicht klar kommuniziert werden.

Brauchen wir perfekte Eltern? Ganz gewiss nicht. Ich habe versprochen, dass dieses Buch kein »Schuldenbuch« über Eltern wird. Ich werde dieses Versprechen auch einhalten.

Auge in Auge mit dem unvollkommenen Leben

Es hat für Kinder einen großen Vorteil, wenn sie keine perfekten Eltern haben: Sie brauchen auch keine perfekten Kinder zu sein!

Ich staune immer wieder, was meine Therapiekinder mir alles zutrauen. Sie malen, nicht nur am Anfang der Therapie, das Bild einer Therapeutin, die alles kann, alles weiß, alles heilt – wenn sie nur wollte. Aber sie will halt nicht immer, weil sie das Kind nicht mag, sich mit dem Kind langweilt, weil sie das Kind blöd, dumm, unsympathisch findet. Eigentlich ist sie eine Göttin, nur benimmt sie sich mitunter geizig, taub, stumm, sonst würde sie ja gleich alles zum Guten wenden. Sie ist Zauberin, Magierin, weise Frau, geheimnisvolle Heilerin – nur eben, wie gesagt, manchmal spielt sie nicht mit.

Vielleicht nähren solche Bilder manchmal das Ego eines Therapeuten. Doch dann sitzt er bereits in der Falle und vor dem Scheitern. Diese von Kindern entworfenen großartigen Bilder sind Fantasien über Erwachsene, bevorzugt über die ihnen am nächsten stehenden Erwachsenen: ihre Eltern. Und es sind Fantasien, die sich nicht um die Wirklichkeit scheren, sondern von der menschlichsten aller Sehnsüchte erzeugt werden: der Sehnsucht nach Vollkommenheit, nach Unversehrtheit.

Diese Sehnsucht ist das wunderbarste Geschenk, ein unbezahlbares Juwel, das uns Menschen, jedem Einzelnen von uns, innewohnt. Sie macht es uns unmöglich, unser Leben nur mit Essen, Trinken, Schlafen und Warten darauf, dass dieses Leben zu Ende geht, zu verbringen. Diese Sehnsucht ist verantwortlich dafür, dass wir lieben, planen, schreiben, musizieren, malen, arbeiten. Sie ist verantwortlich für medizinische Fortschritte und technische Entwicklungen aller Art. Überall, wo erforscht, nachgedacht, verbessert wird, wo Utopien entworfen werden, steckt das Streben nach einer vollkommeneren Welt dahinter. Junge Politiker zieht es in die Politik, weil sie im günstigen Fall die Welt etwas verändern und humanisieren möchten. Dass dann schon recht bald der ungünstigste Fall daraus wird, nämlich der Reformwille zugunsten des opportunistischen Machterhalts aufgegeben wird, ist leider unübersehbar beim Blick auf unsere Politiker.

Ich sage manchmal den Eltern meiner Therapiekinder, dass ich gern in die Schulpolitik gegangen wäre, »wenn ich Kraft zum Vergeuden gehabt hätte«. Warum dieser Wunsch nach politischer Aktivität? Ich bin mit der Zeit immer mehr Gegnerin eines deutschen (speziell bayerischen) Schulsystems dort geworden, wo dinosaurierhaft an die Dominanz der Stoffvermittlung geglaubt und vernachlässigt wird, dass Schüler sehr lernbereit sind in einer Umgebung, die ihnen mit Achtung und Zutrauen begegnet – und das im Kontakt mit Lehrern, die sie begeistern können mit dem Lernstoff. Nicht, weil der immer so spannend wäre, sondern weil die Lehrer spannend sind.

Was ist ein spannender Lehrer? Einer, der über einen ordentlichen inneren Spannungsbogen verfügt, welcher vom Fach bis zur Schülerpersönlichkeit reicht. Ein Lehrer also, der sich nicht nur für sein Fach zu begeistern weiß, sondern auch für seine Schüler und für deren Entwicklung Neugierde und Interesse zeigt. Es gibt an jeder Schule solche Lehrer. Sie sind beliebt, auch bei den Schülern, die im jeweiligen Fach nicht glänzen. Und diese Lehrer gehören keineswegs zum antiautoritären Typ, der alles erlaubt. Sie setzen, wo nötig, klare

Grenzen. Doch geliebt werden sie vor allem dadurch, dass sie die Schüler nicht entwerten und bloßstellen und sie klein und dumm halten – und sich groß und gescheit. Diese Lehrer sind leider oft noch Gefangene ihrer Biografie. Was sie in ihrem Berufsalltag praktizieren, ist oft nichts anderes als die Umkehr erlittener familiärer Verhältnisse: Kind dumm, Eltern gescheit; Kind ohnmächtig, Eltern mächtig. Ihr Beruf ist die ersehnte Umkehrung familiärer Erfahrungen. Diese Umkehrung gelingt selten. Doch zum Modell einer besseren Schule kommen wir später noch ausführlicher.

Der uns alle bewegenden schöpferischen Sehnsucht nach besseren Verhältnissen begegnen wir auf Schritt und Tritt. Sie ist Ergebnis aller früheren Hochkulturen, der Kultur überhaupt, der rasanten Entwicklungen im Hightechzeitalter. Immer stecken hinter neuen Errungenschaften schöpferische Köpfe, die nach Vervollkommnung auf ihrem Gebiet lechzen. Dass daraus dann schnell ein »Markt« wird und der Versuch der Profitoptimierung, kann man beklagen, weil der schöpferische Impuls dahinter schnell untergeht. Doch das ändert nichts daran, dass jede Entdeckung und Weiterentwicklung ihren Anfang genommen hat mit einem kreativen Menschen oder einer Gruppe von Menschen, die mit dem Bisherigen nicht mehr zufrieden waren und mit einem tiefen Wunsch nach Verbesserung schwanger gegangen sind.

Dieser Wunsch treibt auch Eltern an. Der Satz »Ich wollte es bei meinen Kindern besser machen« ist wohl einer der am häufigsten fallenden Sätze in einem Therapiezimmer. Dieser Wunsch lässt Unzufriedenheit mit den eigenen Erfahrungen ahnen. Er lässt aber auch einen Verdacht aufsteigen: nämlich die Erwartung, dass man eine perfekte Kindheit haben müsste, um gut und sicheren Schrittes durch diese Welt zu schreiten. So, wie viele Eltern sich quälen mit dem zentnerschwer wiegenden Bild einer vollkommenen Mutter, eines vollkommenen Vaters, und sich immer wieder in dieses

Bild hineinzwängen wollen, so laufen viele Menschen herum mit dem Bild einer vollkommenen Kindheit. Das sind Trugbilder. Ich bin noch keinem einzigen vollkommenen Kind, keinem vollkommenen Vater und keiner vollkommenen Mutter begegnet innerhalb und außerhalb meiner Praxis. Genauso wenig bin ich eine vollkommene Therapeutin. Wie viel Zeit verstreicht manchmal mit den Anstrengungen von Eltern, mir die perfekten Eltern darzustellen – dabei genügte es, einfach Eltern zu sein.

Eine meiner Hauptaufgaben in meiner Tätigkeit als Therapeutin besteht darin, den Eltern nicht in den Blick zu rücken, wie viel sie falsch, sondern wie viel sie richtig machen. Ihr Wunsch, aus Fehlern ihrer Eltern in der Erziehung zu lernen, ist legitim und kreativ. Doch oft ist das diffuse Leiden an den elterlichen Fehlern unbewusst noch so groß, dass es zu einer Distanzierung gegenüber den eigenen Eltern kommt. Bei diesem Versuch der Distanzierung fällt oft das Bewährte und Gute, das es ja auch gegeben hat, unter den Tisch – genauso, wie das Belastende aus dem Gedächtnis wieder verschwindet. Dieser Gedächtnisschwund ist oft bei Eltern zu beobachten, die als Kinder geschlagen wurden, wo es zu sexuellen Übergriffen gekommen ist, wo die Eltern alkohol- oder medikamentenabhängig waren. Oder in Familien, in denen in der Großelterngeneration stark mit dem Nationalsozialismus sympathisiert worden ist, ohne dass eine spätere Auseinandersetzung darüber stattgefunden hätte. Oder in Familien, die Leistung über alles gestellt haben: Wer etwas leistet, ist gut – und der wertvollere Mensch. Oder in Familien, die mit strengen christlichen, manchmal zur Bigotterie neigenden Wertemustern strapaziert worden sind.

In der Familie eines meiner Patienten liest sich das, obwohl der Vater einer anderen, »fortschrittlicheren« Generation angehört, folgendermaßen:

»Meine Eltern waren ein eher modernes Paar. Mein Vater hatte immer wieder zwischendurch eine Geliebte. Meine Mutter hat die Augen zugekniffen. Eine Trennung wollte sie nicht. Da hätte sie vieles verloren, vor allem ihr bequemes Leben. Doch wie ich in die Pubertät kam, war plötzlich alles Moderne weg. Ich bin auch weiterhin gefördert worden, schulisch. Sprachaufenthalte und so. Doch wie ich meine erste Freundin hatte, ging es los. ›Bring mir ja keine von dir Geschwängerte daher. Ich schmeiß dich raus.‹ Und meine Mutter sah in jeder Freundin eine kleine Nutte. Einmal, ich war 22, studierte und wohnte noch zu Hause, kamen sie, die eigentlich übers Wochenende wegfahren wollten, nach wenigen Stunden zurück, weil sie sich so gestritten hatten. Ich lag mit meiner Freundin im Bett. Meine Mutter schrie: ›Wie konntest du mein Vertrauen so missbrauchen … liegst mit deinem Flittchen im Bett, widerlich.‹ Ich habe nie wieder eine Freundin nach Hause gebracht. Allerdings habe ich auch mein schlechtes Gewissen nicht weggebracht. Und allmählich habe ich angefangen, meine späteren Freundinnen als Flittchen zu sehen. Die Samen meiner Eltern sind aufgegangen. Ich habe meiner Tochter denselben Stress gemacht wie meine Eltern mir damals. Ich habe meine Frau mit anderen Frauen betrogen, die zwar nie eine ernste Gefahr waren für meine Frau … Aber machen Sie das ihr mal klar, jetzt sieht es ja so aus, dass ich sowohl meine Frau wie meine Tochter verloren habe …« (Er weint beim Vorlesen.)

Aus dem Wunsch, vieles, manchmal »alles« besser machen zu wollen, wird oft nicht das Bessere – sondern die Wiederholung. Väter schwören sich, ihre Kinder nie zu schlagen, weil sie selber unter den schlagenden Eltern gelitten haben – und tun es plötzlich doch. Väter schwören sich, ihren Töchtern gegenüber in einem guten, respektvollen Abstand zu bleiben und nicht Grenzen zu verletzen wie ihre eigenen Mütter, die sie aus Frustration und Enttäuschung irgendwann dem eigenen Mann vorgezogen haben, wenn auch oft nur mit Blicken und einer ganz besonderen zärtlichen Zuwendung, allerdings nicht selten gekoppelt an eine nie ausgesprochene Drohung: »Werde ja nie wie dein Vater.«

Eine Mutter, die unter der Prüderie ihrer Eltern gelitten hat, findet es völlig »normal«, mit ihrem zehnjährigen Sohn gemeinsam in der Badewanne zu liegen: »Ich bin nicht so verklemmt wie meine Eltern.« Julius, ihr Sohn, hätte es in der Therapie an einem heißen Sommernachmittag völlig normal gefunden, sich vor seiner Therapeutin bis auf die Boxershorts auszuziehen. Ich habe ihm zuerst irritiert zugeschaut, wie er dran war, sich seine Jeans aufzumachen. »Was wird denn das?« – »Es ist so heiß hier drinnen ...« (Es war wirklich heiß.) »Stimmt ... aber ich find es überhaupt nicht passend, wenn du dich vor mir, einer Frau, auszieht. Ich würde mich auch nicht vor dir ausziehen, weil das nicht stimmt, wenn ein Junge sich vor einer Frau oder eine Frau sich vor einem Jungen halbnackt auszieht. Du wirst die Hitze im Raum schon aushalten müssen.« Manchmal sind es solche korrigierenden Erfahrungen, die eine andere, gesündere Stellungnahme zu nahen und bedeutenden Familienmitgliedern möglich machen. Julius hat angefangen, sich gegen die Wünsche seiner Mutter nach einer zärtlichen und exklusiven Beziehung abzugrenzen. Und seine Mutter hat sich mit ihrer Unzufriedenheit in der Beziehung zu ihrem Mann auseinandergesetzt, wo sie übrigens die Prüderie ihrer Eltern weitergeführt hat, und aufgehört, sich die Streicheleinheiten, die sie bei ihrem Mann vermisst hat, beim Sohn abzuholen.

Wir sehen: Es gibt keine vollkommen unbeschwerte Kindheit. Sicherlich sind die Kinder über viele Blumenwiesen gehüpft, sicherlich haben sie auf einem grünen Rasen unbeschwert Fußball gespielt. Doch genauso sicher ist ihnen Unrecht geschehen, sind sie ab und zu beleidigt und nicht verstanden worden. Welche Mutter ist immer in der Lage, sich in ihr Kind einzufühlen? Welcher Vater findet, gestresst von der Arbeit, abends, müde und enttäuscht vom Tag, die richtigen Worte, wenn auch zu Hause Enttäuschungen zu besprechen sind? Vielleicht würden die Mütter und Väter es sogar schaffen – wenn sie in ihrer Hauptrolle nur Mütter und Väter wären. Sie sind es aber nicht. Sie sind einfach Menschen, Mann und Frau, mit eigenen Schicksalen, bewältigten und unbewältigten Lebensbereichen, manchmal sind es größere oder kleinere Traumata, die ihnen den unbeschwerten Umgang mit den Kindern schwer machen. Oft sind es einfach die aktuellen Lebensumstände.

Eine Mutter wollte keine Teilzeit-, sondern eine Vollzeitstelle. Jetzt hat sie die Wahl, Teilzeit zu arbeiten oder zu gehen. Sie ist aber alleinerziehend, ihr Exmann arbeitslos. Sie weiß nicht, wo sie das nötige Geld für die zwei Kinder und sich aufbringen soll. Das Jugendamt unterstützt sie zwar, doch auch dann ist es noch knapp mit den finanziellen Ressourcen.

Solche berufstätigen, alleinerziehenden Mütter sind oft die verborgenen »Heldinnen« unserer Gesellschaft. Sie arbeiten und erziehen mit einem Einsatz, der sie gezwungenermaßen an die Grenze ihrer Belastbarkeit führt. Physisch und psychisch. Und wenn dann noch die Mutter-Kind-Kur, die eine solche Mutter dringend bräuchte, aus Sparmaßnahmen abgelehnt wird, ist das purer Hohn. Gerade einer alleinerziehenden Mutter gebührte da mehr staatliche Unterstützung. Alleinerziehende Mütter sind keine kranken Mütter, doch müsste der Staat da viel mehr tun, damit es nicht zu einem nur allzu verständlichen Burn-out kommt, was die Kassen ungleich mehr belasten würde. Diese Mütter, die ich für ihr Durchhaltevermögen nur bewundern kann, brauchen viel dringender als die in ein breiteres Verantwortungsnetz mit zwei Elternteilen eingebetteten Mütter Auszeiten, weil so viel Verantwortung und Mehrfachbelastung auf ihnen ruht.

Eine Mutter hat eine körperlich ernst zu nehmende Krankheit zu bewältigen und möchte eigentlich nur in Ruhe gelassen werden. Ausspannen, keine Pflichten mehr übernehmen müssen. »Weil ich doch jetzt viel Zeit für mich brauche. Wo soll die herkommen, mit zwei Kindern? Nur weil ich krank bin, kann ich jetzt aber doch nicht sagen: Eure Hausaufgaben sind mir schnuppe ... kocht euch selber was ... Schau selber, lieber Mann, wie du mit deinen Problemen am Arbeitsplatz klarkommst. Interessiert mich nicht die Bohne, hab selber keinen Boden mehr unter den Füßen ...« Aus purer Angst, in ein tiefes Loch zu fallen, legt diese Mutter stattdessen noch einen Zacken zu bei der Überwachung der Hausaufgaben, erteilt dem pubertierenden Sohn Hausarrest (den sie selber kaum aus- und durchhält), schreit ihren Mann an, sie nicht noch mit zusätzlichen Sorgen zu belasten.

»Was wäre denn, wenn Sie Ihrer Familie das alles sagen würden, was Sie mir sagen? Ihre Kinder wissen bis jetzt nicht, warum Sie so kontrollwütig geworden sind, sie wissen nichts Genaues von Ihrer Krankheit, Ihr Mann läuft mit Schuldgefühlen herum, fühlt sich als Versager. Sie werden Ihre Krankheit bewältigen, aber nicht so. Sprechen Sie in einem guten Augenblick über Ihren Zustand, über Ihre Angst, den Kindern jetzt nicht so viel geben zu können wie sonst. Die Kinder fühlen sich dann ernst genommen. Das Verschweigen macht sie so unkonzentriert und böse Ihnen gegenüber. Zeigen Sie ihnen Ihre Angst, alles könnte den Bach runtergehen, wenn Sie nicht funktionieren. Und sagen Sie um Himmels willen nicht: Wenn ihr, Kinder, nicht funktioniert ... Sie werden entdecken, dass Ihre Kinder sich auch selber um die Hausaufgaben kümmern können, weil es ihnen viel bedeutet, die Mama wieder gesund und fröhlich wie früher zu erleben. Das sind auch Chancen für Ihre Kinder.«

Die kitschigen Bilder einer guten Mutter und eines guten Vaters hocken manchmal wie ein Krake im Hirn der Eltern. Auch wenn nichts mehr geht: Seine Greifarme mit den fetten Saugnäpfen halten das Bild der guten Mutter und des guten Vaters eisern umklammert. Der Krake windet sich auch manchmal klammheimlich aus dem Hirn heraus und klebt plötzlich am Familientisch und hält dort das ganze Alltagsleben vom Hausaufgabenmachen bis zu den Mahlzeiten fest im Griff. Die Mahlzeiten werden dann ein Schauplatz ständiger Streitereien, Ermahnungen und gegenseitiger Schuldvorwürfe. Oder es hat allen Beteiligten die Sprache verschlagen: »… und die Mutter blicket stumm um den ganze Tisch herum«, heißt es für solche Momente bei Wilhelm Busch.

Apropos Krake: Er ist eines der am häufigsten verwendeten Symbole in der Kindertherapie. Vor allem Jungen greifen in der Spieltherapie schnell zum Kraken, wenn sie bedrohliche Tiere suchen, die es zu besiegen gilt. Ein kleiner Junge sagt immer: »Film ab …«, und dann versucht der große Godzilla (das mächtigste Tier in meiner Praxis), mit dem er sich identifiziert, den Kraken zu zertreten, »plattzukriegen … endlich mal kaputt zu machen.« Schwerstarbeit. Wofür steht der Krake? Wir treiben hier keine Vulgärpsychologie, deswegen übersetze ich die Zerstörungsversuche nicht mit – der Mutter. Kinder sind nicht so plump gestrickt. Er steht für alles, was die Entwicklung eines Kindes behindert, sie aufzuhalten und in starre Formen zu pressen versucht. Er symbolisiert eine Form von Festhalten, die etwas Erstickendes hat.

Auge in Auge mit der eigenen Unvollkommenheit …

Wenn Eltern ihr eigenes Erinnerungsbuch offen vor sich liegen haben und bereit sind, nochmals in diesem Buch zu lesen, den erlittenen Schmerzen auf die Spur zukommen, statt diese Spuren nur bei ihren Kindern zu bekämpfen, wird vieles gut.

Eine Mutter, der es sehr schlecht ging, sagte in einem Elterngespräch: »Ich habe nur einen Wunsch an Sie und die

Therapie: dass es meinem Kind wieder gut gehen möge, das ist das Wichtigste.« Das ist ein edler Wunsch, doch es ist der falsche Wunsch. Wie soll eine Therapie es bewerkstelligen, dass es einem Kind wieder gut gehen möge, wenn es der Mutter so schlecht geht? Oder wie oft bin ich Zeugin einer fatalen Verknüpfung: »Wissen Sie, wenn es meinen Kindern gut geht, geht es auch mir gut.« In der Umkehrung heißt das doch nichts anderes als: »Wenn es meinen Kindern schlecht geht, geht es auch mir schlecht.« Da steckt ein Wurm drin: das symbiotische Denken, Handeln und Fühlen. Was habe ich davon, wenn es mir schlecht geht – und allen, die mir wichtig sind, ebenso? Nichts, außer allgemeine Hilflosigkeit. Da kann keiner dem anderen helfen. Da herrscht nur umfassende Ansteckungsgefahr. Wie wohltuend ist es hingegen, wenn ich gerade nicht in guter Verfassung bin und die besten Freunde bei Kräften bleiben. Dann sind Hilfe und Unterstützung möglich.

Gemeinsames Elend entlastet einen kurzen Augenblick lang – »Du verstehst mich, dir geht es genauso dreckig wie mir« –, doch auf Dauer hin betrachtet, fährt der Lift mit den zwei, drei, vier Unglücklichen nur noch ein paar Stockwerke tiefer ins Ungemach hinein. Im Untergeschoß nehmen die Verstrickungen noch zu, neue Ausblicke und den Überblick gibt's nur weiter oben.

Schule heute
und ihr Einfluss auf unsere
Kinder und Jugendlichen

Im deutschen Schulsystem sitzt der Wurm. Doch bevor wir diese Wurmstichigkeit genauer unter die Lupe nehmen, ist eine Anmerkung vonnöten.

»Sprächen die Menschen nur von Dingen, von denen sie etwas verstehen, die Stille wäre unerträglich.« (Lee Woo-Jin) Ich traue mich zu sprechen, weil ich das Unterrichten aus eigener Erfahrung kenne, auch wenn diese Erfahrung vor über 20 Jahren stattgefunden hat. Jetzt darf ich über meine Kinder und meine Patienten in viele Schulzimmer schauen.

Ich möchte und muss den Begriff der Wurmstichigkeit vor allem auf das bayerische Schulsystem anwenden, weil ich dieses am besten kenne. Die *Süddeutsche Zeitung* informiert ihre Leser seit dem Jahr 2007 fast täglich über den Patienten Schule. Sie ist momentan so etwas wie eine Speerspitze im Kampf um ein überaus reformbedürftiges Schulsystem. Eltern, Schüler, Lehrer, Vertreter der Schulbehörden finden darin eine Plattform für Kritik. Und es kommt fast nur noch zu kritischen Stellungnahmen. Zu Recht, wie wir sehen werden.

Schule und Kreativität

Vor vier Jahren kamen eine 18-jährige junge Frau und ein 19-jähriger junger Mann fast zeitgleich in Therapie. Sie hatten gerade ihr Abitur abgelegt – sie mit einem Notendurchschnitt von 1,4, er hatte einen Schnitt von 1,8. Der Grund für eine Therapieaufnahme war bei beiden: Depression.

Was diese zwei jungen Menschen, die zuvor nie unter Depressionen gelitten hatten, auszeichnet, ist eine überdurchschnittliche Leistungsbereitschaft, eine enorme Anpassungshaltung an die Erwartungen der Eltern und Lehrer und – mangelnde Leidenschaften. Beide wussten nicht, was sie studieren wollten. Von ihrem ausgezeichneten Abschluss her wären ihnen viele Studiengänge offen gewesen. Sie waren ja überall gut gewesen, lagen weit über dem Durchschnitt im Vergleich zu ihren Schulkollegen.

Ihr Aufsuchen meiner Praxis war für mich der Anlass zu diesem Buch. Die Begegnung mit diesen zwei sympathischen jungen Menschen hat in mir Wut, große Nachdenklichkeit und vor allem das Gefühl ausgelöst: So darf es nicht weitergehen an unseren Schulen. Beide behaupteten von sich, nicht kreativ zu sein. Melanie gekränkt: »Was meinen Sie eigentlich immer, wenn Sie von Kreativität sprechen ... Sie fragen mich nie Dinge, die ich weiß!«

Der Vorhof der Kreativität ist die Fantasie. Eine erfrischende Eigenart der Fantasie ist ihre Rücksichtslosigkeit. Sie schert sich einen Teufel um soziale und gedankliche Spielregeln. Sie denkt sich dorthin, wo sie gerade unterwegs sein will. Der Fantasie ist vieles egal: die Moral, die sozial vereinbarten Grenzen, das Mögliche, der Sinn, das Machbare. Sie hat keinen festen Boden, von dem aus sie für alle erkennbar aufbaut und gestaltet und entschieden Form annimmt. Ihr Wesen oder Naturell ist, dass sie plötzlich in unsere Gedanken einbricht, sprunghaft sich ausbreitet, uns emotional aufrührt und – je danach, ob es reine Lust, reine Angst, reine Verunsicherung ist – genauso schnell auch wieder verschwinden kann.

Ein neunjähriger Junge, der plötzlich eine Spielzeugpistole auf mich richtet, antwortet auf meine Frage »Möchtest du mich umbringen?« verlegen lachend: »Es war nur eine Idee ...« und lässt die Pistole schnell wieder sinken. Er ist danach ganz aufgeregt. Um ihm die Aufregung wieder etwas zu nehmen, erkläre ich ihm: »Du, wir drehen hier in der Therapie so was wie Filme. In denen ist so ziemlich alles erlaubt, mit einer Ausnahme: Keiner von uns beiden darf den anderen körperlich wirklich verletzen.« Er fragt mich: »Passt du da auf?« – »Ja, da passe ich auf.«

Danach hat der Junge viele Filme mit mir gedreht, die das Thema Gewalt in allen Facetten abhandelten. Am Anfang entwarf er Szenarien, die dem Genre des Horrorfilms entsprachen. Dann bewegten wir uns als Komödiendarsteller, haben viel gelacht, ich wurde nicht mehr gefesselt und erschossen, sondern war Tollpatsch und etwas trottelig, ständig sind mir irgendwelche Missgeschicke unterlaufen. Gegen Ende der Therapie schwenkten wir zu einem anderen Genre: Liebesfilm ohne Happy End, weil es keine Liebesfilme zwischen einem Jungen und einer älteren Frau geben kann. Zuletzt war das Motto »Hänschen klein«: Aufbruch eines Jungen, der die Mutter oder Mutterfigur zurücklässt und sich nicht umdrehen muss, weil er weiß, dass es ihr gut geht.

Der Junge hatte seine inneren Fantasien in die Beziehung hineingetragen und damit betreten, was Donald W. Winnicott den »imaginären Raum« nennt: den Raum, wo Kreativität stattfinden darf. Doch zuerst muss der Vorhof der Kreativität erschlossen werden.

Die zwei Abiturienten waren überzeugt, dass sie weder Fantasie noch Kreativität besitzen. Die Stunden waren zu Beginn denn auch – langweilig. Begegnungen sind immer langweilig, wenn Menschen mit aller Macht ihre Fantasien unterdrücken. Dann beherrscht der Inquisitor die Bühne, manchmal nimmt er dostojewskische Ausmaße an: Das ist verboten zu sagen oder auch nur zu denken, das ist erlaubt zu tun. Es ist förmlich eine »Man-Beziehung«: Man sagt das, was anständig ist. Man sagt das, was sich gehört. Man sagt das, was einen guten Eindruck macht. Man zeigt sich von seiner besten Seite. Man ist höflich. Man ist willig. Man ist logisch. Man ist vernünftig. Man gibt das Gesicht frei, aber garantiert nicht sein Innerstes. Man zeigt, dass man gut erzogen ist. Man unterbricht den anderen nicht. Man reißt sich zusammen. Man weiß, wie man sich zu verhalten hat. Man wahrt den Sicherheitsabstand. Man lügt nicht über Gebühr, bleibt aber auch in gebührendem Abstand zur möglichen Wahrheit.

Man ist die Hauptperson. Glauben Sie, diese Hauptperson sei spannend? Kann mit einer solchen Hauptperson ein lebendiges Handlungsstück entstehen? Gewiss nicht. Diese Stücke öden an, doch man hält sie durch, denn sie tun keinem weh. Es passiert nur nicht viel.

Etwas von diesem Man-Leben haust in vielen unserer Schulen. Wenn Patienten, meine eigenen Kinder oder die Kinder von Freunden aus dem Schulalltag erzählen, habe ich manchmal den Eindruck, als ob zu Beginn der Schule, in jeder Klassenstufe wieder von Neuem, ein unsichtbares Handbuch verteilt werden würde. In diesem Hand- und Begleitbuch durch ein Schülerleben steht drin, was vorkommen sollte, was erwünscht ist bezüglich Verhaltens- und Handlungsweisen – und was nicht gerne gesehen wird. Es ist keine Polemik, wenn ich behaupte, dass das eigenständige Denken der Schüler, ihre Widerworte, Anmerkungen und Ergänzungen zum Lehrerbeitrag oft nicht sonderlich erwünscht sind. Es kommt in diesem imaginären Handbuch nicht vor.

Noch vor zehn Jahren erlebte ich Patienten, die froh waren, wenn die langen Sommerferien endlich vorüber waren. Denen geht es wie mir als Kind und Jugendliche – so habe ich damals schmunzelnd gedacht. Jetzt schmunzle ich nicht mehr, weil es diese Schüler kaum mehr gibt. Ich würde gerne einmal Lehrer in meine Praxis bitten – in der ersten Woche nach den Sommerferien. Diese Lehrer müssten den Eindruck bekommen, ich behandle lauter depressive Kinder:

Peter (11 Jahre): »Die Schule hat wieder angefangen, deswegen bin ich schlecht gelaunt.«

Tobias (13): »Scheiße, jetzt fängt der Stress wieder von Neuem an.«

Lisa (7): »Meine Mama hat gesagt, jetzt hängst du dich gleich von Anfang an rein.«

Charlotte (17): »Oh Gott, jetzt geht's wieder ums Ganze.«

Patrick (16): »Der Papa hat mit mir gestern Abend (Sonntag vor Schulbeginn) lange gequatscht, so in der Art: Jetzt wird durchgestartet, kapiert? Die Ferien sind vorbei, auch für dich, mein Sohn … Wie ich diese Gespräche hasse!«

Anna (14): »Die Frau L. (Klassenlehrerin) hat gleich in der ersten Stunde gesagt: ›Jetzt bekommt ihr eine neue Chance. Gebt euer Bestes. Ihr habt mir vor den Sommerferien nur noch Kopfschmerzen gemacht, ich war am Rande meiner Kräfte.‹«

Maxi (18): »Ich konnte die ganze Nacht vor Schulbeginn nicht schlafen … hab Angst, dass das wieder so ein Megastress wird wie letztes Jahr. Die Mama ist schon wieder ganz gereizt, in den Ferien war sie richtig locker.«

Sandra (6): »Mama und Papa haben meiner Oma gesagt, dass ich mich so freue auf die Schule (Schulanfängerin), und die Oma hat dann gesagt: ›Du wirst sicher eine gute

Schülerin!‹ Ich will ja auch eine gute Schülerin werden, aber meine Schwester (zehn Jahre alt, NSK) sagt: ›Schule ist scheiße, wart's nur ab!‹ Stimmt das?«

Vor allem Sandras Bemerkung tut weh. Sandra stand damals noch vor ihrer Schullaufbahn. Sie wusste nicht, was sie hinter der Schwelle Einschulung erwarten würde. Aber sie wusste bereits um die Erwartungen ihrer Umwelt. Die Eltern wollten ein Kind sehen, das die Einschulung kaum erwarten kann, die Oma erwartet eine gute Schülerin, die große Schwester erwartet, dass Sandra bald ernüchtert sein wird.

Die Unschuld ist bereits bei Schulanfängern nicht mehr zu finden. Alles Mögliche wird in die Schultüte hineingesteckt: eine Uhr, ein Lesebuch für Leseratten, Sudoku für Kinder – die Süßigkeiten fallen immer spärlicher aus, fantasievolle, lustige Ideen der Eltern ebenso.

Wie oft fällt bei Schulanfängern nach einigen Monaten, manchmal erst nach dem ersten Schuljahr, die Bemerkung: »Im Kindergarten war's schöner.« Ein Satz, der Eltern sehr beunruhigt – wenn sie ihn denn überhaupt zu hören bekommen. Eine Mutter hat mir einmal, zwei Monate nach Schulbeginn, begeistert erzählt, wie »happy« ihre Tochter in der 1. Klasse sei. Das kleine Mädchen hat sie in diesem Glauben gelassen, bis das Herumtrödeln beim Aufstehen immer länger ausgefallen ist und das Mädchen, gequält von Bauchschmerzen, Übelkeit und Kopfschmerzen, gehäuft am Schulbesuch gehindert wurde.

Natürlich gefällt allen Erstklässlern der Umstand, nicht mehr zu den Kleinen zu gehören. Doch sie spüren viel zu schnell, dass der Eintritt in die Schulwelt offenbar einen Preis hat: den Verlust der Unschuld, der Unbefangenheit und – leider – der Unbeschwertheit. Muss das zwangsläufig so sein? Nein, überhaupt nicht. Sagen wir es deutlicher: Es darf nicht so sein. Die Schulzeit dauert zu lange, als dass man sechsjährige Kinder mit einer so geringen Anfangsmotivation starten lässt. Die Vorschule leistet hier einen zweifelhaften Beitrag. Ich habe mehrere kleine Kinder, Vorschüler, die erstens behaupten, bereits Schüler zu sein, und zweitens schon Angst entwickeln vor der Einschulung. Und die Tatsache, dass Eltern bereits mit ihren Vorschulkindern das Rechenblatt nochmals üben, weil es nicht so gut ausgefallen ist, ist Anlass zu großer Sorge.

Meine eigenen Kinder hatten das Glück, in ihrem Kindergarten auf eine Frau zu stoßen, die nichts von Vorschule hält. Deren »Programm« bestand aus drei Punkten: die kleinen Kinder in ihren individuellen, kreativen Fähigkeiten zu entdecken, sie gemeinschaftsfähig zu machen und – ihnen Lebensfreude zu vermitteln. Es ist ihr gelungen, nicht nur bei meinen Kindern, sondern bei allen, die ihren wunderbaren Kindergarten besuchen durften. Obwohl diese Kinder kein Rechnen und Schreiben – man betont dann immer den »spielerischen Charakter« dieses Trainings – geübt haben, hatten sie keine Probleme, in der Grundschule neben den durch Vorschule trainierten Kindern zu bestehen. Und: Diese Kinder hatten noch die Unbefangenheit und Unschuld zur Seite, als sie eingeschult wurden. Sie wussten noch nicht, dass es »in Mathe schwierig werden könnte«. »Sie sollten Ihren Sohn mal auf Dyskalkulie testen lassen.« »Ihre Tochter sieht mir ganz danach aus, dass sie Legasthenikerin ist.« So berichten mir Eltern aus Gesprächen mit Vorschulleiterinnen.

Warum darf der Kindergarten heute so oft nicht mehr Kindergarten heißen? Ein Garten löst angenehme Assoziationen aus. In einem Garten wird gespielt, herumgetobt, man darf sich dort auch einmal verprügeln, Schrammen holen. In einem Garten wird gepflanzt, werden Samen gelegt, wächst ein Gefühl für die eigene Vitalität heran.

Kinder, wie oft wird das unterschätzt, betreten mit ihrem Eintritt in den Kindergarten eine größere Welt. Sie verlassen den geschützten Rahmen der kleinen Familie, in welchem die Werte schnell erfasst werden und Vertrautheit bewirken. Plötzlich kommen im Kindergarten fremde Kinder hinzu, die andere Rituale und verinnerlichte Familiengesetze mitbringen. Kinder, die auch im Mittelpunkt stehen wollen, Kinder, die nicht wie die Mama Rücksicht nehmen bei der Eroberung der Welt. Dort sind Kinder, die nicht wie der Papa dem Sohn die Hand reichen beim Ausprobieren einer neuen Fertigkeit, sondern vielleicht – lachen. Dort gibt es Kinder, die leichter Kontakt aufnehmen zu anderen, Kinder, die sich besser behaupten können, Kinder, die wieder schneller waren beim Verteilen der Rollen für das Weihnachtsspiel. Vielleicht spielen dort gerade zwei Mädchen, die besonders gut zusammenpassen und vom dritten mit sehnsüchtigen Augen beobachtet werden. Das dritte Mädchen fühlt sich ausgeschlossen, einsam … die Mama wird plötzlich schmerzlich vermisst.

Das sind die Übungen, die auf einen guten Schuleintritt vorbereiten, nicht die »spielerisch gehandhabten Rechenblätter«. Die sind einfach nicht wichtig, wenn es darum geht, einen guten, sicheren Platz in der größeren Welt des Kindergartens zu finden – bevor es in die große Welt der Schule hinausgeht. Der erste Freund im Kindergarten ist ein Meilenstein im Selbstwertgefühl des Kindes. Sobald es diesen ersten »besten« Freund gibt, ist das Kind in dieser größeren Welt angekommen. Dann hört das Gezerre und lustlose Herumtrödeln zu Hause auf. Das Kind will dann, aus eigenem Antrieb, in den Kindergarten. »Der Marco wartet schon auf mich. Der war ganz traurig, als ich vorgestern krank war, hat er gesagt« – so ein kleiner Patient, der ein halbes Jahr sich mit Händen und Füßen gegen den Kindergartenbesuch gewehrt hat, weil er keinen Freund gefunden und sehr schnell – klug, wie er war – gemerkt hatte, dass dort nicht nach seiner Pfeife getanzt wird – im Gegensatz zu den Eltern zu Hause, die mit ihm in die Therapie kamen, weil »wir einen kleinen Tyrannen zu Hause großziehen«.

Warum gönnen wir Großen, wir Erwachsenen, den Kindern, die wir doch lieben, nicht den lustvollen Aufenthalt im »Garten«? Warum verbannen wir sie mit fünf, sechs Jahren schon in die »Vorschule«?

Ich hatte ein kleines Mädchen in Therapie, bezaubernd wie eine Elfe, das die Treppe von der Toilette zum Therapiezimmer nicht mehr hochgehen konnte, ohne die Stufen zu zählen. Dieses Zählen geschah nicht spielerisch, sondern – das Mädchen war fünf Jahre alt – wie aus einem Zwang heraus. Der Kontakt, der noch bestanden hatte, wenn sie in der Toilette war und ich vor der Tür auf sie warten musste, brach sofort ab, sobald wir die Treppe hochgingen. »Ich muss jetzt zählen, stör mich nicht.« Manchmal musste sie nochmals hinunter, weil sie auf eine andere Zahl gekommen war als beim letzten Mal. Einmal, ich habe die Stunde noch in Erinnerung, wie wenn sie gestern gewesen wäre, ist sie die Treppe hinaufgestolpert, als ob sie mir beweisen wollte, wie schnell sie jetzt schon zählen kann. Sie ist hingefallen, hat sich nur ein wenig wehgetan, doch die Tränen flossen, als ob jemand Schleusen geöffnet hätte. »Du lernst noch früh genug zählen, du bist ein kluges Mädchen. Treppen, weißt du, sind zum Gehen da, nicht zum Zählen. Hast du das nicht gewusst, es ist wirklich so.« Sie schaute mich an und meinte, schon etwas getröstet: »Aber der Papa hat gesagt, du kannst ja immer zählen, wenn du eine Treppe hochgehst ...« – »Dein Papa sagt viel Richtiges, er ist ja gescheit, aber da hat er Blödsinn erzählt.« – »Sagst du das dem Papa?« – »Ja, das tue ich.«

Früher war die Einschulung noch ein aufregendes Abenteuer. Heute ist sie für viele Kinder die erste leise Ahnung von einem möglichen Scheitern. Und diese Ahnung müssen wir Erwachsenen uns anrechnen lassen. Kinder denken mit sechs Jahren noch nicht in Kategorien von Erfolg und Scheitern. Das ist »Erwachsenendenke« (so Marco, ein Jugendlicher, in einem anderen Zusammenhang).

Das Argument, dass die Zeiten heute so sind, dass wir die lernfähigen Kleinkinder möglichst früh schon fördern und schulen müssen, damit sie unserer anspruchsvollen Berufswelt später standhalten können, ist schon im Ansatz falsch. Wissen wird überschätzt, eine starke und ausgeglichene Persönlichkeit unterschätzt. Was hilft es, wenn wir kleine, möglichst mehrsprachige Roboter heranzüchten, deren linke Gehirnhälfte zwar hervorragend gefördert worden ist, doch die nie richtig gelernt haben, sich zu begeistern und diese Begeisterung auch nicht kommunizieren können? Die nicht wissen, wie man Freunde gewinnt, die sich nicht in einer Peergroup einordnen können, auf Kritik mit Aggression oder Scham reagieren, in die Schule gehen wie auf eine Bühne? War wieder mal nichts mit der Hauptrolle, wieder nur eine Nebenrolle, der Lehrer hat gar nicht gemerkt, dass ich da war ... Oder ich war wieder nur der Bösewicht, na ja, besser als gar keiner, die guten Rollen kriegen eh immer nur die anderen! Ein aufgeweckter Jugendlicher, der sich gerne mit den Lehrern anlegte und Verweise sammelte, sagte einmal ganz trocken: »Die Schule, was ich davon halte? Halt so eine Veranstaltung ... blöd ist nur, dass sie jeden Tag stattfindet.«

Die (Regel-)Schule ist ein Anachronismus. Er wird mit ziemlich viel Naivität hochgehalten. Worin besteht diese Naivität? Sie besteht in der nach wie vor ausgiebigen Pflege der linken Gehirnhälfte. Schulen leben immer noch vom Primat der Wissensvermittlung. Das G8-Modell an den Gymnasien hat das noch verschärft. Wenn man Eltern und Schülern und auch immer mehr Lehrern zuhört, ist in Bezug auf die pure Stoffpaukerei noch einiges hinzugekommen. Ein Gymnasiallehrer meinte dazu: »Die Eltern haben doch recht: Der Stoff ist gleich geblieben – nur haben wir weniger Zeit als zuvor für die Stoffvermittlung.«

Das emotionale Echo

Der Jugendliche kämpft, auch im Schulzimmer, um seine Unverwechselbarkeit. Er möchte sich sichtbar machen, wahrgenommen werden, und zwar nicht als Kopie eines Vaters, der etwa Arzt ist und vielleicht noch im Elternbeirat sitzt, oder eines Vaters, der Immigrant ist und keine Schulbesuche macht, weil er sich diese formellen Begegnungen nicht zutraut. Er möchte als er selber wahrgenommen werden. Aber was heißt »als er selber«? Das ist ja das Problem: Die Jugendlichen wissen es selber nicht so genau. Sie üben sich in allen möglichen Rollen, schlüpfen mal in die Rolle des Störenfrieds, dann des Klassenclowns, dann des Besserwissers, des Strebers, des Lehrerverstehers, des Sorgenkindes, des verkannten Genies, des Nihilisten … Noch spielen sie nur diese Rollen, sie gehen in keiner vollends auf. Und manchmal möchten sie sogar, dass man ihnen auf die Schliche kommt, sie aus einer Zuschreibung wieder herausholt, die ihnen schon das zweite, dritte Jahr an dieser Schule anhaftet. Jugendliche sind hoch emotionale Geschöpfe, Grenzgänger in ihrer eigenen seelischen Befindlichkeit.

Wie begegnet man als Erwachsener diesen Grenzgängern, zu Hause wie in der Schule?

Die Antwort kann nur lauten: mit Emotion. Eltern und Lehrer, die den Mut haben, sich zu zeigen – natürlich im Normalfall nicht unkontrolliert –, finden den Dialog mit den Pubertierenden. Ein Lehrer, der nur die linke, rationale Gehirnhälfte glaubt bedienen zu müssen und zu können, steht bei Jugendlichen schnell im Abseits. Jugendliche suchen nicht nur eine gute Beziehung zu sich selber, sie suchen auch die Beziehung zum anderen, denn darin können sie sich erleben. Warum ist die Emotion so wichtig? Weil sie Ausstrahlung verleiht.

Eine 17-jährige Patientin litt oft unter der Wirkung ihrer gleichaltrigen Freundin, welche dieselbe Klasse besuchte:

»Sie sagt gar nichts Gescheiteres als ich, manchmal hab ich sogar vor ihr schon eine bestimmte Idee gehabt und die auch gesagt. Aber wenn Anna dann das Gleiche nochmals sagt, hören ihr alle zu und tun so, wie wenn sie diese gute Idee gehabt hätte ...« Wir kennen diesen Vorgang wahrscheinlich alle: Es werden die fast wortgleichen Gedanken geäußert von zwei Menschen, doch sie entfalten nicht die gleiche Wirkung. Den Unterschied macht nicht der Inhalt, sondern die Art und Weise, wie der Inhalt vermittelt wird. Und der Unterschied heißt: Emotion. Der eine steht hinter seinen Worten, der andere sagt sie nur. Mitgeteilte Emotionen wirken immer stärker als mitgeteilte Gedanken.

Isabelle, die sich über viele Therapiestunden hinweg mit der unterschiedlichen Wirkung von ihr und Anna auf andere beschäftigt hat, brachte ein Beispiel, das ihr und mir plötzlich diesen feinen Unterschied klarmachen konnte. Es ging bei dem zuvor erwähnten Klassengespräch um die Gestaltung eines Ausflugs, dessen Höhepunkt der Besuch bei einem Politiker sein sollte. Die meisten Mitschüler kannten den Politiker überhaupt nicht, das Interesse war dementsprechend gering. Isabelle schlug vor, ihm auch kritische Fragen zu stellen. Die Klasse reagierte mäßig begeistert. Dann griff Anna das Thema Fragen nochmals auf und sagte (laut Isabelle): »He, das ist doch cool, dem können wir alles sagen, was wir nicht gut finden, und, he, der muss antworten, wir sagen ihm, dass wir das G8 überhaupt nicht so toll finden ... das ist doch eine Gelegenheit ...« Isabelle musste erleben, dass die Klasse plötzlich begeistert war von der Aussicht, einem Politiker einmal alles sagen zu können, was 17-Jährigen so auf der Seele brennt. Was dem Lehrer und auch Isabelle nicht geglückt war, nämlich die Klasse zu motivieren, schaffte Anna mit ihrer vitalen Art.

An dieser Stelle könnte jetzt eine umfangreiche Darstellung der Zusammenhänge zwischen erfolgreichem Lernen und Emotion folgen. Ich fasse mich kurz, denn Joachim Bauer hat das mit seinem Buch *Lob der Schule* bereits erledigt. Dieses Buch kann jedem Lehrer und auch allen Eltern nur empfohlen werden. Es schafft, so behaupte ich, die Grundlage für ein neues und dringend notwendiges Verständnis von moderner und wirksamer Wissensvermittlung an unseren Schulen und vom erfolgreichen Zusammengehen von Lehrern, Schülern und Eltern. Joachim Bauers »Lob der Schule« ist keines, es gibt ja auch keinen Grund dafür. Doch sein Buch entwirft konkrete Vorschläge, wie ein Lob der Schule in absehbarer Zeit möglich werden könnte. Es erklärt, warum das deutsche Schulsystem in einer Sackgasse gelandet ist, die so schnell wie möglich – und mit viel Geld – verlassen werden muss. Im ganzen Buch ist keine Häme spürbar, nur die Hoffnung, dass Schulen wieder »Treibhäuser der Zukunft« (Bauer 2007, S. 35) werden müssen und dass ein umfassendes gesellschaftspolitisches Handeln und Umdenken dringend nottut, um den Patient »Schule« zu retten. Sonst wird aus dem Patienten »Schule« ein Patient »Deutschland«.

Schule und Eltern

Die Schule hat nicht nur unsere Kinder und Jugendlichen im Klammergriff und lässt sie immer öfter nach Luft schnappen. Ein Phänomen, das ich in der Praxis leider häufig beobachte, ist die Angst der Eltern. Aus selbstbewussten Eltern, die es im eigenen Leben ganz gut geschafft haben und mit einer begründeten Gelassenheit die Schullaufbahn ihrer Kinder begleiten könnten, werden plötzlich, man verzeihe mir den Ausdruck, Angsthasen. Wie viele Elterngespräche beginnen mit den Worten: »Es geht uns nicht so gut … meine Tochter/ mein Sohn hat in Mathe/in Deutsch/in Latein wieder völlig danebengehauen.« Und das auf die Frage, wie es ihnen, den

Eltern, geht! Oder den Eltern geht es gut, weil ihr Kind doch lesen, schreiben, rechnen kann, was ich selber schon vermutet, doch die Eltern angezweifelt hatten. Manchmal genügen ein paar schlechte Noten und die Eltern sehen Handlungsbedarf: Tests auf Dyskalkulie, Legasthenie oder ADHS sind die schnelle Folge.

Diese schnelle Abfolge von schlechten Noten und Diagnose entfaltet die Kraft eines Bumerangs. Ich habe kein einziges Mal erlebt, dass eine Diagnose die Kinder zu besseren Schülern gemacht hätte. Im Gegenteil. Ein achtjähriger Junge kam nach einem Legasthenie-Test in die Stunde mit den Worten – und diese sind exemplarisch: »Mein Kopf ist nicht richtig ... ich bin Lega..., ja, halt das, wo man nicht schreiben und lesen kann, hat der Arzt gesagt.« Daraufhin hat er das Lesen eingestellt.

Tests, das müssen wir Erwachsenen uns einfach klarmachen, hinterlassen im Kind einen schrecklichen Verdacht: nicht richtig zu sein. Eltern glauben oft, ihre häufig mehrfach getesteten Kinder würden diese Untersuchungen respektive Überprüfungen ihres geistigen Potenzials mit Naivität angehen. So in der Art: Da guckt jetzt halt mal ein Arzt nach, in meinem Kopf, so wie er mir in den Hals schaut oder die Ohren untersucht. Kinder sind nicht blöd. Jede nicht medizinische Untersuchung hinterlässt Verunsicherung, untergräbt ihr Selbstwertgefühl und ist ein Angriff auf ihr Verlangen nach Intaktsein.

Kinder mit der Diagnose Legasthenie wollen im Umgang mit Regelspielen, nach denen oft gegriffen wird, wenn ein Sicherheitsabstand zwischen Therapeut und Kind hergestellt werden soll, den Einfluss des Therapeuten in der Regel klein halten (übertragen: Die Mutter soll sich mal nicht einmischen). Dem Therapeuten wird dann etwa beim Spiel Monopoly das Kärtchen hingeschoben:

Kind: »Lies mal vor, was steht da drauf?«

Therapeut: »Du kannst doch selber lesen ...«

»Nein, ich bin Legastheniker, meine Lehrerin liest mir in der Schule beim Diktat die Sätze auch extra vor.«

»Wir sind hier nicht in der Schule, und ich glaube nicht, dass du in der 3. Klasse nicht lesen kannst. Aber ich glaube dir, dass du Angst hast vor dem Lesen und dass diese Angst immer größer wird, bis du dann tatsächlich nicht mehr lesen kannst ...«

Ich habe, mit einer Ausnahme, nie erlebt, dass Grundschüler am Ende der Therapie nicht lesen konnten.

Angst ist der Leistungskiller par excellence. Und die so beliebten schulbezogenen Diagnosen sind es leider ebenso. Es sei hier auch angesprochen, dass diese schulbezogenen modernen Diagnosen, wie Legasthenie, Dyskalkulie, Lernstörungen, Hyperaktivitäts- und Konzentrationsstörungen, ein ganz deutlicher Hinweis sind, dass die Schüler überfordert sind und die Schule, im Weiteren die Gesellschaft, ein Bildungssystem aufrechterhält, das die Kinder zu den »Schuldigen« und »Kranken« macht.

Ich habe zweimal Mütter in die Therapiestunde ihrer Kinder gebeten und die Kinder lesen lassen. Das hört sich jetzt auch nach Testsituation an. Doch diese Lesesituation war gut vorbereitet, das Kind sollte der Mutter einen bestimmten Inhalt übermitteln – nicht vorlesen. Mir ging es auch nicht ums Vorlesen: Ich wollte dem Gesicht der Mutter auf die Spur kommen, wenn ihr Kind liest. Ich wollte herausbekommen, was das Kind im Gesicht der Mutter sieht, wenn es vorliest. Ich hatte jeweils nur eine ungefähre Ahnung. Doch die Ahnung ist bestätigt worden: Im Gesicht beider Mütter waren Anspannung und Angst zu lesen. Und was die Therapeutin sofort erkennen konnte, musste auch dem Kind jedes Mal, wenn es zu Hause die Lese-Hausaufgabe machte, ins Auge stechen.

Ich habe mit beiden Müttern mehrere Stunden nur über ihren Gesichtsausdruck gesprochen. Mit der einen außerdem über ihre gepresste Stimme, die zwischen abendlichem Flehen (»Das kannst du doch ... bitte probier es noch einmal ...«) und Drohen (»Wenn du es jetzt nicht richtig liest, machen wir heute Abend noch länger.«) hin und her schwang. Mit der anderen Mutter sprach ich darüber, dass sie kaum mehr atmete. Diese Mutter bekannte, dass sie jeden Tag, wenn ihr Sohn kein Lesen als Hausaufgabe hatte, erleichtert aufatmete. »Ich hasse es, mit ihm lesen zu müssen. Schon bevor wir uns hinsetzen, zieht sich bei mir alles zusammen. Ich sag mir zwar, bleib ganz ruhig, schrei ihn nicht an, verlier die Nerven nicht ... und dann verlier ich sie doch.« Diese Mutter ist eine erfolgreiche Werbefachfrau, die in ihrer eigenen Schulzeit Lesen gehasst hatte, weil die eigene Mutter sie immer erst spielen gehen lassen wollte, wenn sie den Lesetext fehlerlos und flüssig vortragen konnte. Frau F. hat heute keine Probleme mehr mit Lesen. Doch etwas ist hängen geblieben und hat wieder angefangen zu rumoren, als ihr Sohn, dem sie eine gute Mutter ist, Schulkind geworden ist: »... diese fürchterliche Wut auf meine Mutter, wenn ich lesen musste und sie am liebsten auf einen anderen Planeten gesprengt hätte ... nur weg, weg, weg!« Sie ergänzt noch, dass sie bei dem Lesedesaster mit ihrem Sohn kein einziges Mal an das kleine Mädchen gedacht hätte, das sie einmal war. »Ich hab es nur plötzlich genau gleich gemacht wie meine Mutter.«

Worum geht es hier? Um die Wiederkehr eines Traumas, um Demütigung, Beschämung. Alles, was uns einmal beschämt und nicht zur Sprache gefunden hat und nicht in die Beziehung eingebettet werden konnte, bleibt ein Unruheherd. Alles, womit Kinder emotional einmal überfordert waren und nicht im Beziehungskontext Eltern – Kind haben lösen können, muss verdrängt werden. Die Wiederkehr des Verdrängten ist viel mehr als nur ein psychoanalytischer Terminus, nämlich auch, wie die Neurobiologie inzwischen nachgewiesen hat, eine absolut zuverlässige Konstante im Mikrokosmos der

Seele. Das Langzeitgedächtnis vergisst keine einzige Demütigung, Angst oder Wuterfahrung. In Hirn und Körper brennen sich alle hoch emotionalen Erfahrungen ein und es braucht viele korrigierende, wiederum emotionale Erfahrungen, um verstörende Erlebnisse zu löschen. Es ist möglich, einen alten Gefühlstext durch einen neuen zu ersetzen. Das ist, auf einen kurzen Nenner gebracht, der Inhalt einer guten Therapie. Doch es braucht viel Zeit, Gelassenheit, Liebe. Und mit Liebe meine ich nichts anderes – nochmals eine Definition von Beziehung – als die Fähigkeit und Bereitschaft, als Eltern, Lehrer und Therapeuten zusammen mit dem Kind einen neuen Lebenstext zu entwerfen. Einer, der frei wird von lebenseinschränkenden Wahrnehmungen unserer Kinder und von der Gesellschaft gelieferten Diagnosen über diese Kinder.

Kinder haben ein ganz feines Sensorium für Reduktion. Sie spüren, wenn ihnen etwas, zum Beispiel das Lesen, nicht mehr zugetraut wird. Sie glauben den Eltern – und geben auf. Der verzweifelte, wütende und verunsicherte Blick der Eltern dringt in sie ein wie ein Messer. Und irgendwann kämpfen sie nicht mehr dafür, dass sie lesen lernen, sondern darum, dass sie das Messer, das einfach wehtut, wieder aus ihrem Gefühlskörper herausbekommen. Daraus entstehen dann die Schlachten, mal lauter, mal leiser geführt, am Buffet beziehungsweise am Wohnzimmer- oder Kinderzimmertisch.

Wo wandert das Selbstvertrauen der Eltern hin, die es doch ganz gut geschafft haben im Leben, wenn ihren Kindern der Schuleintritt, der Übertritt nach der 4. Klasse oder der Schulabschluss bevorstehen? Es wandert in die eigene Lebensgeschichte, zu eigenen Höhen und Tiefen der Biografie. Das ist auch nicht schlimm. Nur – die Kinder müssten es wissen. Sie müssten erfahren dürfen, dass die Mama, der Papa jetzt so heftig reagieren, weil gerade eine eigene, bis jetzt gut verborgene und gehütete Angst oder Beschämung sich wieder meldet, die Mutter oder Vater schon längst bewältigt glaubten. Doch das Bewältigte ist oft nur das Vergessene.

Wie entspannend wirkt es sich auf Kinder aus, wenn Eltern dem Kind nicht vorwurfsvoll ein Du hinwerfen und ihr Kind damit einsam machen, sondern »ich« sagen und zu erzählen beginnen – aus ihrem eigenen Leben!

Ein Vater lehnte bei seinem Jungen rigoros Spielzeugwaffen ab. Die Pistolen etc. wurden damit für diesen Jungen zu einem Objekt der Begierde. Je verbotener, desto interessanter und geheimnisvoller. Mit der Zeit gingen die Fantasien des Vaters in die Richtung, dass sein Sohn, einmal erwachsen, eine kriminelle Laufbahn einschlagen könnte. In einem Elterngespräch stellte sich heraus, dass der Vater als Schulkind von einer Jugendlichenbande mit einem Messer verletzt worden war. Seine Eltern konnten der damals empfundenen tiefen Angst in einem möglichen einfühlsamen Gespräch keine Heimat geben. Er blieb allein mit dem Erlebten (wahrscheinlich nicht nur in dieser Situation). Er blieb, an dieser Stelle, traumatisiert stehen. Überall konnte er weitergehen in seiner Entwicklung, nur da nicht.

Als dieser Vater sich mit seiner eigenen Geschichte auseinandergesetzt und ihr nachgespürt hatte, nahm das weit über die Maßen vorhandene Interesse an Waffen beim Sohn ab und wandelte sich in den altersgemäßen Spaß an Waffen. Geblieben ist bei diesem Jungen ein überdurchschnittliches Interesse an Wissensfragen, was sich auf seine Schullaufbahn sehr positiv auswirkt. Er spürte, dass hinter diesem Waffentabu etwas anderes steckte. Er wollte Zugang zu seinem Vater finden. Doch Zugang hatte er nur zum klar ausgesprochenen Waffentabu. Also wurde er ein Waffenexperte. Durch die Bereitschaft des Vaters, über sein eigenes Waffentrauma nachzudenken, konnte der Sohn seinen Fokus, der wie festgeklebt auf Waffen gerichtet war, wieder weiten und die allen Kindern eigene Wissenslust und Neugierde neu strömen lassen.

Eltern kommen oft mit den aktuellen schulischen Anforderungen nicht zurecht, wie sie ihre Kinder bedrängen. Ein Vater, der mit viel Geschick und fachlichem Weitblick die Belange seiner Firma nach innen und außen vertritt, mit Fingerspitzengefühl seinen Mitarbeitern begegnet, »sitzt mir mit der Haltung eines Profiboxers gegenüber, der seinen letzten Kampf gewinnen will, wenn die Mama gesagt hat, so, jetzt halt du das mal aus«, so der 15-jährige Markus. Dieser Vater beginnt den Mathekampf mit den Worten: »Ich warne dich gleich am Anfang, wenn du den Nichtkapierer herauskehrst, ist Schluss.« Das Fingerspitzengefühl, das von seinen Mitarbeitern so gelobt wird – dem Sohn kommt es nicht zugute. Hier herrscht wirklich Boxkampfstimmung. Die Runden werden gezählt. Wer geht zuerst in die Knie, der Sohn oder der Vater? Manchmal rutschen diese Kämpfe gefährlich nahe an ein körperliches K.o. heran. Ein Umstand, der beide mit Scham erfüllt. Die Lösung heißt dann, wie so oft, viel zu oft, Nachhilfestunden. Das Kommunikationsproblem wird nach außen verlagert. Soll doch ein junger Student sich mit dem renitenten Sohn herumschlagen! Manchmal hilft's wirklich, wenn die Hausaufgaben und Schulaufgabenvorbereitung in fremde Hände gelegt werden. Vor allem bei Jugendlichen, die sich von den Eltern nicht mehr beim Nichtkönnen ertappen lassen wollen. Doch oft scheitert auch der motivierte Nachhilfelehrer, weil es nicht um ein intellektuelles Verständnisproblem, sondern um ein Kommunikationsproblem geht – in der Familie, nicht im Kontakt zum Nachhilfelehrer.

Es ist erschreckend, wie viele Kinder und Jugendliche Nachhilfeunterricht brauchen. Gerade unter den Gymnasiasten. Dass Kinder unterschiedlich begabt und interessiert sind, ist normal. Die einen Kinder sind besser in den mathematisch-naturwissenschaftlichen Fächern, die anderen in den sprachlich-musisch-sozialen Fächern. Das einfache Wort dafür ist: Neigung. Doch wie viele Kinder erhalten sowohl in einzelnen Sprachen wie in Mathematik, Physik oder Chemie Nachhilfe. Jetzt könnte man vorpreschen und sagen: Die gehören halt nicht aufs Gymnasium.

Um es kurz zu machen: Es gehörten viel mehr Kinder aufs Gymnasium. Gymnasium setze ich hier stellvertretend für eine fundierte Bildung. Wenn dies an der Realschule passiert, ist es genauso gut. Und wenn eine Hauptschule es schafft, den Kindern die Freude am Wissen zu vermitteln, ist das Kind auch dort gut aufgehoben. Allerdings: Ein Kind, das sich durch Neugier und Lernfreude auszeichnet, kann genauso gut aufs Gymnasium oder auf die Realschule gehen.

Die *Süddeutsche Zeitung* ist wirklich so etwas wie eine Speerspitze im Kampf um ein besseres Bildungssystem. Fast täglich setzt sie sich für eine längst überfällige Schulreform ein. Im Fokus hat sie, standortbedingt, das bayerische Schulsystem. Bayern weist bei der Zahl der Gymnasiasten und Abiturienten weit unterdurchschnittliche Werte auf. Die Durchfallquote ist hier vergleichsweise hoch. Und das in einem Bundesland, das in der PISA-Studie so gut abgeschnitten hat.

Noch gibt es keine Untersuchungen zum Nachhilfeunterricht. Doch wäre es verwunderlich, wenn Bayern auch hier »spitze« wäre? Nachhilfeunterricht kostet Geld. Für viele Bewohner des neben Baden-Württemberg reichsten Bundeslandes offenbar kein Problem, doch für andere eben schon. Die Kinder aus sozial einfachen Schichten oder eines alleinerziehenden Elternteils haben hier bereits das Nachsehen. Alleinerziehende bringen für zwei bis drei Nachhilfestunden in der Woche das Geld einfach nicht auf. Doch auch viele andere Familien können sich jahrelangen Nachhilfeunterricht nicht leisten.

Ich bin nicht generell gegen Nachhilfe. Wenn Eltern ihre Kinder aus verschiedenen Gründen nicht beim Lernen unterstützen können, ist es manchmal eine Entlastung, wenn ein Dritter das Kind etwas begleiten kann. Oder es ist auch sinnvoll, wenn Kinder, hier Jugendliche, vor einer Klassenarbeit selbstständig Kontakt mit einem anderen kompetenten Jugendlichen aufnehmen, der zwei, drei Klassen höher ist, und sich von diesem den Stoff nochmals in aller Ruhe erklären lassen – gegen Bezahlung, was für den einen ein willkommener Beitrag zum Taschengeld ist und die Eigeninitiative des anderen, stofflich gerade unsicheren Jugendlichen stärkt. Natürlich wäre es am besten, wenn der Lehrer gefragt werden könnte. Doch die G8-Lehrer sind ja selbst unter Stoff- und damit Zeitdruck. Also keiner Idealität nachträumen, sondern die Realität anschauen …

Nachhilfe als Dauerzustand hat jedoch wieder einen etwas schalen Beigeschmack, den wir vorhin schon beim Erstellen von frühen Diagnosen festgestellt haben. Es bestätigt beim Nachhilfeschüler den Verdacht, es ohne Hilfe gar nicht schaffen zu können. Und das ist keine sein Selbstvertrauen fördernde Einsicht.

Wenn Eltern, statt in Panik, hilflose Drohgebärden oder mehrfächerige Nachhilfe-Rettung zu verfallen, beim Anblick ihres stofflich unsicheren Kindes ganz ruhig mit ihm zusammen nach einem Ausweg suchen würden, wäre allen geholfen. Seltsamerweise löst die Bemerkung eines Kindes, etwas nicht verstanden zu haben, bei Eltern oft nicht den erwarteten Trost aus, der sich so anhören könnte: »Du, man kann auch nicht alles immer gleich können. Glaubst du, ich hab in der Schule früher gleich alles kapiert? Wer kann denn schon alles auf Anhieb!« Das mutige Eingeständnis des Kindes, Angst zu haben vor der Klassenarbeit am übernächsten Tag, wird oft mit Angst beantwortet. »Komm, ich ruf gleich den Nachhilfelehrer an, vielleicht hat er morgen noch eine Stunde Zeit?« »Wir setzen uns heute Abend hin – oh Mist, heute Abend bin ich im Elternbeirat … ja, dann kann ich halt nicht hingehen.« »Du hast noch den ganzen Abend Zeit, und morgen lässt du

Hip-Hop/Judo/deine Freundin ausfallen.«»Warum merkst du das erst zwei Tage vorher, ist das wieder ein Stress ...«

Eltern vergessen in solchen Augenblicken, dass ihr Kind nicht Hektik und Aktion, sondern Beruhigung sucht. Vor allem aber sucht es bei seinen erwachsenen und im Leben stehenden Eltern ein ihm nicht mehr mögliches angemessenes Einordnen des Geschehens. Es geht nicht um Leben und Tod, es geht »nur« um eine von mehreren Klassenarbeiten.

Wir haben ein Schulsystem, in welchem dieses kleine Wörtchen »nur« verschwunden ist. Wann ist es untergegangen? Mir will bei dieser Frage scheinen, dass es noch vor gut zehn Jahren vereinzelt vorgekommen ist und dass es damals noch Eltern gegeben hat, die ihr Kind aufgeklärt haben. »He, du machst ja ein Gesicht, als ob dein Leben auf dem Spiel stünde ... ist doch nur eine Note!« So oder ähnlich haben einzelne Eltern damals noch gesprochen. »Du wirst noch viele Noten sammeln, da können auch einmal Nieten drunter sein, jetzt mach nicht so ein Kummergesicht ...« Vielleicht haben sie ihr Kind auch einfach in den Arm genommen: »Das wird schon, Kopf hoch, mach, was dir möglich ist, bist trotzdem mein Schatz, auch wenn's diesmal in die Hose geht.«

Es findet keine Einordnung ins Leben mehr statt. Ich habe mindestens einmal in der Woche ein jugendliches Mädchen dasitzen, das wegen einer »schlechten« Note weint. Oder einen Jugendlichen, der nicht weint, das kommt selten vor, dafür aber flucht, die Schule verdammt, sie am liebsten aus seinem Erlebnishorizont ausblenden würde, seine Aggressionen anderswo ausagiert. Jungen, oft intelligente Burschen, bevorzugen das Mittel der Lernverweigerung.

Eltern, die sich auf die Kunst der Einordnung oder Relativierung von Schulnoten verstehen, sind eher selten geworden. Die Medien haben da durchaus eine Mitverantwortung, die Wirtschaft und die Gesellschaft ebenso. Wenn in den Zeitungen steht, dass es keine Arbeit, sprich: keine Zukunft mehr gibt ohne Abitur, glauben das die Eltern. Was schwarz auf weiß dasteht, muss stimmen. Was nicht geschrieben wird: dass durch das Abitur gepeitschte, angepasste und leidenschaftslose Jugendliche auch keine rosa Berufsaussichten haben.

Gott sei Dank findet ganz, ganz langsam eine gesellschaftliche Neubesinnung statt: Das Abitur ist nicht mehr automatisch die Eintrittskarte in den Klub der Erfolgreichen und Wohlhabenden. Sondern so »altmodische« Dinge wie Selbstvertrauen, die richtige Einschätzung der eigenen Schwächen und Stärken, Leistungsbereitschaft, gute Selbst- und Menschenkenntnis etc. sind wieder gefragt. Auch und gerade in der Wirtschaft. Dazu kommen Mehrsprachigkeit, ein absolutes Muss in einer globalisierten Welt, und eine gute Allgemeinbildung.

Schule und Schüler

Das wichtigste Pfund einer Schule, die wieder ein »Treibhaus der Zukunft« werden soll, sind die Schüler selber.

Wir haben es heute mit einer anderen Schülergeneration als früher zu tun. Es ist vermutlich, was das Auftreten anbelangt, die selbstbewussteste junge Generation, die es je gegeben hat. Die Jugend von heute ist weltkundig. Ferien werden in Amerika, in Asien, in Afrika verbracht. Man reist nicht alle paar Jahre ins Ausland, sondern jährlich. Fast jeder 15-jährige Jugendliche ist bereits einmal mit dem Flugzeug unterwegs gewesen. Schüleraustausch findet nicht mit einem benachbarten Land statt, sondern etwa mit einer amerikanischen Schule. Die heutigen jungen Menschen sind unglaublich mobil. Auslandskontakte, wie sie sich durch Verwandte und Bekannte ergeben, werden gerne genutzt.

Auch sprachlich sind die jungen Menschen gewandter, als es frühere Generationen waren. Und das betrifft nicht nur ihre besseren Fremdsprachenkenntnisse, vor allem Englisch, sondern ihre Ausdrucksfähigkeit, ihren Wortschatz. Vielleicht höre ich jetzt bei einigen Deutschlehrern Protest und bei Erwachsenen allgemein ein empörtes Schnauben. Ein Vater sagte einmal mit gelinder Verachtung in der Stimme: »Die haben ja nur noch einen rudimentären Wortschatz ... so geil, krass, fett, easy, gechilled. Das erscheint mir ziemlich dürftig. Wenn du deinem Sohn eine Frage stellst, kommt die Antwort ›Passt schon.‹«

Lassen wir uns nicht täuschen von dieser scheinbar rudimentären Sprache. Sie ist eine Übergangssprache, die erfolgreich schafft, was sie schaffen soll: die Abgrenzung und Verschließung der Elterngeneration gegenüber. Pubertät steht unter Verschluss. Pubertät definiert sich über Rückzug. Angegriffen wird nur, wenn man sich als Jugendlicher in der noch unscharfen, noch unförmigen und eckigen Welt- und Selbstsicht gestört oder bloßgestellt erlebt.

Diese Jugend hat Sprache. So viel wie noch nie. Es ist noch mit keiner Jugend so viel gesprochen worden, den Kindern erklärt worden, warum es jetzt kein Eis gibt, warum es zu Fernsehverbot kommt, warum es jetzt nicht so laufen kann, wie das Kind es möchte. Das exzessive Sprechen hat leider in vielen Familien das Handeln abgelöst. Schon Sechsjährige können den ganzen Familienalltag aufhalten, weil sie einen Wunsch nicht erfüllt bekommen. In meiner Praxis erlebe ich täglich, wie Eltern dann argumentieren, erklären, begründen, sich rechtfertigen, wenn sie eine Grenze setzen möchten. Manchmal ist hier ein klares Nein die Erlösung für alle Beteiligten (siehe dazu auch Jesper Juuls wunderbares

Buch *Nein aus Liebe*). Eltern sind äußerst ungern »böse« Eltern. Eltern wollen geliebt werden – eine der häufigsten Elternfallen!

Doch zurück zu den sprachlich versierten Kindern: Neben den erwähnten Nachteilen, die manchmal stärker ins Gewicht fallen, ist ein Vorteil dieser diskussionsfreudigen Familienatmosphäre, dass die Kinder reden können, oft mit dem Wortschatz und der Syntax eines Erwachsenen – was dann allerdings wiederum nachdenklich stimmen könnte.

Ein Fünfjähriger hat mir letzthin im Rollenspiel gesagt: »Das passt mir jetzt gar nicht, dass der Kasperl weint. Der Kasperl ist doch perfekt, das ist doch kein Loser ...« Dazu muss man wissen, dass dieser Junge ältere Geschwister hat, vor allem aber einen Papa, der »Loser« nicht mag. Oder eine Sechsjährige: »Kannst du mir verraten, was das jetzt soll ... Ich bin doch hier nicht das Dienstmädchen, du hast auch mitgespielt und ich muss jetzt den Dreck hier wegräumen (Sand, den sie zuvor lustvoll über den Sandkasten geschippt hat, NSK). Das sag ich nachher meiner Mama, die findet das sicher nicht in Ordnung, die findet das (sie sucht nach einem Wort) ... problematisch.« – »Wie bitte?« – »Ja, problematisch, hab ich gesagt, kennst du das Wort nicht?« Die Mutter fand es dann allerdings nicht problematisch ... Ich hingegen schon, weil es einfach nicht die Sprachlandschaft ist, in der sich ein so zartes Wesen wie Janina aufhalten sollte. Hier kommt es zu einer Überidentifikation mit der Sprach- und Haltungswelt einer Erwachsenen, die ihr den Aufenthalt in ihrer eigenen kindlichen Gefühlswelt erschwert.

Die Schulen machen viel zu wenig Gebrauch von dieser sprachlich versierten Generation. Wobei hier angemerkt werden muss, dass dieser klare Sprachfluss nicht immer mit einem entsprechend klaren Gefühlsfluss einhergeht. Trotzdem, diese Sprachkompetenz ist eine Ressource. Und Ressourcen müssen gehütet und genutzt werden, sonst verkümmern sie.

Schüler aus allen Schultypen (mit einer Ausnahme alles Jugendliche zwischen 15 und 18 Jahren) sind in der *Süddeutschen Zeitung* einmal gebeten worden, ihre Traumschule darzustellen. Ich habe mit viel Neugierde und Freude diese Entwürfe einer Traumschule aufgenommen. Da soll einer noch sagen, unsere Jugendlichen würden sich keine Gedanken machen und nur chillen und abhängen wollen.

Ihre Traumschule sieht so aus:

- »Frei. Individuell. Basisdemokratisch. (…) Ich bin anders als du. Und das ist auch nicht schlimm. (…) Du kommst mit Schwimmen am schnellsten zu deiner Trauminsel, ich erreiche meine Perlen am Meeresgrund durch Tauchen. Ich und meine Mitschüler machen den Großteil des Schulvolkes aus, und als das werden wir auch wahrgenommen.«
- »In meiner Traumschule verstehen sich alle gut. (…) Mehr Ausflüge zum Unterrichtsthema. (…) Natürlich gibt es Mädchen, aber welche, die nicht nerven.« (Der Jüngste der Befragten)
- »*Schule soll vor allem so sein, dass man etwas lernt.* (Hervorhebung von mir, NSK) Ich sage, Schule soll so sein, weil sie es momentan nicht ist. Ich sitze zwar oft vor meinen Schulaufgaben am Schreibtisch und versuche Unmengen von Fakten so in meinem Hirn zu verstauen, dass sie dort bis zum nächsten Tag auch bleiben, aber lernen würde ich das nicht nennen. Ich würde gerne im Unterricht den Stoff so vermittelt bekommen, dass ich nach der Stunde das Gefühl habe, wirklich etwas für mich gewonnen zu haben. Ich möchte Teil eines interessanten Unterrichts sein und möchte, dass mein Interesse auch in Fächern geweckt wird, in denen ich sonst nur auf den erlösenden Gong warte. Das funktioniert aber nicht in Klassen mit 30 Leuten, und das funktioniert auch nicht, wenn ich mir von Lehrern 40 Jahre alte Aufzeichnungen

vorbeten lassen muss. Ich bin mir sicher, dass das, was ich am Ende meiner Schullaufbahn behalten werde, nicht ist, was ich im Unterricht ›gelernt‹ habe, sondern Fähigkeiten, die ich mir durch mein eigenes Engagement in der Schülervertretung angeeignet habe.«

• »Die ideale Schule ist für mich ein Ort, zu dem man gerne hingeht, mit dem man sich identifizieren kann. Heute quält sich der normale Durchschnittsschüler dagegen jeden Morgen aus dem Bett, um mit einem vorgefertigten Einheitsbrei, der sich Wissen schimpft, übergossen zu werden. Immer mit einem Auge auf die Uhr, in großer Erwartung auf den Unterrichtsschluss. Wissen will hier keiner erwerben, denn es geht ausschließlich darum, die nächste Schulaufgabe ›rumzukriegen‹, und das mit einer möglichst guten Note.«

Ein alternatives Schulmodell

Muss man in die private Schullandschaft aufbrechen, wenn man eine kind- und jugendlichengerechte Schule finden will? Es erweckt den Anschein. Allerdings gibt es auch staatliche Schulen, die von mir nach jahrelangem und aufmerksamem Hinhören bei meinen Patienten und den eigenen Kindern dieses Prädikat verdienen würden.

Doch das Egbert-Gymnasium im fränkischen Münsterschwarzach hat mich am meisten überzeugt. Der gute Eindruck hatte schon mit der Voltigierlehrerin des Gymnasiums angefangen. Eine kurze Begegnung war das, 100 Meter vom Schulgelände entfernt. Eine junge Frau stand da, putzte ein Pferd – und erzählte mir, dass sie das Gymnasium vorzeitig verlassen hatte und später als Voltigierlehrerin zurückgekehrt sei. »Ich habe diese Schule einfach geliebt. Ich hatte persönliche Gründe, dass ich nicht mehr weiter in die Schule gehen wollte, doch an der Schule liegt es nicht. Die war und ist einfach gut.« Sie erzählte mir, dass die Schüler Voltigieren als Freifach wählen können. Ich konnte in diesem persönlichen Gespräch ihre Zuneigung zu dieser Schule spüren. Eine Zuneigung, die mein Interesse weckte und meine Neugierde auf diese Schule, zu der eine Schulabbrecherin unbedingt zurückkehren wollte.

Was ich dann in den folgenden Tagen an der Schule erlebte, machte die warmen Worte der jungen Frau erlebbar. Eine der Lehrerinnen sagte: »Wir dürfen nicht vergessen, dass die Schulzeit eine Entwicklungszeit ist. Und unsere wichtigste Aufgabe ist es, die Jugendlichen durch diese Entwicklung zu begleiten.« Die Noten wären auch an dieser Schule wichtig, doch noch wichtiger wäre die Entwicklung jedes Einzelnen. »Und da geht's mal rauf und runter, auch leistungsmäßig … ist doch normal.« Der Schulleiter gab mir die Möglichkeit, über mehrere Vormittage in die verschiedenen Klassen und deren Aktivitäten hineinzuschnuppern.

Gerade wurde in einer 5. Klasse zwischen Schülern, Elternsprechern und Lehrern in Anwesenheit des Schulleiters im Rahmen einer kleinen Feier der Schulvertrag unterschrieben. Die Schüler selbst formulierten ihre »10 Gebote«. Überhaupt zeichnet diese Schule aus, dass sie um die Bedeutung von Ritualen weiß. Die Schüler haben es sichtlich genossen, dass ihren persönlich formulierten Leitsätzen wie zum Beispiel »Kein Schüler wird ausgelacht« so viel Aufmerksamkeit vonseiten der Erwachsenen zugeflossen ist. Ein Mädchen kommentierte einen anderen der Leitsätze beziehungsweise Gebote »Wir dürfen die Lehrer nicht beschimpfen« mit der Ergänzung: »Und ihr uns auch nicht!« Worauf der Schulleiter ihr in die Augen sah und mit großem Ernst erwiderte: »Das stimmt, das gilt für uns genauso.« Jede Klasse hat einen Paten, der, da die Schule zum benachbarten Kloster gehört, ein Mönch ist.

In den Schulstunden wird konzentriert gearbeitet, etwa an Lessings *Emilia Galotti*, und den Schülern auch etwas abverlangt. Es ist, so mein Eindruck, keine Kuschelschule der Art: »Seid mal nett zu uns, dann sind wir es auch zu euch – und so haben wir es alle nett miteinander.« Es gibt einen ganz klaren Leistungsanspruch, dem sicherlich nicht alle Schüler mit gleich großer Leidenschaft folgen. Auch hier gibt es Schüler, die auf die große Pause warten. Doch fällt auf, dass kein Chaos herrscht in den Schulstunden. Hier gibt es keine Schüler, die durch eigene, inhaltsferne Aktivitäten den Unterricht blockieren, wie ich es an anderen Schulen erlebt habe (zum Beispiel Beine auf dem Tisch, Essen des Pausenbrots, zwei Schüler unterhalten sich ungestört die gesamte Stunde über ein Videospiel, der Lehrer wird ignoriert oder beleidigt). Es gibt auch hier Schüler, die sich langweilen – doch sie stören den Unterricht nicht. Ein 17-Jähriger, den ich nach einer *Emilia-Galotti*-Stunde ansprach, weil er die ganze Stunde über mit dem Schlaf kämpfte, meinte ruhig: »Also, Deutsch interessiert mich einfach nicht so. Mathe und Physik – klasse, aber Deutsch, ne ... Und ich bin gestern ziemlich spät ins Bett, bin nicht so drauf heute ...«

Eine ganz normale Haltung. Wir Eltern und Erwachsenen vergessen so schnell, dass auch wir in unserer Schulzeit nicht immer präsent waren, stoffbedingt oder altersbedingt. Haben wir uns für alle Fächer interessiert? Wohl kaum.

Eltern und Lehrer beunruhigt bei Pubertierenden oft die vermeintliche Untätigkeit. Eine Mutter zeigt sich erschreckt über das angebliche Nichtstun ihres Sohnes am Wochenende. »Den kriegt man nicht aus seinem Zimmer raus. Der macht das ganze Wochenende nichts, einfach nichts.«

Man sieht nichts. Doch bedeutet das automatisch, dass da auch nichts ist? Die Aufmerksamkeit für die vertraute äußere Welt der Familie und der Gesellschaft ist abgezogen worden. Jugendliche erforschen nicht mehr begierig wie die

Kinder, die sie einmal waren, ihre Umwelt. Sie tauchen in ihre Innenwelt ein, suchen sich, beschäftigen sich mit der Person, die sie einmal sein möchten oder glauben, sein zu müssen – damit sie als Erwachsene bestehen können. Jugendliche sind Utopisten im besten Sinne des Wortes. Schwerarbeiter, wenn es darum geht, sich und eine Welt, in der sie einmal leben möchten, zu entwerfen.

Ich kenne keinen Entwicklungsabschnitt, der dermaßen von schöpferischer Unruhe und emotionaler Ungeborgenheit geprägt ist. Diese Ungeborgenheit kostet unsere Jugendlichen viel Kraft. Auch wenn das für Eltern- oder Lehreraugen nach Nichtstun aussieht. Nach chillen, chillen und nochmals chillen. Ein Vater:»Chillen, das ist wie ein rotes Tuch für mich! Wenn ich meinen Sohn bitte, was zu tun, hör ich: Lass mich in Ruhe, will endlich mal chillen. Kann man in diesem Haus nicht endlich mal vernünftig chillen? Muss ich woanders hin ... den Scheiß hör ich mir alle paar Tage an ...«

Dieses Wörtchen »chillen« riecht für uns Erwachsene nach Ausrede und Ausbüxen. Sicherlich ist auch etwas Ausbüxen vor den Erwartungen und Ansprüchen der Erwachsenen dabei. Doch es ist vor allem: ernst gemeint. Jugendliche befinden sich in einem geistig-seelischen Vakuum. Papas, Mamas und Lehrers Überzeugungen von der Welt können nicht mehr wie eine gut passende Jeans übergestreift werden. Eigene Klamotten müssen her – eigene Überzeugungen sollen es sein. Die Erwachsenen erfahren in diesem Entwicklungsabschnitt, durch den sich die Jugendlichen gerade bewegen, eine enorme Einbuße an Attraktivität, sowohl äußerlich wie innerlich betrachtet. Sie müssen unattraktiv werden und ebenso ihre Gedanken, Haltungen und Sichtweisen zur Welt. Sie werden für die Jugendlichen langweilig. Ein Problem, auch für Lehrer! Setzen wir Erwachsene auf die Zeit. Die Pubertät geht vorbei. Auch das gelangweilte Gesicht unserer Jugendlichen, dem Lehrer natürlich auch in der Schulstunde begegnen!

Ein Umstand, auf den die Lehrer in ihrer Ausbildung übrigens viel zu wenig vorbereitet werden! Das gelangweilte, verdrossene Gesicht mancher Schüler im Unterricht trifft den Lehrer tief. Wie soll er Jugendliche erreichen, die zwar körperlich anwesend sind, doch nicht wirklich an- und aufnehmen, was er ihnen geben möchte? Wie soll er mit Adoleszenten, die sich gerade in einer persönlichen Krise befinden, umgehen? Wie führt man eine Klasse? Fragen, so erzählen mir immer wieder Lehrer, die in ihrem Lehramtsstudium nicht beantwortet wurden. »Als ich angefangen habe als Lehrer, hat mich die Begeisterung getragen. Jetzt bin ich oft nur müde und ausgelaugt«, sagte mir ein Realschullehrer, den ich als äußerst engagiert kennenlernen durfte. Warum wird Lehrern keine Supervision angeboten?

Zurück zum Egbert-Gymnasium. Ich habe dort mehrere Ansprachen des Schulleiters gehört, zu verschiedenen Anlässen, und es war seine Ausdrucksweise, die noch in meinen Ohren nachhallt. Der Fokus lag in diesen kurzen Reden auf Ermunterung, auf Motivation der Schüler und einer spürbaren Wertschätzung der jungen, heranreifenden Generation – nicht auf pädagogischen Ermahnungen und verkopften Belehrungen im Sinne von »Gebt euch Mühe, macht mit, enttäuscht uns nicht«. In der 10. Klasse dürfen die Schüler einen Tanzkurs machen, der mit einem Abschlussball endet, zu dem auch die Eltern eingeladen sind. Die Abiturienten verabschieden sich mit unglaublich fantasievollen Collagen von ihrer Schule, die im Hauptgang der Schule einen »ewigen« Platz finden und noch einmal die Gesichter dieser Schulabgänger für alle jüngeren Ausbildungsgenerationen festhalten. Auch der musische Aspekt an diesem neusprachlichen Gymnasium wird hochgehalten. Er ist an dieser Schule nicht nur schmückendes Beiwerk, sondern wird, wie das Voltigieren, von der Überzeugung getragen, dass nicht nur die linke Gehirnhälfte in diesen so wichtigen und sensiblen Entwicklungsjahren gefördert werden muss.

Ich habe mich mit Schülern aus allen Jahrgangsstufen unterhalten, und die immer wieder gemachte Hauptaussage spiegelt sich in den Worten einer 15-Jährigen: »Natürlich wird hier auch viel verlangt, aber wenn's Probleme gibt, sind die hier super. Die lassen keinen hängen und ich hab auch noch nie erlebt, dass hier ein Schüler fertiggemacht wird. Wenn was schiefläuft, sprechen wir mit unserem Klassenlehrer oder mit unserem Paten – bringt immer was. Hier kann man wirklich miteinander reden.« Eine andere Schülerin, die an dieses Gymnasium gewechselt ist, sagt: »An der alten Schule war ich allein mit meinen Problemen, hat keinen interessiert, nur die Noten waren wichtig. Hier bauen die mich auf, wenn ich es zu Hause wieder mal schwer habe. Und die sind mir auch entgegengekommen, wie ich notenmäßig wieder mal einen Durchhänger hatte. Ich bin eine gute Schülerin, aber manchmal steig ich aus, raff nichts mehr, verhau die Arbeiten. Jetzt läuft's wieder. Wenn die mich hätten fallen lassen wie an der alten Schule … ich weiß nicht, wär dann wahrscheinlich ziemlich scheiße gelaufen mit … ja, Zukunft und so.«

Bei der Diskussion um ein besseres Schulmodell geht es, wie man hier schon erkennen kann, nicht um Leistungsstandards. Die setze ich stillschweigend voraus. Auch das Egbert-Gymnasium ist keine Schule mit verordnetem Schmusekurs. Das wollen die heutigen Jugendlichen gar nicht. Sie wollen nur ernst genommen werden, auch mit ihren zum Teil beträchtlichen privaten Schwierigkeiten, die sie nicht verursacht haben, doch mittragen müssen – ob das nun die Arbeitslosigkeit eines Elternteils ist, die physische oder psychische Erkrankung eines Elternteils, eine Trennungssituation zwischen den Eltern, die zum Kriegsschauplatz verkommt, eine Elternbeziehung, die alles zu bieten hat, nur keine gegenseitige Achtung und Wertschätzung, oder die Bevorzugung eines Geschwisters.

Nicht nur Trennungskinder leiden an gescheiterten Paarbeziehungen zwischen Mutter und Vater. Auch in sogenannten funktionierenden Familien können Kinder und Jugendliche oft kein Eltern-*Paar* finden, das diesen Namen verdient. Ein Umstand, der gerade in der politischen Wertediskussion oft verleugnet wird.

Was das Egbert-Gymnasium besonders auszeichnet, ist der emotionale Bonus. Hier wird ein Kind nicht nur als Produkt seiner schulischen Leistungen gesehen und eingeordnet. Hier werden den Jugendlichen auch Krisen zugestanden. Und, vielleicht am wichtigsten, es wird auch erkannt, dass diese Altersgruppe eines nicht sein kann: emotional stabil. Wo keine emotionale Stabilität vorhanden ist, können auch keine gleichbleibenden Leistungen erbracht werden. Leistungskonstanz setzt eine entspannte Psyche voraus. Und die gehört in den seltensten Fällen zum Psychogramm eines Jugendlichen. Beim Jugendlichen beobachten wir das *Werden* eines Charakters, er ist noch keiner!

Störmomente
in der Elternschaft

Werfen wir jetzt wieder einen Blick auf die Elterngeschichte. Die Kinder, vor allem die kleinen Kinder, glauben, ihre Eltern seien immer schon Eltern gewesen. Immer schon erwachsen, immer schon wissend, immer schon stark.

Es stimmt: Eltern sind erwachsen, groß und stark. Doch es geht ihnen manchmal so wie ihren Kindern: Die Eltern fühlen sich wiederum als Kinder ihrer eigenen Eltern und glauben ihnen entsprechend. Und das ganz unabhängig davon, ob da noch ein regelmäßiger Kontakt besteht, ob er lose, eng oder abgebrochen ist.

Die emotionale Dominanz
der Großeltern

Eine junge Geschäftsfrau, die mir durch ihre zupackende und zuverlässige Art gut gefällt, sitzt da und denkt in meiner Gegenwart über ihre achtjährige Tochter nach. Sie entwirft ein Bild ihrer Tochter, das ich so gar nicht teilen kann. Nadja sei so verträumt, so unselbstständig. »Ihre langsame Art macht mich manchmal ganz verrückt. Ich bin gewohnt, schnell Entscheidungen zu treffen, etwas durchzuziehen. Sie ist mir manchmal ein Klotz am Bein, obwohl ich sie liebe. Sie unterstützt mich nicht in der Tagesroutine, sie, wie soll ich sagen, hält den reibungslosen Ablauf auf. Manchmal ist sie mir eine

Last … es wäre alles unkomplizierter ohne sie.« (Frau S. beginnt zu weinen.)

Es wäre Unsinn, diese Mutter zu verdächtigen, dass sie ihr Kind nicht wirklich liebt, dass sie ihre Tochter am liebsten loswerden möchte. Sie macht nur aus ihren Fantasien keine Mördergrube. Sie ist ehrlich. Das ist alles – beinahe: Denn ihre Offenheit ist eine Einladung an mich, zusammen mit ihr über sie und die Tochter nachzudenken, nach den Gründen zu suchen, die es ihr schwer machen, sich an ihrer Tochter so zu erfreuen, wie ich es tue.

Diese Augenblicke sind die kostbarsten in einer Behandlung. Therapeuten sind nicht da, um moralische Bewertungen abzugeben, sondern dem Gegenüber in solchen Momenten die Hand zu reichen, ihm für seine Bereitschaft zu danken, den gut verinnerlichten und beherrschten Alltagsdialog vor der Tür zu lassen. Der Alltagsdialog würde etwa so lauten: Es ist ein Geschenk, Kinder zu haben. Kinder sind etwas Großartiges. Sie bereichern mich. Was wäre mein Leben ohne meine Kinder. Ich bin so froh, dass ich dieses Kind habe. Es ist einfach wunderbar, dem Kind zuzuschauen, wie es sich entwickelt und heranreift. Sie, die Kinder, sind das Salz in meiner Lebenssuppe.

Jede dieser Aussagen stimmt. Doch ist dieses offizielle Mainstream-Denken wirklich das, was unser Leben, unsere Beziehungen zum anderen unverwechselbar macht? Beziehen wir wirklich aus dieser allgemein abgesegneten Art, über uns als Eltern oder einfach Menschen nachzudenken, unsere persönliche Lebenskraft?

Wenn wir durch einen schönen Wald laufen und nachher gefragt werden, was wir gesehen haben, wird keiner überrascht sein, dass die Antwort heißt: Bäume, viele Bäume, Tannen, Laubbäume, Gräser, Buschwerk. Und jeder Zuhörer wird nicken und den Wald vor Augen haben, auch wenn er den Erzähler auf dem Weg durch den Wald nicht begleitet hat.

Doch jeder Wald wird noch einmal ganz einzigartig durch die Empfindungen des Spaziergängers, der ihn durchstreift. Denn der eine Spaziergänger empfindet schnell Furcht im Wald, prüft mit den Augen ungewollt die dicken Stämme, könnte sich vorstellen, dass hinter den Stämmen jemand lauert, der ihm Böses will. Ein anderer bedauert, dass der gesunde Wald seiner Kindheit verschwunden ist und jetzt überall vom Sturm gefällte Bäume herumliegen. Wieder ein anderer genießt die Ruhe und stellt befriedigt fest, dass der Waldspaziergang ihn aus dem hektischen Alltagsverlauf hat herausholen können. Dem vierten Spaziergänger fällt ein noch nicht zu Ende gebautes Indianerzelt aus starken, langen Ästen ins Auge und er hätte spontan Lust, daran weiterzubauen. Vielleicht das nächste Mal mit seinem kleinen Sohn. Die fünfte Spaziergängerin wünscht sich den Mann an ihre Seite, der sie in diesem Wald, auf einer dem Auge der anderen Spaziergänger verborgenen kleinen Wiese, so verboten geliebt hatte. Und wenn wir 100 Menschen in den Wald schicken würden … jeder käme mit einer individuellen Walderfahrung zurück.

Und so ist es auch mit jeder Eltern-Kind-Geschichte.

Frau S. hat das Allgemeine an diesem Tag und in dieser Stunde draußen gelassen – weil ich es eh weiß. Sie hat das Besondere erzählt. Und dieses Besondere, ihr subjektives und in ihr so viel Scham auslösende Gefühl, dass es manchmal einfacher wäre ohne ihre Tochter, weil die ein Klotz am Bein ist, hat seinen Ursprung nicht in dieser Mutter-Tochter-Geschichte. Sie selber hat darunter gelitten, ein Klotz am Bein ihrer Mutter gewesen zu sein. Ihre Mutter, auch eine Geschäftsfrau und verwitwet, musste viel arbeiten, um Frau S. und ihren kleineren Bruder und sich selbst durchzubekommen. Nadjas Großmutter hatte genau die gleichen Vorwürfe, die Frau S. ihrer eigenen Tochter jetzt macht, damals auch über Frau S. gesagt: verträumt, wenig selbstständig, halt einfach ein Klotz am Bein.

Frau S. hat ihrer Mutter geglaubt. Denn die Mutter war groß und stark und erwachsen. Die musste es doch wissen. Und Frau S., die jetzt und schon länger eine selbstständige, zupackende Frau ist, glaubt ihrer Mutter, Nadjas Großmutter, bis heute. Ihr äußeres Leben hat diesen Kinderglauben hinter sich gelassen. Alle Spuren von einem verträumtem, wenig selbstständigen kleinen Mädchen sind schon längst getilgt. Keiner, der Frau S. erlebt, käme darauf, dass sie einst, vor langer Zeit, ein »Klotz-am-Bein-Mädchen« gewesen sein könnte. Sie kann auch nicht sagen, ob sie wirklich so war, klammernd und eine kleine (süße) Störung im Familiengetriebe. Sie weiß nur, dass ihre Mutter sie so empfunden hat. »Also war ich so, hilft alles nichts!«

Frau S. hat sich schon längst selber geholfen. Und wenn das hier ein Märchen wäre, könnte man sagen: Alles ist gut geworden und sie lebten glücklich bis an ihr Ende. Doch das Leben hat kein Ohr und kein Auge für Märchen, weder auf der Straße noch in einer psychoanalytischen Praxis. Märchen enden immer zu früh. Es gibt eine Tochter. Nadja. Und sie schafft es, die gut gehütete und erfolgreich verpackte Wunde ihrer Mutter wieder aufbrechen zu lassen. Und damit die Wunde nicht wieder bei der Mutter zu bluten beginnt, die muss ja eine Tochter und sich selber durchbringen, blutet die Wunde bei Nadja weiter …

Doch die Wunde ist bei Nadja zum Stillstand gekommen. Nicht weil die Therapie doch noch Märchen entstehen lässt, sondern weil Nadjas Mutter der eigenen Mutter inzwischen nicht mehr glaubt. Weil sie selber bestimmt, wer und was sie ist – aufgrund ihres jetzigen Lebens. Sie konnte aber auch verstehen, dass ihre Mutter, einsam, auf sich selber gestellt und von Existenzsorgen gequält, die zwei Kinder damals als Klotz am Bein hat erleben müssen.

Nadja, das sei hier noch erwähnt, war zu keinem Zeitpunkt der therapeutischen Behandlung ein verträumtes, wenig selbstständiges Mädchen. Die Mutter glaubt, sie wäre es noch geworden: »Weil ich sie in diese Richtung gdrängt hätte. Ich wollte nie mehr das Gefühl haben, dass ich störe, einem anderen nur eine Last bin. Das ist einfach schrecklich. Doch noch schrecklicher war in den letzten zwei Jahren mein Schuldgefühl Nadja gegenüber. Ich habe gemerkt, dass ich irgendwas mit ihr mache, was nicht in Ordnung ist, dass ich sie auf eine Art anschaue, die gemein ist und die ihr nicht guttut.«

Diese Schuldgefühle haben ihren Ursprung in der unwissentlich und unbewusst herbeigeführten psychischen Manipulation des eigenen Kindes. Es gibt viele Nadjas oder Fabians – die Jungen sind davon genauso betroffen. Die eigenen Kinder werden so lange »bearbeitet« in der Wahrnehmung der Eltern, bis sie »passen«. Nüchtern gesagt: bis sie der sichere neue Symptomträger in der Familie werden. Weniger nüchtern gesagt: bis sie den Eltern die Gewissheit geben, dass ihr Leben nichts mehr mit Einsamkeit, Traurigkeit und Versagen zu tun hat. Mit Zweifeln am eigenen Wert schon gar nicht.

Vergessliche Eltern – verlorene Kinder

Man will es, einmal erwachsen und Eltern geworden, geschafft haben. Man will sich erfolgreich befreit haben aus alten Stunden der Verstörung, aus einer familiären Schicksalsgemeinschaft, die einen nicht immer den Stuhl hingestellt hat, wenn man einen gebraucht hätte, damit man sich zugehörig fühlen durfte. Der Stuhl hat in solchen Augenblicken meistens gefehlt oder war schon besetzt. Wie oft wäre man dem Tisch gern ferngeblieben, weil am Tisch eh nur der Teller gefüllt wurde, aber nicht das Herz. Streit nährt dann manchmal noch ein bisschen, doch nur, wenn es mit der Liebe nicht mehr klappt.

Man wollte auch einer Schicksalsgemeinschaft entkommen sein, die anstelle eines lebendigen Gesprächs Verbote und Gebote auftischte und zum Verzehr bestimmte. Und vorher wurde nicht aufgestanden. Oder es wurde auch nichts mit der wohlverdienten Nachtruhe, bevor man sich nicht für irgendwelche kleinen Verfehlungen des Tages entschuldigt und Abbitte geleistet hatte – mit dem Versprechen auf Besserung am nächsten Tag und für immer. Wie oft erzählen Kinder, dass sie Mama oder Papa haben versprechen müssen, alles Mögliche »nie mehr« zu tun. Das geht dann so: Andere Kinder werden nicht geschlagen, die Hausaufgaben werden immer gemacht, Unterschriften werden nicht gefälscht, im Supermarkt oder anderswo wird nicht geklaut, die Eltern werden nie mehr angelogen (was ist mit den Kindern?), Drogen werden keine genommen, vom Alkohol lässt man die Finger (die Eltern auch?), für die Schule wird endlich gelernt ...

Alles, was die Eltern von diesen Kindern verlangen, ist richtig. Doch: Sie haben früher fast alle das Gleiche gemacht. Sie haben es einfach vergessen. Und sie haben auch vergessen, dass sie unter dem Abendessen gelitten haben, bei welchem nebenbei gegessen und hauptsächlich Tacheles geredet oder geschwiegen wurde, weil man sich vor allem Unschönes hätte sagen müssen.

Eltern, die ihre Kindheit vergessen haben, sind schlechter dran als solche, die viele Erinnerungen mitgenommen haben. Und zwar bunt gemischte Erinnerungen, so bunt gemischt wie unsere Gefühle.

Es gibt ein bezauberndes Buch: *Gefühle sind wie Farben* von Aliki. Jedes uns Menschenkindern mögliche Gefühl wird auf einfache Art darin illustriert und in eine kleine einprägsame Geschichte verpackt. Die Kinder schauen es gerne und häufig an. Manche Gefühls-Seiten werden dann überschlagen, weil sie für das Kind gerade nicht aktuell oder besonders aktuell sind, manche Seiten werden wiederholt und intensiv angeschaut. Auch Eltern wollen mitunter das Buch kennenlernen, weil ihre Kinder davon zu Hause berichten.

Ein Vater, der seinen Kindern mit seinen Kopfsprüngen vom Dreimeterbrett unendlich Eindruck macht, vor allem dem Sohn, der eher vorsichtig und schüchtern ist, hat darin eine Geschichte wiedergefunden, die er als Junge selber ziemlich genauso erlebt hatte. »Man glaubt es nicht, aber ich hab komplett vergessen, dass ich als kleiner Junge genauso bescheuert da oben gestanden bin auf dem Sprungbrett und gebetet habe, dass mich keiner auslacht, wenn's danebengeht.« Er verstehe jetzt, warum er so sauer auf seinen Sohn reagiere, wenn der sich einfach nicht entschließen könne zu springen. »Da ist eine Enttäuschung da, das geht so weit, dass ich bezweifle, ob so eine Memme mein Sohn sein kann ...«

Dieses Buch ist ein Plädoyer für das Erinnern. Viele Eltern handhaben ihr Erwachsenenleben wie eine biografische Neuschöpfung. Sie nehmen ihre Kindheit oft nicht mit, sondern trennen sich von ihr, zumindest von den Orten, wo ihnen Räuber, Mörder, Neider, Taube und Blinde, Unberührbare, Inquisitoren, Jammerlappen und ewige Außenseiter und Nichtversteher begegnet sind, zumindest ein bisschen ...

Ein bisschen Räuber

Seien wir ehrlich: In jedem Leben gibt es die Begegnung mit Räubern, auch im eigenen trauten Heim. Räuberische Spiele laufen nun einmal auf der Familienbühne ab. Jede Mutter, jeder Vater ist ein bisschen Räuber ... Am klarsten wird das immer dann, wenn die Eltern über die Schulnoten der Kinder sprechen, über erhoffte und nicht eingetretene Erfolge, über gute Noten, die sich die Mütter und Väter manchmal wie eine unsichtbare Trophäe an die eigene Brust heften. »Mein Sohn ist schulisch eine ziemliche Erfolgsnummer, aber das erwarte ich auch«, so ein Vater in einem Ton, der am Recht auf diese Erwartung keine Zweifel beim Zuhörer aufkommen lassen soll. Ein Räuber-Vater.

Eine alltägliche Sprachwendung: »Wir haben viel gelernt.« Gemeint ist, Mutter/Vater und Kind haben Englisch, Mathe oder welches Schulfach auch immer mit ihrem Sprössling geübt. Aber »wir«? Dieses kleine Wörtchen fließt im Gespräch mit ein wie die größte Selbstverständlichkeit. Es handelt sich bei diesem gemeinsamen Üben wohlverstanden nicht um Eltern, die ihrem Erst- oder Zweitklässler den Einstieg in die Schullaufbahn erleichtern wollen. Ich höre solche Sätze auch von Müttern und Vätern, deren Kinder bereits höhere Klassen besuchen. Die Erfolge dieses oft täglichen Trainings verbuchen Eltern dann auf ihrer Habenseite, die Misserfolge auf der Sollseite des Kindes: »Was war denn da wieder los? Du hast zu Hause alles gekonnt. Ich versteh das einfach nicht.«

Ein bisschen zumindest verstehe ich es schon. Diese »Wir-haben-gelernt-Kinder« haben sich daran gewöhnt, dass jemand neben ihnen sitzt. Dieser Jemand rechnet auch schnell mal eine Rechnung selber vor, weil ihn Ungeduld überkommt oder er dieses unangenehme Üben schnell hinter sich bringen möchte. Oder dieser Jemand sagt das fehlende französische Wort, weil ihn der Anblick des ratenden und offensichtlich nicht vorbereiteten Kindes einfach rasend macht. Doch nach der in der Regel für beide Seiten wenig vergnüglichen Paukerei bleibt bei beiden das befriedigende Gefühl zurück, etwas getan zu haben.

Bei der Klassenarbeit empfinden die Kinder dann plötzlich eine Ungeborgenheit. Sie sind allein. Kein Einflüsterer weit und breit, mit Abschreiben ist auch nichts, der Lehrer hat schon mehrmals hingeguckt. Das wohlige »Wir-Gefühl« ist zu Hause geblieben. Plötzlich wird die Welt unpersönlich und kalt. Die einigermaßen erfolgreiche Hauptprobe (Vorbereiten der Klassenarbeit) hat an der Seite der Mutter oder des Vaters stattgefunden. Die Premiere (Klassenarbeit) erfordert plötzlich den Monolog. Eine Souffleuse ist im Schulzimmer nicht vorgesehen. Für viele Kinder, deren Trainingsbedingungen auf einer Lernsymbiose aufbauen, ein schrecklicher Zustand!

Ein 15-Jähriger hat diese Situation gut beschrieben: »Die Mama ist immer in der Nähe, wenn ich Hausaufgaben mache, sie hat ihre Arbeitszeit extra so gelegt, dass sie am Nachmittag da sein kann. Die ist einfach fit in Latein. Ich kann sie jederzeit rufen. Und wenn ich etwas in der Schule nicht kapiert habe, sage ich mir, nur kein Stress, die Mama wird's dir schon erklären.« Und er lässt sich nicht nur nicht stressen in der Schule, sondern schaltet ganz schnell ab, wenn's seiner Meinung nach langweilig und etwas anstrengend wird – weil ja zu Hause die Nachhilfelehrerin bereitsteht.

Immer wieder lese ich in Zeugnissen, dass die Eltern zum täglichen Üben mit den Kindern angehalten werden. In Lisas Zeugnis stand: »Lisa sollte unbedingt eine Viertelstunde von den Eltern begleitet täglich lesen.« Die Mutter hielt die Viertelstunde eisern ein, mit dem Ergebnis, dass Lisa die Lust am Lesen bereits in der 2. Klasse verloren hatte. Diese tägliche Viertelstunde lag wie ein rotes Tuch im Raum, um welches nicht nur die Tochter, sondern ebenso, wenn nicht sogar heftiger, die Mutter gerne einen großen Bogen gemacht hätte.

Lisa hat lesen gelernt, nachdem die Mutter sie aus der verordneten Lesezeit entlassen und ihr »erlaubt« hat, der Mutter mal was vorzulesen, »wenn du Lust dazu hast. Es hat noch jedes Kind lesen gelernt ... du wirst es auch lernen.« Lisa war erst sogar etwas enttäuscht, dass die Mutter kein Interesse mehr an den täglichen Streitereien ums Lesen gezeigt hatte – denn Lisa saß ja am längeren Hebel! Auf solche kleinen Machterfahrungen verzichtet man nicht freiwillig.

Diese entspannte und zuversichtliche Haltung der Mutter kam nicht über Nacht. Sie musste sie sich erarbeiten, anfänglich wie einen in fremder, unvertrauter Sprache geschriebenen Text. Irgendwann wurde ihr dieser Text vertraut. Ebenso dessen Sprache, die eine Sprache des Herzens ist. Wer soll denn an das eigene Kind glauben, wenn nicht die Eltern? Hier hatte eine Mutter dem Kind das Selbstvertrauen in die natürlich und organisch sich entwickelnde Lesekompetenz geraubt und die Schleusen zum Lesefluss geschlossen. Es konnte nicht mehr viel fließen in einer Atmosphäre ständiger gemeinsamer Verkrampfung. Diese Mutter ist jetzt keine »Räuberin« mehr.

Andere Eltern rauben den Kindern, mangels eigener Möglichkeiten der Selbstbestätigung, gute Noten. Diese guten Noten spielen dann im Kreis der Mütter eine nicht unwesentliche Rolle, wenn es um den eigenen Status als Mutter geht: »Wir haben keine Probleme mit der Schule.«

»Mutter-Amazonen« im Gespräch: Es sind oft keine sehr persönlichen Gespräche, die da entstehen. Vor allem nicht bei Grundschulmüttern. Wie die Katze um den heißen Brei herumschleicht, so nähert sich die eine junge und noch von der sich erst in vagen Umrissen abzeichnenden Schulkarriere ihres Kindes schreckbare Mutter den anderen Müttern. Statt gemeinsamen Reflektierens darüber, ob ihre Schulanfänger manchmal nicht zu viel Hausaufgaben bekommen, sagt eine Mutter beim Elternabend im beiläufigen Ton zu anderen, dass »wir uns nicht beklagen können. Wir kommen ganz gut klar mit den Hausaufgaben, wir haben da ziemlich schnell einen guten Rhythmus gefunden, klappt prima.« In der Praxis gesteht mir dann diese Mutter, dass sie zu Hause überhaupt keinen Rhythmus gefunden haben bezüglich des Hausaufgabenpensums ihres Sohnes. Auf meine nachdenkliche Frage, warum sie dann beim Elternabend das genaue Gegenteil erzählen würde, meinte sie resigniert: »Das tun dort doch alle, da gibt's ja kaum Eltern, die es beim Hausaufgabenmachen bewenden lassen ... so ein ehrgeiziger Elternhaufen!«

Solche ehrgeizigen Eltern sind Mehrfachräuber – man verzeihe mir diesen etwas harten Ausdruck. Sie rauben ihren Grundschulkindern die Spielzeit, die absolut notwendig ist zum Auftanken der kindlichen Seele. Sie rauben ihnen die Freude am Lernen und sie rauben ihnen, vielleicht am wichtigsten, die Entdeckung, dass Schule ein langer Weg hin zu immer mehr Kompetenz ist. Dass man nicht gleich können muss, sonst wird eine Extraportion Lernen verordnet, sondern erwerben darf. Ein Erstklässler sagte mir, vier Monate drückte er erst die Schulbank, mit großem Kummer: »Ich kann nicht lesen.« – »Aha, das kannst du doch noch gar nicht wissen, du hast doch erst mit Lesen angefangen.« – »Doch, meine Lehrerin hat gesagt, ich kann nicht lesen. Die Mama findet schon, dass ich lesen kann, aber wenn die Frau W. (Lehrerin) sagt, ich kann nicht lesen, hat die Mama gesagt, dann üben wir jetzt.«

Vielen Kindern macht das Lernen überhaupt keinen Spaß mehr. Bei vielen Kindern hört sich das Wort »lernen« in ihrem Mund an, als ob sie sich gleich übergeben müssten oder als ob es ein Kummerwort erster Güte wäre. Oder einfach ein abstoßendes, ekelerregendes Wort.

Lernen ist ein unvergleichliches Wort. Nicht das Zauberwort, nach dem Novalis gesucht hat. Doch Zauber besitzt es allemal, denn es eröffnet uns eine verriegelte Tür nach der anderen zum großen Weltgeheimnis. Die Entschlüsselung dieses Weltgeheimnisses, in dem alles Wissen, alle Schöpfungen, alle natürlichen Kreationen, mit oder ohne Menschenhand geschaffen, enthalten sind und ständig neue entstehen, beginnt mit dem Lesen. Es sind kostbare Augenblicke, wenn

Erstklässler plötzlich ein Wort entdecken, an der Wand, an einem Plakat oder auf einem meiner Hefte, das ihrem Wahrnehmungskreis bisher entzogen war, weil sie ins Reich der Buchstaben noch nicht eingetreten waren. Und ihr Blick auf mich, wenn sie das Wort entziffern: eine Mischung aus Triumph und stiller Freude. Ich freue mich mit, genieße mit ihnen dieses langsame Erwachen der Lernfreude. Mit jedem kleinen eroberten Wort dringen sie weiter ein in die große Welt der Zusammenhänge. Umso trauriger stimmt mich dann die Bemerkung von Tobias, einem Vorschulkind:»Ich kann nachher nicht mit meinem Freund spielen, ich muss noch lernen, zwei Übungsblätter hab ich bekommen, die Kreise sind nicht schön.« Und das Wort »lernen« wird aus seinem Mund gestoßen wie ein Schimpfwort. Eine Stunde davor hat er noch eine Schatzkarte gemalt. Der Schatz liegt in einem See verborgen. Es ist ein kreisrunder See. Tobias kann Kreise malen – wenn sie See heißen und Schätze beherbergen. Er ist doch erst fünfeinhalb Jahre auf dieser Welt. Da sind zehn abstrakte Kreise auf einem Blatt nur langweilig und ohne Wirklichkeitsbezug.

Lernen ist also kein Zauberwort mehr. Wie auch, wenn die heutigen Kinder nicht mehr lernen dürfen, sondern gleich können und beherrschen müssen. So wird die Freude am wunderbaren Vorgang des Lernens im Keime erstickt. Dabei ist echte Lernfreude eine der wichtigsten Ressourcen unserer Gesellschaft. »Lernen heißt, sich selbst und die Welt kennenzulernen, dem eigenen Wissensdrang zu folgen und ›Vorfreude auf sich selbst‹ zu entwickeln.« (Keicher/Brühl 2008, S. 44)

Ein bisschen Mord

Die kleinen, schnellen »Morde« passieren in jeder Familie. Leben wird hier in der Regel nicht ausgelöscht, Blut fließt im Normalfall auch keines. Es sind die kleinen Gefühlsmorde, welche die Familienbalance erschüttern.

Kevin, acht Jahre alt, kommt nach Hause und ruft der Mutter strahlend zu: »Ich hab mir heute von Korbinian nichts gefallen lassen ...« – »Okay, und was hast du im Diktat?«

Der 13-jährige Marco erzählt am Mittagstisch begeistert und schwungvoll, wie seine Mannschaft die gegnerische Mannschaft aus der Parallelklasse im Fußballspiel besiegt hat. Der Vater hört kurz zu, dann schreit er los: »Nimm, verdammt noch mal, den Ellbogen vom Tisch runter!«

Sabine, 17 Jahre alt, kommt nach Hause, will mit gesenktem Kopf an der Mutter vorbei, die sie mit den Worten stoppt: »Ist wohl nicht gut gelaufen in der Schule ...« Sabine kommt zurück. »Nicht besonders, aber Kai hat mich vor der ganzen Clique lächerlich gemacht.« Die Mutter, ärgerlich (so Sabines Schilderung): »Ich hab dir doch gesagt, lass die Finger von dem Kerl, aber das Fräulein glaubt ja der Mutter nie. Ich könnte auch heulen, weil du nie aufpasst in der Schule ... was heißt, es war nicht besonders?«

Kleine Seelenmorde laufen hier in Sekundenschnelle ab. Noch sind sie klein und durchaus verkraftbar. Doch wenn sie keine Ausrutscher sind, sondern ein Spiegel dafür, wie in der Familie kommuniziert wird, werden sie gefährlich. Kinder sind zäh, nehmen auch den Eltern und Lehrern nicht jede ungeschickte oder verletzende Äußerung krumm. Sie vergessen sie einfach wieder mit ihrer unglaublichen Fähigkeit zum Hier und Jetzt. Doch wenn dieses Abtöten einer Empfindung zu oft vorkommt, schrumpft das kleine Reich der Seele, es trocknet aus. Und die robusten Pflanzen, die sich lange Zeit wieder haben aufrichten können, gehen ein. Ein guter Kontakt ist wie eine Bewässerungsanlage für die Seele. Wenn mal Wasserknappheit herrscht, nimmt die Seele nicht gleich Schaden. Doch wenn wiederholt nicht mehr bewässert wird, wenn die kleinen, schnellen Seelenmorde sich zu häufen beginnen, werden die Erholungszeiten immer kürzer. Irgendwann sind nur noch mit großem Aufwand ein paar Pflänzchen in der entstandenen Kontaktwüste am Leben zu erhalten.

Ein bisschen Neid

Auch Eltern können und dürfen neidisch sein auf ihre Kinder. Vor allem zwischen Jugendlichen und ihren Eltern spielt Neid eine nicht zu unterschätzende Rolle.

Neid ist ein natürliches Gefühl. Jeder von uns, der mit offenen Augen unterwegs ist, sieht bei anderen Fähigkeiten, die er auch gerne besäße. Er kann dann daran arbeiten, sich in dieser ihm fehlenden Kompetenz zu verbessern. Neid hätte dann eine positive und motivierende Wirkung. Oder er kann den anderen beglückwünschen zu dessen Talenten – und sich auf seine eigenen besinnen, überlegen, worauf andere bei ihm neidisch sein könnten. Auch eine sehr gesunde Art, mit Neid umzugehen. Neid wird nur dann zum Problem, wenn die eigenen Begabungen und Fähigkeiten aus dem Blick geraten oder zur Kapitulation und Entmutigung führen.

Neid zwischen Eltern und Kindern ist normal – auch wenn er oft tabuisiert wird in der Art »Als Eltern gönnt man den Kindern doch alles. Man ist doch nicht auf die eigenen Kinder neidisch!«. Als ob man ein Gefühl, das zu uns Menschen gehört, in der eigenen Familie einfach aussperren könnte! Sagen wir es kurz und direkt: Eltern können auf ihre

Kinder neidisch sein und Kinder auf ihre Eltern. Kompliziert wird es nur dort, wo die Betroffenen sich dieses zugegebenermaßen nicht so angenehme Gefühl nicht eingestehen. Ich bringe gerne ein Beispiel:

Die heutigen jungen Mädchen sind mit einem ganz anderen Selbstbewusstsein ausgestattet als ihre Mütter. Die bis Ende des letzten Jahrhunderts vorhandene und nicht richtig lösbare Geschlechterproblematik hat in dieser neuen Mädchengeneration ein Ende gefunden. Manchmal tragen Entwicklungen ein ganz positives Gesicht und sind wirklich eine Verbesserung. Die jugendlichen Mädchen, die in meine Praxis kommen, kommen gar nicht mehr auf die Idee, dass Jungen das stärkere oder begabtere Geschlecht sein könnten. Mädchen sind erstmals nicht mehr das, was für meine Generation noch eine feste Sprachwendung war: das schwache Geschlecht. Bereits meine Generation benutzte diesen Begriff zwar, je nach Stimmung, mit einem Zwinkern oder einem säuerlichen Lächeln, doch sie kannte und benutzte ihn noch.

Ich musste schmunzeln, wie ich mit einer temperamentvollen, gewitzten 18-Jährigen einmal über Unterschiede zwischen Jungen und Mädchen philosophierte und dabei den Begriff »schwaches Geschlecht« benutzte beziehungsweise ihn infrage stellte. Sie schaute mich verdutzt an und fragte: »Was sagen Sie ... schwaches Geschlecht ... meinen Sie jetzt die Jungs oder was?« Sie kannte diesen Begriff gar nicht! Ich saß, sie war schon wieder gegangen, da und staunte – und freute mich. Ich hatte eben eine Repräsentantin der neuen Mädchengeneration gegenüber gehabt, die nichts mehr wusste von einer sprachlichen Regelung, die fester Bestandteil weiblichen Denkens über Jahrhunderte gewesen war. Auch wenn wahrscheinlich einige Jugendliche diese Wendung noch kennen, so hatte ich doch nach dieser Stunde das Gefühl: Es ist vorbei. Zumindest ein junges Mädchen weiß nicht mehr, wer ein schwaches Geschlecht sein soll, könnte, müsste.

Die Statistiken sprechen schon lange eine neue Sprache. Mehr Mädchen als Jungen besuchen das Gymnasium, mehr Mädchen machen Abitur, seit 2006 schließen erstmals mehr Frauen als Männer ein Studium ab. Es gibt Konstanten in unserem Leben und die heißen so, weil sie von einer Generation zur nächsten scheinbar unbeirrbar weiterlaufen. In der Stunde mit dieser jungen Frau konnte ich erleben, dass auch Konstanten eine begrenzte Lebensdauer aufweisen können. Dass Entwicklungen, gerade in der Geschlechterthematik, plötzlich eine neue Richtung einschlagen. Und diese neue Richtung heißt, dass es *zwei* starke Geschlechter gibt.

Doch ganz so einfach ist es halt doch nicht. Das starke und das schwache Geschlecht sind schließlich Archetypen. Archetypen strukturieren unser Denken, Fühlen und Empfinden. Wir agieren und handeln aus diesen archetypischen Kräften heraus. Der weibliche und der männliche Archetyp sind fest in unserer Seele verankert. Ich brauche hier nicht nochmals die Inhalte dieser zwei Archetypen aufzuzählen. Das ist schon oft genug gemacht worden. Jede Frau kann herunterbeten, was ihrer Meinung nach weiblich ist. Jeder Mann weiß instinktiv um das sogenannt Männliche. Es gibt die Gegensätze weich – hart, gebend – nehmend, aufnehmen – eindringen, dunkel – hell, verletzt – verletzend, gebärend – befruchtend, Gefühl – Verstand, Innenwelt – Außenwelt etc.

Immer wieder beklagen sich Mütter über ihre Töchter. Wie hart und selbstbewusst, wie arrogant und selbstsüchtig diese seien im Umgang mit ihren Müttern. Vor allem Hausfrauenmütter bekommen sogar Verachtung zu spüren. Da fallen dann eher häufig als selten Bemerkungen wie: »Du hast ja keine Ahnung, wie stressig Schule ist, hast ja nie ein Gymnasium besucht.« Oder: »Du hockst ja den ganzen Tag nur zu Hause rum, bevor du mir sagst, dass ich mehr tun soll, kannst du ja selber mal was tun.« Oder: »Wozu soll ich im Haushalt helfen ... du hast ja den ganzen Tag Zeit.« Oder: »Halt dich mal raus aus Latein – und mir erzählen wollen, dass das doch kein Problem sein muss. Du hast doch keinen blassen Schimmer von dieser blöden Sprache.« Oder: »Was bist du so streng zum Papa, er bringt ja schließlich das Geld nach Hause ... du lässt dich ja nur aushalten.«

Es steht diesen Töchtern nicht zu, so über ihre Mutter zu urteilen. Allerdings will ich diese Mütter auch nicht zu Opfern einer Gesellschaftspolitik erklären, die viel zu lange ein Familienmodell finanziert, umworben und stabilisiert hat, das es diesen Töchtern leicht gemacht hat mit solchen Argumenten. Die Hausfrauenmütter sind fast immer Frauen, die ihre Sache gut machen wollen als Ehefrau und Mutter. Sie haben die gesellschaftlichen Leitlinien vom trauten Heim und Familienglück ernst genommen. Sie konnten für sich nie »die Gnade der späten Geburt« in Anspruch nehmen.

Die Wirklichkeit sieht so aus, dass unsere, meine Frauengeneration die letzte ist, die den Schaden einer »zu frühen Geburt« ausbadet. Wer von uns jetzt 40- oder 50-jährigen Frauen hatte zu Hause eine Mutter, die uns nicht nur mit ruhiger Stimme, sondern auch gelassen vorgelebt hätte, dass wir Mutter *und* berufstätige Frau sein können? Und zwar ganz selbstverständlich und ohne jede Spur schlechten Gewissens? Wenige nur. Unsere zu frühe Geburt lässt uns neidisch werden auf unsere jugendlichen Töchter. Viele Mütter stellen zwar mit Erleichterung in der Stimme fest, dass ihre Töchter die Schule oft besser bewältigen als die Söhne – was übrigens nicht gegen die Intelligenz der Söhne spricht. Söhne passen sich oft nur weniger willig an das enge und oft fantasiearme Schulkorsett an. Doch in dieser Erleichterung schwingt bei den Müttern auch manchmal ein kleines Zittern mit. Wie soll man diesen Töchtern beikommen, die gut beflügelt in eine Geschlechterwelt abheben, die ihnen so viel mehr Gestaltungsraum zur Verfügung stellt als ihren Müttern früher?

Eine 43-jährige Mutter sagte mit trauriger Stimme: »Meine Tochter wird vielleicht nie Kinder haben ...« – »Ihre Stimme klingt so traurig ... wo kommt diese Traurigkeit her?« Ich vermutete, dass es mit der Sorge zu tun hat, dass die Familie aussterben könnte oder auch damit, dass die Tochter eine bestimmte Möglichkeit des Frauseins gar nicht ausprobieren will und sich dadurch noch mehr von der Mutter entfernt, als es schon der Fall war. Doch es ging um etwas ganz anderes. »Mich hat keiner gefragt, ob ich Kinder haben möchte. Meine Brüder haben einen guten Beruf und Kinder, ich hab nur Kinder, verstehen Sie?« Ich habe sie verstanden, nicht als Therapeutin, sondern als Frau. Manchmal versteht man in so einem Gespräch schlagartig die eigene Geschichte, unsere Frauengeschichte, noch einmal besser. Es sind dann keine Worte mehr nötig, weil eine tiefe, alte Trauer, älter als unsere Frauengeneration, zwei gerade anwesende Frauen miteinander verbindet.

Es gibt noch einen zweiten Mutterneid. Er ist gut verschleiert und ziemlich schambesetzt: der Neid auf die körperliche Schönheit und Anmut der Tochter. Eine Mutter ärgert sich darüber, dass ihre Tochter »jetzt die Periode hat und ich nicht mehr, und Sie glauben es nicht, sie lässt es mich spüren«. Die Tochter würde sie, die Mutter, ständig auf »Problemzonen« am Körper aufmerksam machen. Oder Bemerkungen abschließen mit den Worten: »Aber dafür bist du zu alt«, oder ihr so nebenbei eins reinwürgen mit: »Das sieht bei dir natürlich nicht mehr gut aus, dafür hast du, sorry, einfach nicht mehr den richtigen Körper.«

Mütter sollten sich freuen an der körperlichen Schönheit und Frische ihrer Töchter. Freuen, bitte sehr, nicht sich damit identifizieren! Sonst haben wir schnell wieder eine kleinere oder größere Räubermutter vor uns. Jede Generation hat ihre eigenen Vorzüge, ihre eigene Schatztruhe, die der jeweils anderen, der Kind- oder Elterngeneration, verschlossen bleibt. Mütter brauchen keine Wespentaille, um attraktiv zu sein. Sie haben ganz andere Pfunde, mit denen sie wuchern können: ihren Erfahrungsschatz, ihre am Leben geprüfte Wahrnehmung, ihr Durchhaltevermögen, unter Umständen eine Körperlichkeit, die jungen Mädchen noch gar nicht erreichbar ist, weil ihr sexuelles Leben erst ein kurzes ist und sie oft noch gar nicht befriedigen kann. Sexualität ist kein technischer Vorgang und schon gar keine mathematische Addition im Sinne von: Zehnmal hab ich schon mit Jungs geschlafen ... ich weiß, wie das geht. Eine schöne Sexualität zwischen Mann und Frau wird aus langen, gemeinsamen Lehr- und Wanderjahren heraus geboren. Sie ist nicht automatisch das schönste Spiel zwischen Mann und Frau, doch sie kann dazu werden. Sie braucht Zeit. Und sie hat recht wenig mit Penisgröße, Körbchengröße, Kleidergröße zu tun. Das müssten Mütter wissen. Mädchen können es noch nicht wissen, weil sie noch nicht lange genug auf dieser Welt unterwegs sind.

Es dürfte diese Mädchen gewaltig irritieren, wenn ihre eigenen Mütter glauben, mit einer Brustvergrößerung zu ihrem Frausein vordringen zu können. Was sagt dann eine solche Mutter, wenn ihre Tochter weinend nach Hause kommt, weil ein von ihr gerade so geliebter Junge über ihren kleinen Busen gelästert hat und sie verzweifelt den ersten Angriff auf ihr noch ganz von außen gesteuertes Selbstbild nicht abwehren kann? Wenn sie dem Jungen glaubt? Kann dann eine solche Mutter die Tochter nicht nur äußerlich, sondern aus tiefer Überzeugung heraus in den Arm nehmen und damit trösten, dass dieser Junge doch selber noch nicht weiß, wer er ist als Mann, dass er eigene Unsicherheiten und Ängste einfach auf das Mädchen übertragen hat? Eine über Brustvergrößerung und Fettabsaugen fantasierende Mutter wird in solchen Momenten selber wieder zum weinenden Mädchen, das dem von der Gesellschaft und Wirtschaft ununterbrochen reproduzierten Bild von Erotik hinterherhechelt. Dieses Bild ist fad und nimmt dem Körper jede Individualität. Der Körper wird zur Massenware.

Auch Väter tun sich schwer mit ihrem Neid auf sportliche Söhne oder deren Waschbrettbauch. Sie ärgern sich insgeheim über die sie oft körperlich überragenden Jungen. Und die gibt es immer zahlreicher. Die Rivalität zwischen Vater und Sohn ist auch ein Thema, das gern den Schleier nimmt und das Tageslicht scheut. Jungen vermuten zwar manchmal kurz und flüchtig, so etwas wie Neid in einer bestimmten väterlichen Reaktionsweise erspäht zu haben, etwa, wenn es um die Kompetenz in Sachen Computer geht. Doch kaum hatten sie diesen Gedanken, ist er schon wieder im Dickicht ihrer vielen, oft chaotischen Gefühlsfäden verschwunden. Sie spüren mitunter diffus, dass sie eigentlich nicht das väterliche Interesse an ihrer Entwicklung bekommen, wie sie es erwarten dürften und auch dringend brauchen in einer Zeit, in der Frauen und Töchter sich energisch und zielgerichtet durch die Gegenwart bewegen.

Ein bisschen taub

Eltern hören in der Regel gut. Sie haben sogar ein ganz ausgezeichnetes Gehör, wenn wüste Worte fallen. Da entwickeln wir alle Luchsohren, ob Kind oder Erwachsener. Wenn die Worte jedoch nicht mit Orkanstärke daherbrausen und wie ein abgeschossener Pfeil an der Elternhaut kratzen, sondern wie nebenbei ausgesprochen werden, ohne imaginiertes Ausrufezeichen, dann funktionieren die Ohren oft etwas weniger gut.

Wir sind einige Seiten vorher der Jugendlichen begegnet, die an der Mutter vorbeihuschen wollte, weil die Schule

»nicht besonders war« und sie dazu noch Kummer mit ihrem Freund hatte. Diese Jugendliche hat nicht nebenbei gesprochen – eine Sprechhaltung, die Jugendliche besonders lieben und kultivieren, wenn es um Wichtiges geht –, sondern der Mutter klar und deutlich zu verstehen gegeben, was sie bedrückt. Ihre Mutter hat zwar zugehört, doch sie zeigt nur ein eingeschränktes Hörvermögen – weil sie etwas anderes hören möchte.

Wir hören oft nicht, was uns guttut, sondern was den anderen gerade beschäftigt. Ein natürlicher Sachverhalt, könnte man meinen. Wenn es nicht so wäre, müssten die Menschen gar nicht miteinander sprechen. Freunde, ob Mädchen oder Jungen (doch, doch, auch die beginnen einander persönliche Dinge anzuvertrauen und sprechen nicht nur über Fußball), Frauen, noch etwas verhaltener die Männer, sprechen zueinander über alles, was sie beschäftigt, also Glück, Liebe, Unglück, Krankheit, Sorgen, Erfolge, Ängste. Sie hören einander zu, weil sie gute Freunde und keine schlechten Zuhörer sein wollen. Sie sind unangestrengt aufmerksam, weil sie den anderen begreifen möchten.

Diese natürliche Kommunikationshaltung, die doch so selbstverständlich ist, gerät in der Eltern-Kind-Beziehung oft aus den Fugen – und übrigens auch in der Paarbeziehung. Gerade dort, wo ehrliches und authentisches Reden die unerlässliche Voraussetzung eines harmonischen Familienlebens darstellt, entwickelt sich ein tiefer Graben zwischen Gedachtem und Gesagtem.

Wie viele Jugendliche denken viel und reden wenig! »Wenn ich das der Mama sage, flippt sie doch aus ...« Oder: »Wenn der Papa erfährt, dass ich betrunken war, bringt der mich doch um ...« Manchmal dramatisieren Jugendliche auch etwas! Doch davon abgesehen: Es muss einen beschäftigen, dass Jugendliche so vieles mit sich allein oder, wenn's etwas besser läuft, noch mit der besten Freundin oder dem besten Freund glauben ausmachen zu müssen. Aber war das früher anders? Gehört es nicht zum Erwachsenwerden, dass man die Tür zu seinem Innersten nicht mehr sperrangelweit offen lässt für die Eltern?

Ich bin manchmal entsetzt, was Jugendliche ihren Eltern alles nicht sagen können oder glauben, nicht sagen zu dürfen. Mitunter ist es einfach zu viel. Diese Jugendlichen haben niemanden umgebracht und keinen ausgeraubt. Sie haben »nur« einen unangenehmen ersten Sexualverkehr gehabt, haben vielleicht Drogen genommen, sich das erste Mal geritzt. Das Gewicht auf der Waage geht wöchentlich etwas runter. Sie waschen sich etwas zu häufig. Sie verlassen das Haus, doch kommen nicht so ganz regelmäßig in der Schule an. Sie erleben Freunde, die jedes Wochenende Richtung Vollrausch treiben. Sie kommen nicht so richtig mit dem anderen Geschlecht zurecht oder wechseln den Sexualpartner etwas gar oft. Sie lügen den Eltern vor, dass sie bei Freunden übernachten, die brauchen ja auch irgendwann ein Alibi ... Sie treiben sogar ab, ohne dass die Eltern eine Ahnung davon haben, verschulden sich dadurch bei mitunter zwielichtigen Kontaktpersonen. Sie bauen einen Unfall und begehen Fahrerflucht.

Diese Jugendlichen sind nicht delinquent, nicht kriminell, nicht verwahrlost. Sie haben »nur« Mist gebaut, eine neue Erfahrung nicht verkraftet, ein Geschehen nicht einordnen können. Ich wiederhole mich: Sie sind noch nicht so lange auf der Welt. Fast täglich machen sie neue Erfahrungen. Einige davon heben ihr Selbstvertrauen, andere beschädigen es. Wir Erwachsenen sind ihnen an Lebenserfahrung um Längen voraus, doch auch wir bauen manchmal Mist.

Ein junger Mann erzählte mir, dass er dem Vater, allerdings in der typischen »Nebenbei-Sprache«, von seiner Fahrerflucht erzählen wollte, die ihn nicht mehr hat schlafen lassen. Der Vater habe ihn nicht mal zu Ende sprechen lassen, sondern hätte ihn sofort gestoppt: »Bis nächste Woche ist das

Auto wieder in Ordnung, musst halt dein Konto plündern. Wer mit meinem Auto fahren kann, kann auch für den Unfall aufkommen, verstanden?« Er habe danach einfach nicht mehr den Mut gehabt, dem Vater die Geschichte zu Ende zu erzählen: dass nicht nur Papas Auto, sondern noch ein zweites in Mitleidenschaft gezogen worden war.

Ein junges Mädchen, 14 Jahre, schildert, wie die Eltern wieder einmal hemmungslos in seiner Gegenwart gestritten hätten. »Wie wenn ich nicht da wäre, sogar unser Hund ist aufgestanden und hat sich woanders hingelegt.« Daraufhin sei es in sein Zimmer gegangen und habe sich das erste Mal geritzt. Wie die Mutter dann eine Stunde später in sein Zimmer gekommen sei und sich entschuldigt habe, gleichzeitig aber um das Verständnis der Tochter gebeten habe, da es ihr nicht gut gehe, da hätte sie sich einen Schubs gegeben und gesagt: »Mir geht's auch nicht gut.« Die Mutter habe kurz innegehalten, sie angeschaut, ihr übers Haar gestreichelt und gesagt: »Kopf hoch, das geht vorüber.« Dann sei sie hinausgegangen.

Das Mädchen hat in den folgenden Wochen mehrmals Anläufe genommen, ihrer Mutter vom Ritzen zu erzählen, doch ihre Mutter habe jedes Anzeichen von Kummer entweder mit den mittelprächtigen Schulnoten der Tochter oder mit den Streitereien der Eltern in Verbindung gebracht. »Wenn sie einfach mal geschwiegen und mir zugehört hätte. Doch sie wurde jedes Mal hektisch, hat geredet wie ein Wasserfall und das Gespräch mit dem Satz beendet: ›Das wird schon wieder, Papa und ich kommen schon klar, mach du einfach deine Schule, damit hilfst du uns am meisten.‹«

Julia wollte gar nicht den Eltern helfen, sie wollte, dass ihr geholfen wird. »Wenn die Mama nur einmal zugehört hätte, ich ihr hätte sagen können: ›Mama, ich fühl mich so allein, wenn ihr streitet, ihr vergesst mich regelmäßig.‹«

Eltern hören, was sie hören wollen. Gerade wenn Kinder nach Hause kommen und über andere Kinder schimpfen, müssten Eltern aufhorchen. Kinder sind nicht auf einem anderen Gefühlsplaneten zu Hause als wir Erwachsenen. Wenn sie verletzt, beleidigt oder lächerlich gemacht werden, reagieren sie wie wir. »Der Lorenz ist ein Idiot ... ich mag Lorenz nicht ... er ist ein Angeber ... Lorenz ist ein Arschloch ...« Dieser Junge gibt den Eltern keine Übersetzungshilfe, etwa in der Art: Lorenz hat mich verletzt, Lorenz macht sich lustig über mich, ich fühle mich von Lorenz nicht ernst genommen, Lorenz hört den anderen immer besser zu als mir, Lorenz ist der wichtigste Junge in der Klasse, deshalb möchte ich von ihm gemocht werden. Gutes Zuhören und Nachfragen sind deshalb umso wichtiger.

Auch wenn wir Großen uns über jemanden ärgern, nennen wir meist nicht die genauen Hintergründe. Wir erzählen unserem Zuhörer oft eine Light-Version unseres Ärgers, eben »Dummkopf«, »blöder Kerl« usw. Wer von uns erwähnt schon die Kränkung, die wir eben geschluckt haben! Es würden viel weniger Prozesse geführt werden müssen, wenn wir eine unangenehme Erfahrung mit einem Nachbarn, einem Arbeitskollegen oder Vorgesetzten beim Namen nennen könnten: Häufig geht es um eine Verletzung der Selbstachtung.

Allerdings liegen bei solchen Gesprächen keine Übersetzungshilfen bereit. Trotzdem könnte der Zuhörer dem wahren Geschehen nahekommen – wenn er genau zuhören würde. Der Tonfall führt uns oft auf die eigentliche Fährte. Manchmal ist es seine Mattigkeit, manchmal seine Schärfe, die mehr erzählt, als die Worte es vermögen.

Das gewohnte Hören, das Eltern zeigen, kann, mit etwas gutem Willen und beherzter Absicht, in ein neues Hören verwandelt werden. Wenn ein Elternteil sagt: »Wissen Sie, ich hör gar nicht mehr zu, es ist eh immer dasselbe ...«, ist es an der Zeit, neu hinzuhören. Die Kinder sagen nämlich nicht immer das Gleiche. Und wenn sie schnippisch hinwerfen: »Halt's Maul« oder »Du kapierst eh nichts«, dann sollten Eltern dem »ewig gleichen« Dialog eine überraschende Wendung geben. Warum auf eine solche Behauptung, die dem Gespräch sicher nicht förderlich ist, nicht einmal nachdenklich und versunken antworten: »Du findest, ich kapiere nichts? Könnte sein ... könnte wirklich sein, dabei würde ich dich gern besser verstehen.«

Ich mache immer wieder die Beobachtung, dass Eltern und Kinder tatsächlich eine neue Hörkultur entwickeln, wenn Eltern nicht angegriffen und gekränkt jeden Vorwurf sogleich abstreiten und in den Gegenangriff übergehen. Auch die Kinder agieren so. Eine Pattsituation? Eigentlich nicht. Denn die Eltern müssen den Kindern im Ausprobieren einer neuen Hörkultur vorangehen – nicht umgekehrt. Wenn eine Mutter empört sagt: »Da muss zuerst meine Tochter sich mir gegenüber einen anderen Ton angewöhnen, dann kann ich auch anders antworten ...«, liegt ein Irrtum vor. Es ist das Vorrecht der jüngeren Generation, auf Vorbilder zu hoffen, und zwar so lange und so unbeirrbar, bis die jüngere Generation die ältere geworden ist. *Es gibt stumme Generationenverträge, die nicht verhandelbar sind.* Wenn sich erwachsene Menschen nicht ganz selbstverständlich zu diesem Generationenvertrag bekennen können, ohne großes Aufhebens, sollten sie keine Kinder in die Welt setzen. Dieser stumme Generationenvertrag, dass Eltern zuerst einen bestimmten Entwicklungsschritt machen müssen, bevor sie ihn bei den Kindern einfordern, ist der Boden, auf dem Erziehung gedeiht.

Dieser Generationenvertrag funktioniert natürlich nicht immer reibungslos. Auch Eltern haben das Recht, wegzuhören oder des Gehörten so richtig überdrüssig zu werden. Doch wenn Eltern sich aus den ewig gleichen Wortgefechten zurückziehen und ins langsame und stille Nachdenken übergehen, geben sie den Anstoß zu einem neuen, besseren Sprechen miteinander. Wortgefechte sind, wie das Wort es uns nahelegt, schnell und hektisch. Ein Worthieb erzeugt den nächsten. Zeit, dem anderen zuzuhören, ist in dieser hitzigen Atmosphäre kaum noch vorhanden. Solche Wortgefechte gehen blitzschnell in Machtkämpfe über und entfernen sich genauso schnell von ihrer eigentlichen Intention: von Gespräch, Begegnung. Hier hilft nur Entschleunigung.

Ein bisschen blind

Eine 18-Jährige hatte ziemlich großen Kummer. Sie bezeichnete ihn einfallsreich als »Brillen-Leben« und hoffte, sie sei nicht mehr so traurig und gekränkt, wenn sie endlich damit aufhören könnte, ihr Leben immer durch die Brille der anderen zu sehen. »In unserer Familie gucken alle ein bisschen so. Die Brille der Gesellschaft, verstehen Sie, die liegt bei uns herum wie bei anderen, sagen wir mal Äpfel oder Karotten. Wie werden wir gesehen? Aha, so sind wir. Eine tolle Familie, so sehen uns die anderen. Also sind wir eine tolle Familie. Kotz. Kotz.«

Wie geht das, die Welt durch die Augen der anderen sehen zu müssen?

Bei Verliebten kommt es zu diesem Phänomen. Der eine möchte den anderen ganz erfassen, ihn ergreifen und begreifen. Dabei passiert etwas Wunderschönes: Der Liebende macht sich die Sichtweise des anderen zu eigen, versenkt sich in dessen emotionale Aufenthaltsorte. Er hört sich Musik an, die nicht seine eigene ist. Er geht mit dem anderen in Filme, die er sich sonst nicht ansehen würde. Er greift nach einem Buch, das normalerweise nicht zu seiner bevorzugten Lektüre gehört. Er zieht sich Klamotten an, welche der Partner für ihn ausgesucht hat. Er wählt Urlaubsorte aus, die bis jetzt nicht auf seiner Lieblingsliste gestanden haben. Er entdeckt einen neuen Fußballverein, weil der geliebte andere für ihn schwärmt. Er oder sie geht auf den Tennisplatz, zum Eishockey, weil der Geliebte dort gern seine Freizeit verbringt. Er oder sie probiert neue sexuelle Spielarten aus, weil ein neues Glück auch da mutig und erfinderisch macht. Kurz gesagt: Mit einer neuen Liebe finden zwei Menschen zu einer maximalen Offenheit und Lernbegierde. Grenzen sind in diesem Anfangsstadium der Liebe eher bedeutungslos. Ebenso Ängste, Schutzmaßnahmen und andere Vorkehrungen gegen den Selbstverlust. Was diese maximale Offenheit erleichtert, ist der Umstand, dass hier zwei Erwachsene sich gegenseitig öffnen. Ein Liebeskonzert erfüllt die Seelen zweier Menschenkinder. Normalerweise.

In der Familie sieht es etwas anders aus. Auch dort erklingen manchmal Lieder, die Liebe besingen. Mutterliebe. Vaterliebe. Kinderliebe. Wenn das Kind noch ein Baby ist, versuchen die Eltern, ihm seine Wünsche und Bedürfnisse von den Augen abzulesen. Also fast ein Liebesverhältnis, wie es zwischen zwei Erwachsenen seinen Anfang nimmt. Doch schon in der Trotzphase mit dem Kleinkind kühlt die Bereitschaft zur Einfühlung empfindlich ab. Das ist auch gut so: Ein Kopf und ein Köpfchen prallen zusammen, denn aus dem süßen Lockenköpfchen soll ja mal ein eigenständiger Kopf werden. Die Trotzköpfe bauen sich im Kleinkindalter manchmal vor Mutter und Vater so auf, dass diese eine leise Ahnung davon bekommen, was ein Kinds-Kopf erst alles vermag. Manchen Eltern schwant da bereits der Jugendkopf. Wie oft höre ich die Worte: »Noch ist er/sie ja noch nicht in der Pubertät ... was erwartet mich dann erst!« Für ihre kleinen Kinder entwerfen die Eltern noch die Zukunft. Bei ihren Jugendlichen müssen sie es sich gefallen lassen, dass sie als Architekten nicht mehr so gefragt sind.

Die Probleme fangen dort an, wo die Eltern Architekten bleiben und ihren Jugendlichen Ideen-Häuser hinstellen, welche diese nicht beziehen wollen. Das Liebesverhältnis nimmt jetzt oftmals abrupt ein Ende. Die Jugendlichen weigern sich, die Räume zu beziehen, welche die Eltern mit so viel Sachverstand für sie eingerichtet haben. Der eine Vater stellt seinen Sohn in ein humanistisches Gymnasium, weil »dort am ehesten was für die Allgemeinbildung passiert«. Sein Sohn mag aber nicht Vokabeln lernen. Er ist ein Ass in Mathematik. Ein anderer Vater will aus seinem Zwölfjährigen eine Sportskanone machen, die dieser nicht ist und nicht sein will. Eine Mutter plant für ihre Tochter die Karriere als spätere Schauspielerin und schleppt sie von einem Casting zum nächsten. Nebenbei überwacht sie ihr Gewicht. Eine andere Mutter schickt die Tochter in die Schreibwerkstatt für Kinder. »Sie hat schon in der 3. Klasse so gute Aufsätze geschrieben, die Lehrerin hat auch gemeint: unbedingt fördern.«

Was mir immer wieder auffällt oder, genauer, ins Auge sticht, ist die elterliche Qual mit dem modernen Talentförderungsmarkt. Gesangstalente entpuppen sich nicht irgendwann, sondern werden gemacht. Jugendliche, die gut schreiben können, setzen sich als Erwachsene nicht irgendwann durch, sondern werden als zukünftige Schriftsteller oder Journalisten aufgebaut. Ein Mädchen malt nicht einfach, weil es nicht anders kann, sondern wird in die Malschule geschickt.

Eltern liegen auf der Lauer. Sie haben das Zuschauen und Warten verlernt. Sobald sich ein mögliches Talent wie ein kleines Pflänzchen erstmals dem Tageslicht zeigt, wird ein Förderungsprogramm angeworfen.

Dabei sind die Eltern Opfer geworden. Wir alle sind in Gefahr, Opfer einer Freizeitkultur zu werden, die für jedes noch so kleine Talent Förderung anbietet. Wir lassen wenig nur noch keimen, sondern reißen es ans Tageslicht, bevor die Zeit dafür gekommen ist. Heranwachsen in unserer Zeit scheint eine gesellschaftlich und wirtschaftlich höchst ergiebige Programmierungsschlacht geworden zu sein.

Es gibt inzwischen für alles einen Markt. Kinder und Jugendliche sind gute Kunden geworden. Sie sitzen im Yogakurs, im autogenen Training, tanzen die Bewegungen ihres verehrten Stars nach, besuchen die Schreibwerkstatt, haben ihr Abonnement im Fitnessstudio. In den Ferien werden sie mit Golfkursen für Jugendliche erfreut. Heerscharen von Jugendlichen warten ungeduldig auf ihren 16. Geburtstag – der Startschuss, um am Casting für »Popstars«, »Deutschland sucht den Superstar«, »Germanys next topmodel« teilzunehmen. Jugendliche werden als potenzielle Kunden hofiert wie noch keine Generation zuvor. Sie gehen durch die Drehtüren der Freizeitindustrie ein und aus wie alte Hasen. Mit 16 haben sie schon Hip-Hop, Entspannungsübungen, Judo, Meditation, Töpfern, Taekwondo hinter sich gebracht – um nur das Pensum einiger Jugendlicher zu nennen, die ich aus der Praxis oder dem Umfeld meiner Kinder kenne.

Ich nehme mich nicht aus, wenn es um die Verführbarkeit von uns Eltern geht, alles, was machbar ist und angeboten wird, den eigenen Kindern nahezubringen. Doch ich bin nachdenklich geworden. Dieser Freizeitmarkt kostet Geld. Er unterstützt zudem nicht immer die Selbstentdeckung, er verhindert sie manchmal sogar. Er lädt dazu ein, nicht mehr im eigenen Rhythmus sich und die eigenen Interessen zu entdecken, sondern zu konsumieren. Schnell, aufgeregt, begeistert – um dann, wenn die erste Begeisterung verflogen ist und die Vertiefung folgen würde, sich einen neuen Schauplatz auszusuchen. Das Angebot ist ja da.

Natürlich kann man Kinder und Jugendliche auf interessante Hobbys aufmerksam machen. Doch sollten es Hobbys sein, in welchen sich das Kind wiederfindet – und nicht die Eltern mit einem eigenen, nie verwirklichten und ausgelebten Bedürfnis. Beim Kleinkind müssen die Eltern noch die Welt für das Kind beobachten und auswählen, was für ihr Kind gut und richtig sein könnte. Beim Grundschulkind sieht es schon etwas anders aus. Da können Eltern Vorschläge machen, ihr Kind Judo, Klavier, Ballett etc. ausprobieren lassen. Und das nicht nur zwei, drei Monate! Kinder verlieren oft schnell ihre Anfangsbegeisterung. Kein Grund für die Eltern, das eben erst Begonnene gleich wieder aufzugeben. Doch spätestens, wenn das Schulkind im Jugendlichenalter ist, entscheidet es selbst, was es weiterführen will und was nicht. Eine Jugendliche täglich ans Klavier zu zwingen oder einen Jugendlichen zum Fußballtraining zu fahren, weil er ohne Mutters Taxifahrten gar nicht im Fußballtraining landen würde, macht keinen Sinn. Da hilft es dann auch nicht, dem Jugendlichen die Welt mit Vaters Augen zu erklären: »Schau mal, wie froh du sein wirst, wenn du mal in einigen Jahren so richtig gut durchtrainiert bist! Solche Männer haben viel bessere Chancen in der Wirtschaft, manchmal muss man sich einfach durchbeißen.«

Jugendliche beobachten gut. Beißt sich denn der Vater immer durch? Oder möchte er bei seinem Sohn eine Eigenschaft auf Biegen und Brechen hervorkitzeln, die ihm selber fehlt?

Jugendlichen eigen ist ihre Begeisterungsfähigkeit für immer wieder Neues. Eltern können sie nicht gegen den Zeitstrom schwimmen lassen. Doch wenn sie selber eine gewisse Zurückhaltung bezüglich der Freizeitprogrammierung an den Tag legen und selber nicht in wildes Konsumieren geraten, heute Golf, morgen ein paar Stunden Spanisch, übermorgen Standardtanz, werden die Kinder ihnen das nachmachen. Wenn Kinder erleben, dass ihre Eltern sich ihre Freizeitbeschäftigungen mit Bedacht und Hingabe aussuchen und auch dranbleiben, egal, was der Nachbar gerade als letzten Schrei erklärt, werden sie ähnlich handeln. Zumindest später, als Erwachsene.

Das Architekturbüro muss also bei Jugendlichen langsam schließen. Eltern brauchen nicht mehr nächtelang am Reißbrett zu stehen. Oft liegen sie einfach schlaflos in ihren Betten, doch ihr Kopf ruht nicht, er entwirft einen Plan nach dem anderen. Sind diese schlaflosen Nächte wirklich nötig? Die Kinder träumen doch bereits eine Zukunft. Aber in die Träume unserer Kinder können unsere Elternaugen halt nicht hineinsehen. Da sind wir wirklich mit Blindheit geschlagen. Und es ist gut so. Kinder sind Geheimnisträger. Sie tragen, ihnen selber oft noch unzugänglich, das Geheimnis ihrer Zukunft gut verschlossen in sich. Sie wollen wahrgenommen, doch nicht ausgeschlachtet werden. Sie möchten ihre Eltern mitunter einladen in ihre neuen Räume, manchmal sind es erst fantastische Räume, im Luftschloss errichtet. Doch sie wollen sie selber entwerfen. Die Aufgabe der Eltern ist es, ihnen das zuzutrauen und vielleicht mal Hand anzulegen, wenn gerade ein passendes Werkzeug fehlt.

Wenig berührte Kinder

Ein sechsjähriges Mädchen sagte einmal empört, als ich ihm in einer plötzlichen Anwandlung über die Haare strich: »Das darfst du nicht ... der Papa hat gesagt: Lass dich von niemandem berühren. Es könnten böse Menschen sein.« Ich war irritiert, auch von mir selber verunsichert. Hatte ich eine der wichtigsten Abstinenzregeln verletzt, nämlich keinen körperlichen Kontakt zum Patienten aufzunehmen? Die Arbeit mit Kindern belehrt mich allerdings immer wieder, dass im Umgang mit ihnen diese sinnvolle und unerlässliche Abstinenzregel nicht stur gehandhabt werden darf. Kinder wollen oft, dass ich ihnen eine Geschichte vorlese. Dann setzen sie sich ganz dicht neben mich, sodass ihre Arme meine berühren. Der leichte Körperkontakt scheint ihnen gutzutun.

Berührung ist, unbefangen und ohne Scheuklappen betrachtet, ein natürlicher Vorgang vom Tier- bis zum Menschenreich. Unser größtes Kontaktorgan will stimuliert werden. Wir müssen uns nicht wie Tiere verhalten, doch ein Blick ins Tierreich zeigt den uns allen bekannten Vorgang zwischen Mutter und Kind nach der Geburt. Wunderbar und ganz selbstverständlich wird Bindung und Stimulierung durch Berührung bei frisch geborenen Katzenjungen sichtbar. Die Katzenmutter leckt ihre nackten Jungen ins Leben hinein. Durch die Zunge der Mutter werden der kleine Katzenkörper und seine Organfunktionen geweckt und aktiviert. Ähnliches gilt für den ersten Kontakt zwischen Mutter und Neugeborenem. Es ist inzwischen Usus, der Mutter gleich nach der Geburt das Baby auf den Bauch zu legen, damit die Mutter-Kind-Nähe aus dem vorgeburtlichen Zustand weitergehen kann und das Baby, jetzt körperlich getrennt, eine psychische Bindung an die Mutter aufbauen kann und umgekehrt.

Einigen Müttern ist diese große körperliche und notwendige Nähe jedoch unangenehm. Zweifel, ob sie es schaffen werden, diesem kleinen Wurm im Arm eine gute Mutter sein, sich auf dieses Neugeborene einlassen zu können, trüben ihre Gedanken. Das macht nichts. Es ist noch keine Mutter vom Himmel gefallen. Mutter ist man nicht, Mutter wird man ein Leben lang. Also viel Zeit, in die Rolle der Mutter hineinzuwachsen. Ich halte gar nichts davon, Müttern das Gefühl zu vermitteln, das Kind sei schon ein wenig in den Brunnen gefallen, wenn sie nicht stillen können oder wollen. Wie gestresst verlassen manche Mütter, meistens beim ersten Kind, das Wochenbett und Krankenhaus. Statt den Müttern Raum zu geben für ihre ambivalenten Gefühle ihrer erstmaligen Mutterschaft gegenüber, kehren diese jungen Mütter mit einem Korb voller Ratschläge und dem Eindruck, dass den anderen Müttern alles viel einfacher fällt, nach Hause zurück.

Wir sind in den wenigsten Fällen noch Naturmütter. Wir sind Kopfmütter geworden. Das Wissen von Müttern über Kindererziehung war noch nie so groß wie heute. Doch Wissen bedeutet auch Kopf, linke Gehirnhälfte. Und Wissen hilft nicht viel, wenn die rechte Gehirnhälfte entgegen guter Kenntnis der linken Gehirnhälfte über Eltern-Kind-Bindung etc. mit Angst, Unsicherheit und Panik auf dieses Neugeborene reagiert. Eine solchermaßen aufgewühlte Mutter möchte nicht als Erstes die Zeitschrift *Eltern* abonnieren oder von der besten Freundin einen Buchtipp bekommen, sondern vielleicht nur davon sprechen dürfen, wie unzulänglich sie sich gerade fühlt, dass sie nicht genau weiß, was dieses Baby jetzt bedeuten soll für sie und ihr weiteres Leben. Vielleicht hat sie auch die Sorge, ob das Baby spürt, wie unsicher und verloren die Mutter sich gerade fühlt. Vielleicht quälen die Mutter auch gerade die persönlichen Lebensumstände – sie mag Studentin sein, arbeitslos, alleinerziehend – und jetzt hat sie plötzlich ein Baby und damit eine große Verantwortung. Kann sie, die Mutter, denn ihr eigenes Leben schon verantworten oder gerät sie durch dieses Baby wieder in die alte Abhängigkeit zu den Eltern, zum Partner?

Es sind so normale Zweifel, so natürliche Gedanken. So eine Mutter hat gewiss keine pathologischen Züge. Sie erfährt das ganze Ausmaß an Unsicherheit, das Mutter- und Elternschaft auslösen kann, in dem Augenblick am eigenen Körper. Es gibt hier kein Patentrezept. Es gibt dafür nur eine Haltung, die ich als hilfreich und angstmindernd erlebe: einlassen, sich einfach einlassen auf dieses große Abenteuer Mutterschaft, und zwar mit allen Zweifeln, Befürchtungen, Hoffnungen. Jede Mutter, die ehrlich zu ihren ambivalenten Gefühlen steht, wird eine gute Mutter.

Mutterschaft verlangt nicht den entzückten Mutterblick auf dem Spielplatz, es darf auch einmal ein gelangweilter sein. Mutterschaft braucht kein ständiges Beteuern, wie schön und einzigartig es sich anfühlt, Mutter geworden zu sein. Auch »böse« Gedanken wie »Was könnte ich jetzt alles mit der Zeit machen, die ich gerade mit meinem schreienden Kind verbringe?« gehören zu einer guten Mutter. Oder Seufzer, weil das Kind wieder nicht die Absicht hat, die Eltern schlafen zu lassen. Oder ein kräftiges »Sch ...!«, wenn das Kind eben die Ausgehpläne der Eltern mit seinem plötzlichen Fieberanfall verhindert. Wohlverstanden: Es geht nicht darum, am Kind ungute Gedanken und Gefühle abzureagieren, doch selber zu den eigenen bösen und gerade einmal rabenschwarzen Gefühlen und Gedanken zu stehen – und sie sich nicht übel zu nehmen!

Viele Eltern, vor allem Mütter, tragen sich selber ihre nicht liebevollen Muttergedanken nach. Sie bestrafen sich womöglich noch dadurch, dass sie ein gerade aktuelles, eigenes Bedürfnis unterdrücken und noch einen Zahn zulegen im Bemuttern.

Wenn Eltern sich immer wieder von Neuem berühren lassen von ihren eigenen vorhandenen Gefühlen, ob schön oder hässlich, vermögen sie auch ihre Kinder zu berühren.

Hauterkrankungen nehmen laut Kinderärzten stetig zu. Nicht alle, doch die meisten dieser Hauterkrankungen haben einen psychosomatischen Hintergrund. Jetzt höre ich viele Mütter schon aufschreien: »Jetzt sind wir auch daran noch schuld!« Wenn Sie, liebe Mütter, unbedingt diese Schuld tragen wollen, kann ich Sie nicht daran hindern. Doch ich halte nicht viel von diesem aufopfernden Mutterverhalten. Es hat einfach zu lange über den Müttern gehangen wie eine große, schwere Last.

Müttern, deren Kinder an Neurodermitis leiden, kann es helfen, statt mit einem diffusen und unnötigen Schuldgefühl herumzulaufen und teure Hautcremes zu kaufen und Krankenschwester ihres Kindes zu spielen, wo sie doch Mütter sein möchten, einmal ehrlich Bilanz zu ziehen und darüber nachzudenken, wie viel Körperkontakt sie selber erfahren haben als Kind. Und wie viel Körperkontakt jetzt möglich ist zwischen Mutter und Vater. Die Haut ist ein faszinierend empfindsames Kontaktorgan. Kinder nehmen jeden Stress über dieses Kontaktorgan auf. Kinder sind, ungleich mehr als wir Erwachsenen, noch eine psychosomatische Einheit. Körper und Seele wohnen noch unter demselben Dach.

Wenn ein Kind über Bauchschmerzen klagt, kann es sein, dass eine Grippe im Anzug ist. Doch viel wahrscheinlicher als die Grippe ist eine psychische Irritation. Sie kann blitzschnell durch Ärger mit anderen Kindern ausgelöst worden sein, durch eine unachtsame Bemerkung der Lehrerin oder durch einen Streit der Eltern. Mütter sagen oft mit einer gereizten Stimme: »Mein Kind hat ständig Bauchschmerzen.« Die gereizte Stimme verrät mir, dass Mütter sich unbewusst die Schuld daran geben und vom Verdacht, irgendetwas falsch zu machen, befreit werden möchten. Statt zu fragen: »Was macht dir Bauchschmerzen?«, hören die Kinder: »Schon wieder Bauchschmerzen ... warum hast du denn ständig Bauchschmerzen!« Genauso ist es mit den häufigen Kopfschmerzen unserer Kinder. Es sind, in den meisten Fällen, Anzeichen für Stress und Überforderung. Und es besteht kein Grund, als Eltern diese Kopfschmerzen immer gleich persönlich zu nehmen – wohlverstanden unbewusst.

Was könnte denn beim Nachdenken der Mutter, wie viel Körperkontakt sie selber als Kind bekommen hat, herauskommen – außer Trauer und einem Mangelgefühl? Die sich dann, wenn es gut geht, einstellende und tief empfundene Trauer ist doch die Voraussetzung zu einer Veränderung. Wenn wir leiden können unter einer gemachten Erfahrung, beginnen wir uns zu verändern. Diese so zustande gekommenen Veränderungen sind die verlässlichsten. Dann taucht im neuen Frühling nicht wieder der langweilige, weil schon erfahrene alte Frühling auf, mit Keimen und Aufblühen der vertrauten Blumen und Pflanzen, sondern dann könnte wirklich eine noch nie gesehene Blume darunter sein.

Heimische Inquisitoren

Eltern sind oft verständnisvoll und großzügig ihren Kindern gegenüber. Es gibt aber auch Ausnahmen.

Mädchen schildern ab und zu, wie streng Väter mit ihrem erwachenden Sexualleben umgehen – wenn sie es denn überhaupt mitbekommen! Oft sind Väter ganz überrascht, wenn sie hören, dass ihre Töchter sich für Jungs interessieren und keineswegs mehr so unerfahren sind, wie die Väter glauben. Die Mädchen wiederum beklagen sich zu Recht,»dass mein Papa noch gar nicht mitbekommen hat, dass ich kein kleines Mädchen mehr bin«. Ein Vater, intellektuell und mit beeindruckendem philosophischen Hintergrund, fragte ganz entsetzt, als die Sprache auf die Menstruation seiner 14-jährigen Tochter kam:»Ja, beginnt das denn jetzt schon mit 14?« Die Mutter konterte lachend:»Ich sag ja, er hat von seiner Tochter keine Ahnung.«

Es wäre schön, wenn Väter ihre heranwachsenden Töchter aus dem süßen Kleinmädchenbild entlassen könnten. Denn die Tatsache, dass da eine junge Frau heranreift, verlangt auch einen anderen Vater. Etwa einen, der sich nicht mehr mit seiner Tochter gemeinsam im Bad aufhält. Oder einen, der nicht unbefangen das Zimmer seiner Tochter betritt, sondern anklopft. Und zwar nicht nur der Form halber, um dann gleich im Zimmer zu stehen. Ein Vater wird da verlangt, der sich vorstellen kann, dass er gerade ungelegen kommt und etwas warten muss. Dasselbe gilt natürlich auch für die Söhne. Auch da kommt man als Mutter oder Vater manchmal ungelegen.

Dieser Umstand verändert vieles im Familiengefüge. Zuallererst die Erkenntnis, dass die Eltern nicht mehr mit dem Instrumentarium auskommen, das bei ihren Kindern noch funktioniert hat. Kinder ändern sich und suchen, je nach Entwicklungsabschnitt, neue Eltern. Die Kinder sind dabei ihren Eltern fast immer um einige Schritte voraus. Ich ersuche die Jugendlichen in der Regel um Nachsicht für das langsamere Tempo, das ihre Eltern an den Tag legen: »Deine Eltern haben es gestern noch mit einem Kind zu tun gehabt, sie können nicht in dich hineinsehen. Du hast viel früher gemerkt, dass du kein Kind mehr bist. Gib ihnen Zeit, zu merken, dass man mit einer 13-Jährigen anders umgehen muss als mit einer Zehnjährigen, sag ihnen immer wieder, wie du jetzt denkst und fühlst. Sie können es doch von dir selber am besten erfahren.« Jugendliche verstehen das meistens ganz gut, nachdem die erste Wut darüber verraucht ist, dass der Papa wieder einen Termin ausgemacht hat, ohne sich zu erkundigen, ob er ihnen auch recht ist. (»Er glaubt immer noch, ich hätte nichts anderes als die Schule. Dass ich vielleicht schon verabredet bin mit meiner Freundin, kommt ihm gar nicht in den Sinn.«)

Womit Eltern sich besonders schwertun in diesem Entwicklungsabschnitt: dass sie nicht für die Kinder, sondern *mit* ihren Jugendlichen manche Entscheidung treffen müssen und grundsätzlich nicht mehr so viel zu sagen haben wie früher. Oft hört sich dann die Erklärung der Eltern, was ihre Überzeugungsversuche anbelangt, ausgesprochen vernünftig an. Doch die Vernunft hinkt hinter dem emotionalen Zustand der Jugendlichen hinterher. Eltern sind manchmal fassungslos, dass ihre Töchter und Söhne den klug und sachlich vorgebrachten Argumenten ihrer Eltern einfach den Rücken kehren. Und wenn eine Mutter oder ein Vater dann kopfschüttelnd dasitzt und sagt: »Ich hab doch recht, oder wie sehen Sie das?«, kann ich meist nur bestätigen, dass sie aus ihrer Sicht alles richtig machen, und vielleicht noch hinzufügen, dass ich genau gleich gehandelt und argumentiert hätte. Trotzdem sind die Eltern abgeblitzt. Trotzdem macht ihr Sohn oder ihre Tochter genau das Gegenteil und fühlt sich von den Eltern oder der Therapeutin nicht gut beraten, sondern behindert und unverstanden.

Wir sollten das einfach akzeptieren – und trotzdem uns treu bleiben und die Jugendlichen mit unseren Ansichten und Überzeugungen vertraut machen. Eltern reden ja nicht nur für den Moment. Sie sprechen vom Leben. Und es ist gut, wenn Jugendliche ihre Eltern sprechen hören und nachvollziehen können,

- warum die Eltern in Deutschland leben und nicht ausgewandert sind (oder nach Deutschland gezogen sind),
- warum sie Ehrlichkeit nicht altmodisch, sondern wertvoll finden,
- warum sie glauben, dass eine gute Schulausbildung von Nutzen sein könnte,
- warum sie überzeugt sind, dass Einsatz Früchte trägt,
- warum sie möchten, dass die Freunde ihrer Kinder sie grüßen,
- warum ihre Abwesenheit keine Einladung zum heimlichen Orgienfeiern darstellt,
- warum Jugendliche sich vernünftig und regelmäßig ernähren sollten,
- warum man nicht wegschaut, wenn ein Mitschüler gehänselt wird,
- warum der Vater nicht immer einer Meinung mit der Mutter sein kann und also mit ihr streiten muss,
- warum Jugendliche sich nicht die Nacht um die Ohren

schlagen und sich zu Hause wie ein seltener Gast benehmen sollen,

- warum jedes Familienmitglied das andere gut behandeln sollte,
- warum Zivilcourage so wichtig ist,
- warum es auch in der eigenen Familie für jeden eine von allen respektierte Intimsphäre geben sollte,
- warum die Eltern ohne große Erklärung Grenzen setzen dürfen,
- warum 18 Jahre alt werden nicht bedeutet, dass man tun und lassen kann, was man will,
- warum das Zuhause kein »Hotel Mama« ist, in welchem sich alle bedienen lassen auf Kosten der einen (Mama),
- warum der Papa immer schon SPD gewählt hat und die Mama auf die Grünen steht, die Oma es immer schon mit der »Genscher-Partei« gehalten hat und der Opa »den Hut vor Frau Merkel zieht«,
- warum es jedem Familienmitglied gut ansteht, Fehler zuzugeben,
- warum jeder in der Familie seinen eigenen Musikgeschmack haben darf, ohne dass der andere sich darüber abfällig äußert,
- warum eine lebendige Familie aus mehreren Individuen besteht und keine Kopien, Nachplapperer und eingeschüchterte Jasager braucht,
- warum alte Menschen nicht langweilig und unnütz sind, sondern viel zu erzählen haben (man muss sie nur fragen),
- warum Eltern nicht entsetzt sein sollten über das Verhalten ihrer Kinder, vielleicht sind diese ja nur ein Spiegel ...

Eines der häufigsten Worte im Gespräch Jugendlicher mit ihren Eltern, anderen Erwachsenen oder Gleichaltrigen ist »Warum?«. Das Dialogwort per se. Jemand, der keine Fragen mehr stellt, hat sich vom Leben abgewandt. Mit diesem kleinen Wörtchen dringen wir vor in uns unbekannte Zusammenhänge. Mit ihm bewegen wir uns auf die Welt zu und zum Du hin. Vielleicht behaupten jetzt manche Eltern vorschnell, dass dieses kleine Wörtchen vorzugsweise dann fällt, wenn sie ihren Kindern gerade eine Grenze gesetzt haben. So in der Art: »Warum dürfen andere Kinder länger aufbleiben als ich?« »Warum darf meine Freundin erst um Mitternacht nach Hause kommen, ich muss aber schon um 23 Uhr da sein?« Dieses Warum fällt auch, doch das andere, von welchem hier vor allem die Rede ist, fällt viel häufiger:

- »Warum liest du in meinem Tagebuch, Mama?«
- »Warum streitet ihr so oft, du und Papa?«
- »Warum bist du eigentlich ständig schlecht gelaunt, Papa?«
- »Warum habt ihr so wenig Vertrauen in mich?«

Wenn Kinder oder Jugendliche über ihre Eltern sprechen, höre ich viele Fragen. Manchmal sind es Fragen, welche die Kinder wirklich gestellt haben und von den Eltern, weil sie ihnen peinlich waren oder sie sehr ehrlich hätten antworten müssen, »vergessen« oder ignoriert worden sind. Oft sind es jedoch Fragen, die gar nicht artikuliert worden sind. Sie verfolgen die Jugendlichen, beschäftigen sie, wenn sie gerade nicht abgelenkt sind, in der Schule, in einer stillen Minute oder nachts im Bett. Wenn dann die mir gestellte Frage mit einer Gegenfrage beantwortet wird: »Warum fragst du nicht einfach die Eltern?«, kommt oft zurück: »... weiß nicht, ist mir irgendwie unangenehm ... oder dann kommt eh nur, geht dich nichts an ... oder sie drucksen dann so blöd herum oder flippen aus ...«

Jugendliche verschließen sich vor Eltern, welche immer noch glauben, alles für ihre Kinder entscheiden und bestimmen zu müssen. Eltern, die einem Pubertierenden weitgehend mit Verhaltensanweisungen und Vorschriften begegnen, erleben schwierige Ablösungsjahre. Väter, die – oft aufgrund beruflicher Belastung – vieles nicht mitbekommen und dann plötzlich als der große Zampano auftreten oder eine Mischung aus Inquisitor und Zuchtmeister zur Aufführung bringen, haben schlechte Karten.

Ich glaube nicht an Zauberhandlungen oder -worte. Doch es gibt in solch verfahrenen Situationen eine Art der Kontaktaufnahme, die selten scheitert. Wenn Eltern nicht mehr inquisitorisch dem Kind Fehlverhalten vorwerfen und Sanktionen aussprechen und ein »Du musst«, »Du sollst« und »Du hast« nach dem anderen anhäufen, sondern von sich sprechen, beginnt der Jugendliche zuzuhören.

Am besten ist das übrigens in der Schule zu beobachten: Lehrer, die mit Ich-Botschaften vor die Klasse treten, haben eine aufmerksame Klasse vor sich. Was ist gemeint mit Ich-Botschaften? Darunter sind persönliche Stellungnahmen zu verstehen. Sobald ein Lehrer in kritischen Augenblicken, und um solche geht es auch hier, den Schülern nicht mit Vorwürfen und Schuldzuweisungen kommt, sondern ihnen zeigt, wie er sich fühlt, wie es in ihm drinnen aussieht, hat er aufmerksame Zuhörer. Der Lehrer riskiert etwas, die Schüler honorieren es und werden bereit, sich einzufühlen. Ihnen ist gerade ein Angebot zur Ehrlichkeit gemacht worden. Die persönliche Stellungnahme des Lehrers erschwert ihnen weitere Rücksichtslosigkeit. Ab einem solchen Moment ist ihr Lehrer kein undurchschaubares Wesen mehr, das man ganz nach Lust und Laune manipulieren, übersehen, ignorieren kann und das einen inquisitorisch verfolgt und bedrängt, sondern jetzt hat man ein Subjekt gegenüber und muss selber subjektiv Stellung beziehen. Gleichgültigkeit ade.

Wenn Eltern zu sprechen beginnen und keine Vorträge mehr halten über richtige Lebensführung, gegen die der

Sohn oder die Tochter gerade wieder einmal peinlichst verstoßen hat, bekommen sie Zuhörer. Die Kinder dürfen dabei ruhig merken, dass den Eltern dieses Sprechen schwerfällt. Was haben Eltern in so einem Gespräch zu bieten? Eine viel längere Sicht aufs Leben! Erfahrungen von Stolpern und wieder auf die Beine kommen, Verletzungen, die arg waren und doch wieder verheilt sind. Berge, die hoch waren und doch genommen wurden. Mächtige Selbstzweifel, die durch stetig wachsendes Selbstvertrauen abgelöst werden konnten. Kleine und größere Erdbeben, die es nicht geschafft haben, die Eltern dem Erdboden gleichzumachen. He, Kinder, möchte man dann rufen, ihr habt es mit Experten zu tun! Schade nur, dass viele Kinder gar nicht erfahren, was ihre Eltern alles schon bewältigt haben. Diese Kinder sehen in ihren Eltern oft nur Zuchtmeister, Freiheitsberauber, manchmal schlichtwegs nur Langweiler.

Ich sitze manchmal da, eine Mutter oder ein Vater hat mir eben die persönliche Lebensgeschichte erzählt, bin tief beeindruckt, berührt – und weiß: Die Therapie wird gut laufen. Dieser Vater oder diese Mutter hat schon so viel geleistet und geschafft ... das Problem mit dem Sohn oder der Tochter werden sie auch noch lösen. Eine Sichtweise, die den Eltern übrigens oft fehlt. Da höre ich mich dann leise oder auch laut das Wörtchen »Warum?« stellen. Warum vergessen diese Eltern, dass sie doch schon oft gesiegt haben, und warum vergessen sie, es ihren Kindern zu erzählen? Ihre Kinder wären nicht mehr gelangweilt.

Jammerlappen und ihre »bösen« Kinder

»Meine Mutter beklagt sich ständig, dass sie sich ein anderes Leben vorgestellt hat, dass, wenn sie gewusst hätte, wie viel Ärger Kinder bedeuten, sich anders entschieden hätte. Nicht für den ganzen Familienkram und so.«

Nadine ist jetzt, mit 19 Jahren, überzeugt, dass sie sich nie für den »Familienkram« entscheiden wird. Sie hockt da, ziemlich gelangweilt, unverschämt cool und sehr abgebrüht. Nichts scheint sie mehr zu schockieren, wenig scheint sie noch zu berühren. Kunststück. Sie hört ja fast täglich, dass die Mutter eine falsche Entscheidung getroffen hat, dass sie, Nadine, eigentlich von Glück reden kann, dass sie überhaupt auf der Welt ist dank einer Fehlentscheidung.

Ich nehme solche Aussagen ernst, aber nicht zu ernst. Mütter und Väter sagen vieles. Eine unglückliche Bemerkung löst noch kein Trauma aus. Vor allem Mütter »beichten« oft ungeschickte und verletzende Bemerkungen wie einen nicht wiedergutzumachenden Fehler. Auch Eltern reden manchmal Unsinn, wir alle, ob Eltern oder nicht, sind nicht jeden Tag und stündlich auf der Höhe unserer kommunikativen Möglichkeiten. Wir sagen im emotionalen Ausnahmezustand Dinge, die uns wenig später, Ruhe und Distanz sind wieder zurückgekehrt, nur noch den Kopf schütteln lassen.

Problematisch werden solche verbalen und emotionalen Ausrutscher erst, wenn sie den Ausnahmecharakter verlieren und sich zum täglichen Kommunikationsmuster einschleifen. Dann wird's happig für die Kinder. Solche Happen kriegen sie nicht mehr ohne Weiteres runter. Wenn solche Elternklagen die Seele des Kindes zu oft berühren, baut es sich, ganz allmählich über die Jahre und meistens unbemerkt von den Eltern, einen Schutzpanzer auf. Das Resultat sind die supercoolen Kids, an welche kaum noch heranzukommen ist. Wenn es ganz schlecht gelaufen ist, wird über diese Kinder dann in den Medien berichtet. Sie haben andere Kinder gequält, Videos der Demütigung gedreht, ein Opfer gefunden und es übel zugerichtet. Und das alles nur, weil sie nicht selbst das Opfer sein wollten. Weil sie schon zu lange mit dem Gefühl einer diffusen Schuld alleingelassen worden sind und damit leben gelernt haben.

Ich nehme Nadine ernst. Sie ist zu cool und zu gleichgültig für ihr Alter. Sie hasst den »Familienkram« zu sehr. Sie verprügelt, wenn ihr einer – oder meistens eine – »zu blöd kommt«, zu schnell. Dafür muss sie geradestehen. Doch für ihr aggressives Verhalten trägt sie keine Schuld, weil sie es einfach noch nicht versteht:

»Ich bin halt so, weiß auch nicht, warum. Gehör halt nicht zu den Braven, nach denen sich alle umdrehen.«

»Stimmt, du gehörst zu den ›Bösen‹, doch umdrehen tut man sich auch nach dir, gerade wenn du Böses tust.«

»Sie wären wohl auch gerne mal böse, muss ja langweilig sein, immer die Liebe spielen zu müssen.«

»Ich spiele nicht, ich mag mich und andere Menschen, aber keine Angst, ich habe auch manchmal böse Gedanken, nur versuche ich sie nicht an anderen abzureagieren, sondern mir darüber klar zu werden, warum ich auf andere böse bin.«

»Das ist mir zu anstrengend, ich bin so, kapiert!«

»Die Vorstellung scheint dir Angst zu machen, dass du nicht so auf die Welt gekommen bist, sondern erst schmerzliche Erfahrungen dich so verändert haben ...«

»Die anderen haben Angst vor mir, ist doch cool.«

»Ja, auf jeden Fall cooler, als wenn du Angst vor den anderen haben müsstest.«

Nadine hat die ständigen Klagen ihrer Mutter über ein verpfuschtes Leben persönlich genommen, eine persönliche

Schuld daraus gemacht. Ein hässliches Selbstbild ist dabei geboren worden: Ich bin zwar schuld, aber mächtig.

Viele, mitunter schon kleine Kinder, glauben, dass sie mächtig böse sind, weil sie die mögliche Unzufriedenheit der Eltern nicht als deren Problem sehen können. Ein kleines Kind ist psychisch noch zu wenig getrennt von den Eltern, um zwischen deren Not und der eigenen unterscheiden zu können. Kinder können die Probleme ihrer Eltern nicht lösen. Doch noch schlimmer als der Umstand, dass die Großen unglücklich sind, ist für Kinder das eigene Gefühl der Ohnmacht und der Umstand, dass sie nicht so geliebt werden können, wie sie es verdienten. Welche Eltern können denn wirklich lieben, wenn sie ihr eigenes Leben nicht lieben!

Das ohnmächtige und sich wenig geliebt fühlende Kind entwirft aus sich das ihm einzig Machbare: ein böses und mächtiges Kind. Dieses Kind lebt leichter als sein Zwilling, das ungeliebte und schwache Kind.

Der Jugendstrafvollzug müsste viel mehr diese Tatsachen einbeziehen. Kinder und Jugendliche sind so lange »böse«, wie sie auf keine liebevollen Verhältnisse stoßen. Eine Schwierigkeit kommt allerdings dazu: ihre Abwehr der Tatsache, dass sie wenig Gutes bekommen haben. Manchmal behalten sie lieber ihre Zweit- oder Notidentität des bösen Jungen oder des bösen Mädchens, als erkennen zu müssen, wie wenig Achtung und Wertschätzung sie in ihrem jungen Leben bis jetzt erfahren haben. Das tut einfach weh.

Das Jugendstrafrecht misst den jugendlichen Täter an seinen Taten. Das ist zu wenig und nicht die ganze Wahrheit. Jeder jugendliche Täter hat eine Opferbiografie. Natürlich gehen seine Eltern nicht an die Öffentlichkeit und sagen, dass sie ihm – aus welchen Gründen auch immer – nicht das Gefühl haben geben können, ein wertvoller Mensch zu sein. Manchmal ist es einfach peinlich und beschämend, wie überrascht und entsetzt sich solche Eltern vor laufender Kamera geben. Meistens passiert dann übrigens eine Retraumatisierung: Die Eltern, die dem Kind nie richtig zugewandt waren, wenden sich nochmals ab, lassen das Kind, ihr Kind, wieder in den Brunnen fallen. Ein Vorgang, den ihr Kind kennt, sonst hätte es keinen anderen in den Brunnen geworfen. »Eigentlich verstehen wir das überhaupt nicht«, ist dann der Grundtenor dieser elterlichen Distanzierung. »Eigentlich ist uns dieses Kind fremd und unbekannt.« Wann erleben wir nachdenkliche, selbstkritische Eltern in solchen Situationen? Sicherlich, es sind auch für diese Eltern Extremsituationen. Doch die Sympathie der Zuschauer wäre ihnen gewiss. Man kann als Eltern nicht alles richtig machen. Doch man kann sich als Eltern untereinander in der Sorge verstehen, dass die Erziehung aus dem Ruder laufen könnte. Welche Eltern haben nicht zumindest einmal so einen sorgevollen Gedanken gehabt!

Jeder jugendliche Straftäter bräuchte einen Paten, der ihm bei der Bewältigung des Strafmaßes und bei der Resozialisierung zur Seite steht. Ich spreche bewusst nicht vom professionell geschulten Sozialarbeiter, sondern von einem Menschen, der sich für eine zeitlich begrenzte Patenschaft mit diesem einen Jugendlichen entschieden hat. Von Bedeutung ist hier die willentliche und persönliche Entscheidung für diesen Heranwachsenden, nicht die formale Zuteilung eines Sozialarbeiters. Ein Jugendlicher, der gerade noch am Jugendknast vorbeigeschrammt ist, hat knapp und nüchtern seine wöchentlichen Gespräche mit dem Sozialarbeiter beschrieben als »Job ... der macht halt seinen Job ... ich glaub nicht, dass der mich wirklich mag, na ja, der konnte mich ja auch nicht aussuchen ...« – »Wärst du denn gern ausgesucht worden?« Mit einem etwas verlegenen Lächeln meinte er – und ich fand seine Antwort ziemlich mutig: »Hätte nichts dagegen ...« – »Vielleicht möchtest du auch wissen, ob ich dich ausgesucht hätte? Ein klares Ja.«

Dieses klare Ja war in seinem Fall nicht allzu schwer. Es ist allerdings nicht immer so einfach. Manchmal gelingt die Therapie nicht so, dass ich sicher sein kann, dass er/sie nicht wieder abrutscht. Doch gerade dieser Jugendliche hat mir deutlich gemacht, wie wichtig die Erfahrung für einen jungen Menschen ist, gewollt und in diesem Leben willkommen zu sein. Wir Erwachsenen sollten immer im Hinterkopf behalten, dass solche sich selber ein Stück abhandengekommene Jugendlichen statt einer besseren Möglichkeit eine Straftat begangen haben, um auf sich aufmerksam zu machen. Bevor sie sich ganz verloren gehen, weil kein freundlicher Spiegel ihnen entgegengehalten wird, schlüpfen sie halt in das Kostüm des Dr. Jekyll. Immer noch besser, als gesichtslos dazustehen und ein Niemand zu sein. Oder ein Nichts, wie es Johnny Cash im großartigen autobiografischen Film *Walk the line* von seinem Vater wiederholt zu hören bekommt.

Außenseiter

Eltern kommen manchmal mit dem Wunsch in die Praxis, ihr Kind aus seiner Außenseiterrolle in der Schule zu befreien. Der Sohn oder die Tochter finde nicht so richtig Kontakt zu den Mitschülern, sei am liebsten für sich, es kämen kaum Anrufe von Mitschülern. Das Kind werde selten oder gar nicht zu Geburtstagen eingeladen.

Meistens haben diese Kinder Hobbys, welche sie mit anderen nicht teilen können oder höchstens mit nur einem Freund. Sie spielen, wenn es sich um Jungen handelt, meistens nicht Fußball, mögen auch den Sportunterricht nicht sonderlich, sind oft stille Wasser in den Augen der anderen. Die Mädchen machen weder Hip-Hop noch Videoclip-Dancing, interessieren sich nicht sonderlich für den neuesten Modeschrei, gehören eher zu den Leisen im Klassenverband. Diese Kinder lassen sich in keinen Mainstream einordnen. Sind es deswegen schon unglückliche und unzufriedene Kinder, die einer Therapie bedürfen?

Der Wunsch der Eltern, kein Außenseiterkind zu haben, ist legitim – wenn das Kind darunter leidet. Doch das tun diese Kinder bei Weitem nicht immer. Ihr Leiden beginnt erst, wenn sie das Gefühl bekommen, dass ihre Eltern darunter leiden. Manchmal sind solche Eltern auf der richtigen Spur mit ihrem Therapiewunsch, doch manchmal vermischen sie auch eigene Erfahrungen mit einer Außenseiterrolle mit dem selbst gewählten Anderssein ihres Kindes. Es ist oft schwer, als Außenstehender zu beurteilen, ob hier Handlungsbedarf besteht oder das Kind nicht eher von den Eltern in seiner Individualität unterstützt werden sollte.

Gefühlsmäßig neige ich eher dazu, auch bei Kindern dieselbe charakterliche Vielfalt zu erwarten und zu fördern, wie sie bei uns Erwachsenen ganz selbstverständlich besteht. Natürlich tun sich solche Kinder schwer im ersten Moment, wenn sich Mitschüler nicht für dieselben Inhalte begeistern wie sie selber. Bei Erwachsenen ist das doch genauso. Allerdings hat deren Toleranz dem Fremden gegenüber mit steigender Lebenserfahrung stetig zunehmen können.

Kinder suchen sich schon im Kindergarten zuerst einmal Freunde aus, die ihnen in der fremden Umgebung Vertrautes zu bieten haben. Die etwa auch liebend gern mit Barbiepuppen spielen oder aus Bauklötzen hohe Türme bauen wollen. Wenn die Sicherheit größer geworden ist, wagt sich der kleine Knirps schon mal an einen »ganz anderen« heran. Das sind dann die Freundschaften, bei welchen die Eltern sagen: »… erstaunlich, dass mein ruhiger Sohn sich gerade den wildesten Jungen ausgesucht hat!« Warum nicht, er will ja wachsen, dazulernen, seinen sozialen Radius erweitern. Sehr konsequent, dieser kleine Junge.

»Dass meine quirlige Tochter sich gerade dieses introvertierte Mädchen ausgesucht hat, komisch ...« Dieses introvertierte Mädchen kann vielleicht wunderbar Rollenspiele erfinden. Es könnte aber auch ganz einfach sein, dass es sich besser herumkommandieren lässt als eine Zweitausgabe der kleinen selbstbewussten Wirbelwind-Tochter!

Hier, in diesem Kleinkindalter, werden schon erste Weichen gestellt in Bezug auf Toleranz. Wenn der vom Kindergarten frisch inspirierte Sohnemann plötzlich Kung-Fu-Techniken bei der noch etwas kleineren Schwester anwenden will und die Eltern empört die fremden Kindergarteneinflüsse zurückweisen mit den Worten: »Das machen wir hier nicht, verstanden!«, statt Neugierde zu zeigen, dann kombiniert der kleine Sohn blitzschnell, dass Außenkontakte nur Ärger bringen. Natürlich ist die kleine Schwester nicht die geeignete Trainingspartnerin. Doch darauf können die Eltern ja ruhig hinweisen, *nachdem* sie sich den neu erworbenen »Schatz« ihres Sohnes haben zeigen lassen – am besten an sich selber. Eltern haben sehr schnell passende Kontakte für ihre Kinder im Blick. Kinder interessieren sich aber in der Regel nicht für die »passenden« Kontakte, sondern spüren selber recht gut, wen sie gerade brauchen.

Wiederholt beobachte ich die elterliche Unsicherheit, manchmal sogar Vorurteile, vieler deutscher Eltern gegenüber Spielgefährten ihrer Kinder mit Migrantenhintergrund. Um es klar zu sagen: Diese Kinder, die oft die deutsche Staatsbürgerschaft besitzen, sind genauso gute Freunde für deutschstämmige Kinder wie alle anderen auch. Diese Vorbehalte gegenüber Migrantenkindern sind nicht mehr das Problem unserer Kinder, sondern der jetzigen Elterngeneration. Unsere Kinder wachsen ganz selbstverständlich in einer multikulturellen Welt heran. Kindliche Gemeinschaften, in denen mehrere Nationen vereint sind und verschiedene Sprachen gesprochen werden, sind für sie nichts Ungewöhnliches mehr. Ihre Alltagswelt ist keine »rein« deutsche mehr, sondern sprachlich, ethnisch eine internationale Welt geworden. Eine sehr zielstrebige und ehrgeizige Mutter befürchtete, dass ihr kleiner Sohn, der im Kindergarten am liebsten mit einem japanischen Jungen spielte, »einmal Mühe haben könnte in der Schule, weil sein Freund ja wirklich nicht gut Deutsch spricht«. Eine andere Mutter, die ich als aufgeschlossen und differenziert schätzte, überraschte mich mit der Überlegung, ob sie ihre fünfjährige Tochter nicht in eine andere Spielgruppe geben solle, »damit sie nicht ständig mit diesem türkischen Mädchen rumhängt. Die sind halt schon sehr anders als wir, da wird nicht groß kommuniziert zu Hause, da sind die Kinder ziemlich sich selber überlassen, da läuft der Fernseher den ganzen Tag ...« Tatsache war, dass auch die Kindergartenleiterin den Eindruck hatte, dass dieses fantasievolle türkische Mädchen ihrer Tochter sehr guttat. Ein Gespräch mit der Erzieherin ergab – für mich nicht überraschend –, dass dieses Mädchen genau die Richtige war für meine kleine deutsche Patientin, die eher ängstlich und kontrolliert war und ihre Gefühle lieber verschloss als zeigte.

Ein Vater wiederum bemängelte, dass sein sechsjähriger Sohn ausgerechnet mit einem Jungen seine Freizeit verbrachte, der »gar nicht richtig Deutsch spricht ... Die reden ja nur Schweizerdeutsch zu Hause und ständig bringt mein Sohn irgendeinen Begriff nach Hause, den hier keiner versteht. Der andere Junge wird mal staunen, wenn die im Herbst in die Schule kommen!« Als ich ihm dann mit einem Schmunzeln gesagt habe, dass ich als Schweizerin doch auch Hochdeutsch gelernt hätte, war es ihm etwas peinlich, doch er war beruhigt.

Akademikereltern sehen ihre Kinder am liebsten mit anderen Akademikerkindern spielen. Künstlerisch begabte

Eltern bevorzugen am liebsten Freunde für ihre Kinder, die auch schon ein gewisses künstlerisches Flair mitbringen. Deutsche Eltern stressen ihre Kinder mit dem Übertritt aufs Gymnasium, damit »du in der Hauptschule nicht mit lauter Türken zusammen bist«. Das ist »Elterndenke«. Und einfach nicht mehr zeitgemäß. Was Eltern als negative Einflüsse zu erkennen glauben, beruht oft nur auf Vorurteilen und ist ein Relikt aus einer Zeit, in welcher multikulturelle Einflüsse noch nicht an der Tagesordnung waren. Unsere Kinder haben das begriffen, Eltern hinken da etwas hinter ihren Kindern her. Jugendliche chatten, wenn sie Spiele wie »World of Warcraft« oder »Eve« spielen, mit halb Europa. Sie treffen in Meetings, in welchen die Besten dieser Spieler ermittelt werden, auf die ganze Welt. Und das mit 18 Jahren.

Es sind nicht die Kinder, welche schon im Kindergarten anderen den Status eines Außenseiters geben. Es sind Eltern, welche mit den fremden Einflüssen, mit einer anderen Sozialisierung, mit einem anderen Wertesystem nicht immer gut zurechtkommen. Ihre Kinder sollten den eigenen Blick nicht schließen müssen, sondern die Eltern müssten den ihren weiten lernen.

Ich kann mich noch gut erinnern an meine Kindheit, als die italienischen Gastarbeiter in die Schweiz kamen, erwünscht und angeworben, doch nur als Gäste für ungastliche Arbeiten vorgesehen, die kein Schweizer machen wollte. Doch dann hat es ihnen in der Schweiz gefallen. Sie sind geblieben. Sie wollten plötzlich keine Gäste mehr sein, sondern Schweizer Staatsbürger. Überfremdungsinitiativen waren die Folge. Ein beschämendes Kapitel Schweizer Geschichte, das von Zeit zu Zeit wieder aufflammt. Leider schürt aktuell eine nationalistisch ausgerichtete Partei in der Schweiz wieder Ängste, das Land könnte überfremdet werden.

Auch meine Eltern fanden damals den Umgang mit italienischen Freundinnen nicht so passend für ihre Kinder.

Meistens waren diese Mädchen auch noch schlechte Schülerinnen. Damals ist genau hingeschaut worden, dass in Übertrittsklassen nicht zu viele italienische Schüler waren, damit das schulische Niveau nicht darunter zu leiden hatte. Für uns Kinder hatte der Kontakt mit diesen »Gastarbeiterkindern« immer etwas Geheimnisvolles und den Geruch des Verbotenen. Ich glaube inzwischen überhaupt nicht mehr an die Mär, dass diese Kinder »dümmer« waren als wir Schweizer Kinder. Sie hatten es nur viel schwerer. Sie wurden nicht aufgefordert von den Erwachsenen, ob Lehrer oder Eltern von Mitschülern, doch mal von ihrem Land zu erzählen, in ihrer Sprache zu sprechen, uns mit ihren Ritualen und Gewohnheiten in Berührung zu bringen.

Der wunderbare Film *Die Schweizermacher* mit Emil Steinberger lieferte vor gut 30 Jahren einen Eindruck davon, wie sehr sich diese Migranten anstrengen mussten, um sich der Schweizer Staatsbürgerschaft als würdig zu erweisen. Eine nicht aufgeräumte Wohnung, ein Abendessen, das nicht Punkt 18 Uhr auf dem Tisch stand, mitten im Tag spontane Festivitäten und Ausgelassenheit, Eheprobleme oder freizügige Bekleidung – alles Anlass für die zwei Schweizermacher, den Wunsch nach Einbürgerung sorgfältigst zu überdenken. Schließlich ging es bei der Einbürgerung ja um so etwas wie die Eintrittskarte ins Paradies. Und im Paradies wollte man nicht Krethi und Plethi haben, sondern seinesgleichen, also Wertkonservative mit einem ordentlichen Sümmchen auf dem Schweizer (Nummern-)Konto. Wenn der Begriff der doppelten Moral damals nicht schon existiert hätte – man hätte ihn erfinden müssen

Doppelte Moral begegnet uns auch hier in Deutschland im Umgang mit den Migrantenkindern. Ihnen wird oft vorgeworfen, vor allem den Jugendlichen, dass sie unter sich bleiben wollen. Ist es wirklich ein Wollen – oder nicht eher ein Müssen? Die Ehrlichkeit der Eltern ist mitunter erstaunlich, sagte mir doch ein Vater: »Mein Sohn war nicht der Schlechteste im Aufsatz, sein Freund war noch eine Note schlechter. Ja, und dann halt die Türken in der Klasse … aber das ist nicht relevant …« Ich fragte den Vater, wie viele türkische Kinder es denn in der Klasse gebe, einige davon seien sicherlich deutsche Kinder türkischen Ursprungs. Er antwortete wie aus der Pistole geschossen: »Sieben, allerdings ist ein Mädchen dabei, das sich mächtig anstrengt, die schreibt erstaunlicherweise sehr gute Aufsätze.« Den Namen des besten Freundes seines Sohnes kannte er damals nicht, doch wie viele Migranten in der Klasse sind, wusste er sofort.

Ich mache diesem Vater keinen Vorwurf. So deutliche Worte wie er benutzen wenige, doch viele Eltern denken genauso. Und Lehrer leider manchmal auch. Migrantenkinder sind nicht nur in der Schweiz der 1960er-Jahre nicht dümmer als die Mitschüler ohne Migrantenherkunft, sondern auch im Deutschland des 21. Jahrhunderts gibt es keine entsprechenden Unterschiede. Nur unsere Sicht auf diese Kinder ist eine andere. Wir trauen ihnen weniger zu. Und da tritt das Spiegelgesetz automatisch in Kraft: Wenn Erwachsene den Kindern wenig zutrauen, glauben die Kinder den Erwachsenen. Wenn wir glauben, dass es Migrantenkinder »einfach nicht so drauf haben« (so eine Jugendliche), dann werden sie in den seltensten Fällen den Teufel tun und uns das Gegenteil beweisen.

Außenseiterkinder haben es in der Kindheit schwerer als Kinder, die in ihren Interessen und in ihrem Verhalten der Mehrheit entgegenkommen. Doch wenn die Eltern so ein Außenseiterkind haben und es nicht ein früheres, nicht bewältigtes Außenseitertum eines Elternteils weitertragen soll, sollten es die Eltern unterstützen. Diese Kinder zeigen und entwickeln oft Spezialisierungen, die zwar in der Kindheit bei Gleichaltrigen Ratlosigkeit auslösen können, doch im Erwachsenenalter häufig Früchte tragen. Wenn hingegen eine

Minderheit ins Außenseitertum geschoben wird, damit die Schweizer sich nicht mit ihren eigenen Ungereimtheiten beschäftigen müssen oder Deutsche ihren individuellen Gegenwarts- oder Zukunftsängsten einen Namen geben können und eigene Selbstkritik so umgangen werden kann, wird's kritisch und etwas verlogen.

Sartre hat einmal davon gesprochen, dass »die Hölle die anderen sind«. Was andere auch immer sein mögen, sie sind nicht in unserer Reichweite, wenn es um persönliche Veränderung geht. Dass Deutschland ein multikulturelles Land geworden ist, ist ein Faktum. Und Fakten kann man nur mit Aufgeschlossenheit begegnen, nicht mit Verdrängung. Unsere Kinder geben uns die Richtung vor – wenn wir ihnen nachgehen und sie nicht auf einen Weg zurückbringen wollen, auf welchem der Linienverkehr schon eingestellt worden ist, weil die Gleise längst stillgelegt worden sind. In einigen Köpfen unserer Erwachsenengeneration fahren noch Züge mit »rein deutschen« Ausflugsklassen. In der Wirklichkeit schon lange nicht mehr.

Die fünf häufigsten Gründe, einen Kindertherapeuten aufzusuchen

Wir haben es bereits gesagt: Eltern können und müssen nicht alles richtig machen. Zur jahrelangen Erziehungsarbeit gehören auch Kinder, die phasenweise unzufrieden sind mit sich und den anderen, die Durchhänger haben, die einmal (!) das Klauen ausprobieren, die in der Grundschule oder davor andere Kinder mal verprügeln oder verprügelt werden, die auch nach dem vollendeten vierten Lebensjahr noch ab und zu ins Bett machen, die in einer familiären Stressphase mal einen Tick entwickeln, der mit Beendigung der familiären Anspannung wieder abklingt, die mal traurig und antriebslos wirken und »null Bock« haben, die mitunter hektisch und nervös agieren, deren Schulleistungen nicht immer ausgeglichen sind. Eltern müssen nicht immer auf der Höhe ihrer selbst gesetzten Erziehungsvorstellungen sein und dürfen sich als Erziehungsperson auch mal unzulänglich, entnervt und lustlos fühlen. Das sind alles noch keine Gründe, Kinder oder Jugendliche gleich in Therapie zu schicken. Viele dieser oben genannten Erscheinungsformen und Symptome heilt die Zeit.

Eine meiner Supervisorinnen in der Ausbildung zur psychoanalytischen Kinder- und Jugendlichentherapeutin hat mir vor vielen Jahren gesagt: »Entsetzlich, wenn Kinder keine Symptome haben dürfen und nur funktionieren müssen ...« Eine Aussage, die mich später immer wieder einmal dazu geführt hat, ein Kind *nicht* in Therapie zu nehmen, dessen Schulleistungen einer momentanen Schwankung unterworfen waren, weil die Familie gerade in einem Veränderungsprozess war, der ihr viel abverlangte, doch zu dessen Bewältigung die nötigen Ressourcen vorhanden zu sein schienen.

Nur wenn sich keine befruchtende Flut mehr einstellen will, die Familie oder das Kind emotional auszutrocknen droht oder, der umgekehrte Fall, wenn die Familie nur noch von ihren eigenen, nicht mehr kontrollierbaren oder destruktiven Gefühlen füreinander überflutet zu werden droht, dann muss gehandelt und eine Therapie in Angriff genommen werden. Wenn das Einnässen auch in der Grundschule nicht aufhört, ein Kind häufig gemobbt wird oder es andere verprügeln muss bei jeder erlittenen Kränkung, wenn das Kind regelmäßig einkotet oder den Unterricht mit seinen unkontrollierbaren Affekten lahmlegt, wenn Jugendliche nur noch herumhängen, jede Leistung verweigern und keine Freude und Begeisterung mehr aufbringen, sich mit nichts Positivem mehr identifizieren können, nur noch in ihrer Peergruppe abhängen, sich selber verletzen oder durch massive Ängste oder Zwänge in der Alltagsbewältigung behindert sind, dann erscheint eine Therapie notwendig.

Ich möchte auf den folgenden Seiten die Symptome darstellen, die Kinder und Jugendliche am häufigsten in meine Praxis führen. Die getroffene Auswahl an Symptomen spiegelt meinen Praxisalltag wider, doch sind es weitgehend auch die Symptome, mit denen die meisten psychoanalytischen Kinder- und Jugendlichentherapeuten aktuell zu tun haben, wobei jeder Therapeut aufgrund seiner eigenen Persönlichkeitsstruktur gewisse Präferenzen haben kann in der Auswahl seiner Patienten.

Die mit Fallbeispielen verbundenen Darlegungen sollen auch eine Hilfe für Eltern sein, um die ganz spezifische emotionale Verletzbarkeit ihres Kindes besser wahrnehmen und ihr konstruktiv entgegenwirken zu können, sodass sich der Gang zum Therapeuten vielleicht erübrigt. Denn, wie an anderer Stelle erwähnt: Eltern sind zu vielem in der Lage, auch dazu, ein günstigeres Erziehungsverhalten auf den Weg zu bringen. Manchmal genügt ein Anstoß und etwas gelassene und leise Nachdenklichkeit, um die eigenen Kinder besser wahrnehmen zu können.

ADHS

Das Krankheitsbild ADHS ist jedem psychoanalytischen Kinder- und Jugendlichentherapeuten aktuell so vertraut wie kaum eine andere Diagnose. Bereits beim telefonischen Erstkontakt benennen die Eltern das Leiden: »Unser Kind hat ADHS, hat der Lehrer gesagt, und wir sollen es mal mit einer Spieltherapie versuchen ...« ADHS, also die Aufmerksamkeitsdefizit-Hyperaktivitätsstörung, früher auch in ADS (Aufmerksamkeitsdefizitstörung) und HKS (Hyperkinetische Störung) unterschieden, ist die Modediagnose schlechthin. Lange herrschte die Meinung vor, dass hyperaktive Kinder an einer genetisch bedingten Hirnschädigung leiden, die einen Dopaminmangel verursacht. Um diesen Dopaminmangel beheben zu können, schien eine medikamentöse Behandlung und eine strukturierende Behandlung des unruhigen und unaufmerksamen Kindes auf verhaltenstherapeutischer Ebene angezeigt zu sein. Inzwischen weisen Forschungsergebnisse für eine gesunde Entwicklung unserer Kinder in eine ganz andere Richtung, nämlich dorthin, wo der »Faktor Beziehung von entscheidender Bedeutung ist«. (Bovensiepen/Hopf/Molitor 2002, S. 9)

Ein großes Anliegen dieses Buches ist es, immer wieder zu demonstrieren, wie sehr biochemische und psychische

Prozesse ineinandergreifen und einander gegenseitig beeinflussen. Unser Gehirn ist nicht einfach ein genetisch festgeschriebenes Organ, sondern von einer unerhörten Plastizität, was zwischenmenschliche Einflüsse und Erfahrungen anbelangt, und somit fähig zu Veränderungen. Die Antwort auf die Modediagnose ADHS muss somit nicht das Modemedikament Ritalin sein, weil es die wunderbaren Lernmöglichkeiten eines Kinderhirns zu wenig berücksichtigt. Die Pharmaindustrie und diejenigen Psychiater, welche ADHS nach wie vor als Ausdruck einer minimalen zerebralen Dysfunktion beschreiben und bevorzugt medikamentös behandeln, verleugnen die nachweisbaren zwischenmenschlichen Konflikte, wie sie in Familien mit einem ADHS-Kind zwar vorhanden, doch durchaus zu bewältigen sind.

Ich möchte hier einen Appell an die Eltern, Lehrer und Kinderärzte richten, nicht leichtfertig zu einer medikamentösen Lösung zu greifen oder eine solche zu empfehlen, umso mehr, als noch keine Langzeitstudien zu mit Ritalin behandelten Kindern vorliegen. Wie die hirnorganischen Veränderungen sich beim kindlichen Gehirn durch eine mehrjährige Medikamenteneinnahme des Psychopharmakums Ritalin auswirken, ist noch unklar, doch gibt es Anzeichen dafür, dass das Risiko, später am Parkinson-Syndrom zu erkranken, dadurch erhöht wird.

Auf der Frontseite der renommierten schweizerischen Tageszeitung *Tagesanzeiger* vom 25. Februar 2009 stand in großen Lettern: »Rätselhafter Boom von Ritalin – Politiker fordern Aufklärung«. In diesem Artikel wurde die besorgniserregende Zunahme von Ritalinverschreibungen kritisiert. Innnerhalb eines Jahrzehnts hätte sich der Schweizer Ritalinmarkt verachtfacht. Allein im Jahr 2008 hätte die Verschreibung von Ritalin, Medikenet und Concerta (alle auf dem Grundstoff Methylphenidat basierend) im Vergleich zum Vorjahr um 18 Prozent zugenommen! Kinderärzten und

Kinderpsychiatern wurde in diesem Artikel vorgeworfen, sich von der chemischen Industrie für Ritalinwerbung bezahlen zu lassen. Mehrere Parlamentarier forderten vom Bundesrat Auskunft darüber, warum dieses Medikament »so reißenden Absatz« finde. »Die schweizerische Heilmittelkontrolle Swissmedic geht davon aus, dass der Markt für diese starken Stimulanzien auch in Zukunft ungebrochen wachsen wird.« Hoffen wir es für unsere Kinder nicht, erlaube ich mir diesen bedenkenswerten Artikel zu kommentieren.

Ich habe eben selber etwas leichtfertig vor einem leichtfertigen Umgang der Eltern, Lehrer und Kinderärzte mit Ritalin gewarnt. Natürlich machen es sich die Eltern nicht leicht damit. Sie sind oft am Rand der Erschöpfung, sehen sich unter Druck von schulischer Seite, haben nicht selten sogar eine Nahrungsumstellung für das betroffene Kind vorgenommen – ohne Erfolg. Von daher verstehe ich, dass Eltern oft zu diesem vermeintlich letzten Strohhalm greifen.

ADHS – eine Maske

Evelyn Heinemann und Hans Hopf sprechen von der »Maskierung der Hyperaktivität als hirnorganisches Leiden«. (Heinemann/Hopf 2008, S. 152) Ich verwende in meiner Praxis selten die Diagnose ADHS, weil mir andere Zusammenhänge in der Psychodynamik deutlich mehr imponieren und mich schließlich auch zu anderen Diagnosen führen. Die Diagnose ADHS ist einfach sehr populär.

Um es vorwegzunehmen: Motorisch unruhige und konzentrationsgestörte Kinder, betroffen sind übrigens viermal so häufig Jungen, haben immer Grund zu diesem Verhalten. In ihrem direkten Umfeld Familie, Schule und Freundeskreis gibt es Dinge, die sie in ihrer Aufmerksamkeit ablenken und ihren motorischen Bewegungsdrang auslösen. Häufig begegnen mir Kinder mit kürzerer oder längerer

Trennungs- und Verlusterfahrung, die sie altersbedingt nicht mit Trauer oder Sprache bewältigen, sondern mit heftiger Ablenkung und Reizsuche abwehren müssen.

Auffällig oft finden wir alleinerziehende Mütter oder psychisch wenig präsente Väter, die den Jungen wenig Hilfestellung geben bei der notwendigen Ablösung von der Mutter. Der übergroßen emotionalen Nähe zur Mutter wird dann durch heftige motorische Unruhe und Betriebsamkeit zu entkommen versucht – ein Umstand, der es diesen Müttern auch schwer macht, ihren Sohn bei den Hausaufgaben zu unterstützen. Oft beschreiben mir Mütter, wie ihre Söhne bei den Hausaufgaben kaum still sitzen können und nur ein flüchtiges Auge auf die Aufgabenstellung werfen. Wenn sie diese lesen sollen, fällt zufällig der Stift runter, kippt plötzlich der Stuhl um. Eine Mutter bringt das gut auf den Punkt:»Mein Sohn benimmt sich wie ein gejagtes Tier ... ich versuch Ruhe reinzubringen, er verbreitet in null Komma nix eine Unruhe, die mich sofort auch erfasst, obwohl ich mich mit dem Vorsatz hingesetzt habe, mich dieses Mal nicht aus der Ruhe bringen zu lassen.«

Häufig finden wir in der Lebensgeschichte solcher Kinder unsichere Bindungsmuster. Der Bindungsforscher Karl Heinz Brisch spricht von einem desorganisierten beziehungsweise desorientierten Bindungsmuster, wie es durch traumabedingte Interaktionen in der frühen Mutter-Kind-Beziehung entstehen kann. Die Mutter kann durch eigene mangelhafte Spiegelungserfahrung in ihrer Kindheit das eigene Kind nur ungenügend spiegeln und in seinen Affekten und Gefühlen»halten«. Sie reagiert auf sein Schreien oder seine Wut mit Distanzierung oder eigener Wut und hinterlässt im Kleinkind ein Gefühl der Leere oder Bedrohung. Solche Beziehungserfahrungen führen das Kind, sobald es laufen kann, zu einem motorischen Abreagieren und zu einer inneren Unruhe. Wenn auch der Vater bei heftigen emotionalen Erfahrungen seines Sohnes nicht haltend reagieren kann, sondern ebenfalls ausrastet, sich abwendet oder physisch gar nicht vorhanden ist, wird im motorischen Agieren eine erfolgreiche Angstabwehr gefunden und etabliert. Im ADHS-Syndrom erkennen wir also eine Maskierung von Angst und instabilen Bindungserfahrungen. ADHS ist somit keine unheimliche und nicht benennbare hirnorganische Störung, die einige Kinder befällt und andere nicht, sondern ein erfolgreich etablierter Schutzschild vor Zuständen innerer Leere und Selbstbedrohung. ADHS-Kinder laufen vor einem Ort weg, an dem sie noch nicht so richtig angekommen sind: einem geschützten, geborgenen Selbst. Wenn wir uns die Familiendynamik genauer anschauen, entdecken wir oft bei einem der Elternteile oder auch beiden dieselben Abwehrschilde. Da es sich bei ihnen aber um Erwachsene handelt, die sich weitaus besser selbst organisieren können, fällt uns da oft nur eine große Aktivität und Betriebsamkeit auf, die allerdings auch Zustände von Erschöpfung oder Somatisierung kennt.

Auch bei dieser Diagnose geht es nicht um eine Demaskierung elterlicher Unfähigkeit, sondern um ein Verstehen zwischenmenschlicher Wechselwirkungen, die – das ist die große Chance einer psychoanalytischen Spieltherapie – nachhaltig korrigierbar sind. Allerdings braucht es von elterlicher Seite her die Bereitschaft und das Vertrauen, an alternativen Beziehungsmustern arbeiten zu können und keine schnelle Lösung herbeizaubern zu wollen.

Sebastian oder: Die Maske des »todesmutigen« Kerls

Der achtjährige Sebastian kommt auf Wunsch seiner Lehrerin in meine Praxis. Diese hat den erschütterten Eltern eine Schule für verhaltensgestörte Kinder vorgeschlagen oder eine Ritalinbehandlung verlangt. Die Eltern lehnen beides ab und dringen bei mir darauf, »dass es aber schnell gehen muss, die Lehrerin hat gesagt, sie sei am Ende mit ihrer Geduld«. Und, wie die Eltern zögernd zugeben, sie ebenfalls. Nach einem umfassenden Schuleignungstest, den die Eltern auf Anraten der Kindergärtnerin haben durchführen lassen, weil Sebastian schon im Kindergarten durch Störaktionen, schnelle Kränkbarkeit und wenig soziales Verhalten aufgefallen ist, bescheinigen die Testergebnisse eine gute Intelligenz, doch schwache soziale Kompetenz. In der Schule verstärken sich Sebastians soziale Auffälligkeiten: Er kann nicht still sitzen, ist schnell bei jeder Rauferei dabei oder – so die Sicht der Lehrerin – löst sie aus, steht auf, wenn er sich langweilt, spielt den Klassenclown, vergisst die Schulhefte zu Hause, macht die falschen Hausaufgaben usw.

In der ersten Therapiestunde zeigt er mir gleich, was er »so drauf hat«. Nach zehnminütigem Stillehalten (was ihm ein Kompliment des Vaters einträgt: »Du bist ja mustergültig heute!«) entdeckt er das offene Fenster und klettert auf das Sims mit den Worten: »Ich bin nämlich todesmutig ... ich kann hier rausspringen.« – »Ohne Zweifel, wenn ich dich lassen würde, tue ich aber nicht.« Ich hebe ihn unter lautem Protest seinerseits runter und schließe das Fenster. Das Fenster befindet sich im Erdgeschoß. Seine Eltern schauen ihn genervt an und der Vater meint in resigniertem Ton: »So läuft's ständig.« Und die Mutter: »Es ist der Wahnsinn ... doch er tut mir auch leid, er ist ja intelligent.« Ich sage zu Sebastian gewandt: »Deiner Mutter tut es leid, wenn ich sie richtig verstanden habe, dass du gar nicht zeigen kannst, wie intelligent du bist, da du ja todesmutig sein musst. Hier bekommen auch Kinder einen Platz, die nicht so todesmutig sind.« Sebastian: »Wie muss man denn hier sein?«

Die Therapie mit Sebastian hat zwei Jahre gedauert. Er hat mich noch oft geprüft, mir noch einige Kostproben seines todesmutigen Verhaltens gegeben. Doch es war eben nur sein

Verhalten, das er sich zum Schutz vor Verletzungen von klein auf zugelegt und antrainiert hatte. Er war nicht wirklich so, er spielte – allerdings sehr gekonnt und manchmal täuschend echt – einen Jungen, der sich vor nichts fürchtet, nur vor Stille, vor Verweilen bei einem Spiel, vor Abgelehntwerden, vor Platzverlust.

Einmal musste ich eine Stunde verlegen, seine Donnerstagsstunde, und gab ihm eine Stunde am Freitag. So war es auch mit seiner Mutter besprochen. Doch am Donnerstag kam er mit seiner Mutter zur gewohnten Stunde und ich war nicht da. Am Abend rief mich seine Mutter ganz aufgelöst an, Sebastian sei fast am Durchdrehen zu Hause. Er weine, sei ganz enttäuscht von mir. Er habe ihr drei Stunden vor seiner gewohnten Therapiestunde gesagt, ich hätte ihm in der Dienstagsstunde gesagt, es sei falsch, dass er am Donnerstag nicht kommen könne, es sei so wie immer. Diese Reaktion hat den Eltern erstmals im ganzen Umfang deutlich werden lassen, wie sehr ihr Sohn auf eine konstante Bindung angewiesen ist, wie viel ihm seine Eltern und ihr verlässlicher, aufmerksamer Umgang mit ihm bedeuten. Sie haben zunehmend besser begriffen, dass hinter der Maske des todesmutigen Kerls, die er mit so viel Getöse und Aktion glaubte aufrechterhalten zu müssen, ein liebesbedürftiger, sensibler und nach positiver Aufmerksamkeit heischender Junge hervorschaut, wenn auch längere Zeit noch etwas verschämt.

Hier eine notwendige Anmerkung zum Therapiegeschehen: Liebe und Zuneigung, wie sie im Laufe einer Therapie auf den Therapeuten übertragen werden, gelten zwischenzeitlich tatsächlich auch dem Therapeuten, doch vor allem und in erster Linie den Eltern. Therapeuten sollten das nie außer Acht lassen. Sie sind nur eine Zwischenstation im Leben der Patienten und ein Objekt, das sich für die Erfahrungen, welche das Kind machen muss, um sich weiterentwickeln zu können, zur Verfügung stellt und von diesem

Kind (und ebenso den Eltern) im positiven Sinne benutzen lässt. Eine gute und fundierte professionelle Ausbildung sorgt dafür, dass es da nicht zu »Verwechslungen« kommt im Sinne von »Das Kind liebt die Therapeutin, weil es seine Eltern nicht lieben kann oder weil die Eltern es nicht lieben«. Es gibt kaum Eltern, die nicht bereit sind, ihr Kind angemessen zu lieben und dafür auch innere und äußere Lebensumstände zu korrigieren. Doch mitunter führt der Weg dahin über die Zuneigung und Liebe des Therapeuten zu diesen Eltern, die an ihrer Liebesfähigkeit zweifeln und ebenfalls eine Maske tragen – weil auch ihr Liebeshunger nicht immer ausreichend genährt worden ist. Auch Eltern greifen zu den Masken der Ungeduld, der Distanzierung, der hektischen Suche nach beruflicher Bestätigung, der Sicherheit einer finanziellen Geborgenheit in Ermangelung einer psychischen Geborgenheit.

Lernstörungen

Es gibt inzwischen kaum noch Zweifel unter Lernpädagogen, Neurobiologen, Kognitionsforschern und Psychotherapeuten, dass zwischen der emotionalen Entwicklung des Kindes und seiner Lernfähigkeit ein direkter Zusammenhang besteht. Die lange Zeit geführte Debatte, ob die Entwicklung des Menschen durch seine Gene oder durch die soziale Umwelt bestimmt sei, gehört der Vergangenheit an. Die seit einigen Jahren vorliegenden und ständig weiter präzisierten Erkenntnisse der Neurobiologie und Neuropsychologie haben dabei eine entscheidende Rolle gespielt. Es herrscht kaum noch Unstimmigkeit darüber, dass die Gene durchaus eine Rolle spielen bei den potenziellen Fähigkeiten des Einzelnen, doch dass die Entfaltung der im Gehirn angelegten Möglichkeiten ganz entscheidend von zwischenmenschlichen Erfahrungen in der frühen Kindheit abhängig sind.

»Die Fähigkeit zum Lernen entwickelt (sich) in einem seelisch-körperlichen Bildungsprozess, der von Geburt an bestimmt wird durch die Interaktionserfahrungen des Kindes mit der Umwelt.« (Dammasch/Katzenbach 2004, S. 10) Die kindliche Entwicklung und die Lernfähigkeit entfalten sich also in einem Wechselspiel zwischen Mutter/Vater und Kind, das vonseiten der Mutter in einem genügend guten emotionalen Spiegeln, Antworten und Halten des Kleinkindes besteht. Wenn die Eltern in der Lage sind, sich in die inneren Zustände ihres Kindes emotional hineinzuversetzen und entsprechend zu reagieren, auf die positiven Gefühlsäußerungen des Kindes auch positiv spiegelnd zu antworten und die ängstigenden Gefühle des Kindes zu mildern und ihm »verdaut« zurückzugeben, so verinnerlicht das Kind diese Erfahrungen und wird fähig, über sich und andere nachzudenken: ohne lähmende Angst und ohne hinderliche Denkbarrieren und, so muss man hinzufügen, mit Neugierde auf und Lust an neuen Erfahrungen.

Es ist nicht so, dass nur die Mutter als erste relevante Betreuungsfigur und Nährstation einen großen Anteil an dem sich entwickelnden Lernvermögen des Kindes hat. Auch der Vater hat großen Einfluss bei der Strukturierung der Lernprozesse seines Kindes. Frank Dammasch und Dieter Katzenbach sprechen von der dreifachen Funktion des Vaters: »... als symbolischer Vater in der Innenwelt der Mutter, dem aktiv spielenden und verstehenden Vater in der frühen Entwicklung und dem ödipal begrenzenden und zur Identifizierung einladenden Vater«. (Dammasch/Katzenbach 2004, S. 11) Die Autoren können in ihrer Auffassung nur bestätigt werden, dass Störungen in der frühen Kindheit den Denk- und Lernapparat des Kindes strukturell beschädigen. Mögliche Störungen in der frühen Entwicklungsphase des Kindes können durch mangelnde Fähigkeit zur Affektregulierung zuerst der Mutter, später des Vaters und beider Elternteile entstehen. Der Grund dafür können traumatische Ereignisse wie der Verlust oder Tod einer elterlichen Betreuungsfigur oder eine äußerst konflikthafte Paarbeziehung sein, was zur Folge hat, dass die Eltern zu sehr miteinander beschäftigt sind.

Kinder, die sich in diesem Störungsfeld aufhalten, finden nur schwer zum Spiel. Das Spiel ist jedoch die erste, von der direkten körperlichen Anwesenheit der Eltern abgelöste Symbolhandlung. Dort findet die erste Inszenierung seiner gemachten und verinnerlichten Erfahrungen mit Eltern und Welt statt. Das Spiel ist ein, wie Donald W. Winnicott es genannt hat, erster Übergangsraum von der Zweipersonenwelt Mutter – Baby in die Dreipersonenwelt Vater – Mutter – Kleinkind und schließlich vieler Menschen, wie sie dem Kind dann im Kindergarten und der Schule begegnen werden. Das Spiel erlaubt dem Kind eine erste Symbolisierung. Es greift nach der Kasperlfigur Hexe, wenn die Mutter es mit einem Nein geärgert hat, und fordert das Krokodil auf, die Hexe zu fressen. Diese symbolische Spielfähigkeit ist der Nährboden für die eigentliche Symbolisierungsfähigkeit, den Einsatz der Sprache. Wenn ein Kind das erste Mal eine Puppe in die Hand nimmt und diese Puppe »Mama« nennt, hat es eine Beziehungswelt verlassen, in welcher die Mutter noch konkret da sein muss, und sich mit einem Symbol für die Mutter ausgestattet. Die Mutter kann ja nicht immer da sein, was einen großen, bedeutsamen Entwicklungsschritt erfordert. Dammasch/Katzenbach betonen, dass die Sprache in »ihrer Funktion als Medium symbolischer Interaktion« nur Bedeutung gewinnen kann, wenn das Kind davor die Erfahrung hat machen können, dass seine »inneren Zustände und emotionalen Befindlichkeiten« (Dammasch/Katzenbach 2004, S. 11) in der Beziehung zu den Eltern Bedeutung bekommen haben.

Legasthenie

Legasthenie stellt eine seelische Erkrankung dar. Sie ist im eigentlichen Sinne eine Symbolbildungsstörung, die auf konflikthaft verarbeitete und verinnerlichte Beziehungserfahrungen zurückzuführen ist. Diese Symbolbildungsstörung ist der Grund für die Lese-Rechtschreib-Schwäche.

Zu den Lernstörungen wird auch die Dyskalkulie (Rechenstörung) gezählt. Auch sie ist wie die Legasthenie eine Entwicklungsstörung schulischer Fertigkeiten. Dass ich mich hier ausschließlich auf die Legasthenie konzentriere, erklärt sich aus dem Umstand, dass Eltern ihre Kinder so gut wie nie wegen Dyskalkulie in der Praxis anmelden. Dyskalkulie gehört im hier gewählten Rahmen somit nicht zu den fünf häufigsten Störungen. Auch scheint sie sowohl von Eltern wie Lehrern als viel weniger behandlungsbedürftig eingeordnet zu werden als die Lese-Rechtschreib-Schwäche. Schlechte Noten in Mathematik werden in der sozialen Bewertung anders interpretiert als eine offenkundige Lese-Rechtschreib-Schwäche. Die Haltung eines Vaters kann hier für viele stehen: »In Mathe ist meine Tochter halt die gleiche Niete, wie ich es war. Solange sie in anderen Fächern gut ist ...« Hinzu kommt, dass Rechenstörungen viel weniger untersucht worden sind bezüglich Entstehung und Auswirkungen als Lese- und Rechtschreib-Störungen, weil sie offensichtlich im sozialen Kontext weniger greifbare und direkte Auswirkungen haben.

Wie weiter oben schon erwähnt, lässt sich die Vorstellung, dass es sich bei der Lese-Rechtschreib-Schwäche um eine Teilleistungsstörung auditativer und visueller Art als Folge einer minimalen zerebralen Dysfunktion handelt, aufgrund neurophysiologischer Erkenntnisse kaum mehr halten. Trotzdem wird Legasthenikern nach wie vor in psychologischen Testverfahren bescheinigt, an einem defizitären Persönlichkeitsmerkmal zu leiden. Immer wieder kommen

Eltern in die Praxis mit der fertigen Diagnose: »Unser Kind hat Legasthenie, die Tests haben es eindeutig bestätigt«. So auch die Eltern von Alex, den ich weiter unten näher vorstellen möchte. Ein Junge übrigens, der bei diesen Testverfahren, die er jedes Jahr über sich ergehen lassen musste, nach eigenen Worten »nie ganz da war«. Er hatte bei diesen Tests »einfach Angst, genauso wie in der Schule bei schriftlichen Arbeiten«. Der Zusammenhang zwischen der emotionalen Befindlichkeit und der Lernfähigkeit wird gerade in Testsituationen leider immer wieder übersehen, so wie überhaupt zu wenig wahrgenommen wird, dass das Gehirn enorme plastische Fähigkeiten birgt, mit denen es auf neue emotionale Erfahrungen neu reagieren kann.

Es ist bei fast allen Legasthenikern zu vermuten, dass Verhaltensauffälligkeiten bereits vor der Einschulung existiert haben, doch von den Eltern oder Betreuungspersonen im Kindergarten als nicht relevant eingeschätzt worden sind. Meistens wird den Eltern dann nach einer diagnostisch bestätigten Legasthenie Logopädie empfohlen. Die Kinder erfahren mit diesem übenden Verfahren Zuwendung und Hilfestellung. Trotzdem können solche Verfahren nur selten die Legasthenie beheben, weil sie Ausdruck einer Individuationsstörung ist und ihr auslösendes Moment lange zurückliegt. Dieses hat zum einen zu tun mit einer sehr komplexen, nicht gelungenen Ablösung von den nächsten Bezugspersonen und zum anderen damit, dass die Sprache als Instrument zur Darstellung subjektiver und objektiver Bedürfnisse nicht lustvoll und mit Freude entdeckt werden konnte.

Bevor ich Alex näher vorstelle, möchte ich ihn und noch zwei andere Kinder kurz zu Wort kommen lassen, die in der Therapie viel Hilfreiches gezeigt und gesagt haben.

Marielle, ein Mädchen, das sich lange Zeit geweigert hatte, mit anderen Erwachsenen außer den Eltern und den Lehrern zu sprechen, meinte gegen Ende der Therapie zu mir:

»Es ist doch gut, dass ich spreche. Jetzt kann ich selber sagen, was ich will. Vorher hast du es immer erraten müssen, und wenn du es nicht richtig erraten hast, konnte ich ja nichts tun und nur warten.« Alex, ein diagnostizierter Legastheniker, der sich bis in die 3. Klasse geweigert hatte, lesen zu lernen, sagte: »Was da in den Lesebüchern drinsteht, find ich langweilig, da steht ja nichts über mich drin ...« (!) Und Luc, ein elfjähriger Junge mit großen Rechtschreibproblemen: »Ich mag halt, wenn man sich direkt mit mir beschäftigt. Dann hab ich keine Zeit, ja also irgendwie Angst, so viele Gedanken zu bekommen ... Wenn ich schreibe, kann ich ja nicht mit einem anderen reden, beim Schreiben bin ich allein. Es ist dann auch so still im Klassenzimmer und zu Hause bei den Hausaufgaben.«

Alex – ein kluger Regelbrecher

Alex' Eltern entschlossen sich, ihren achtjährigen Sohn in Therapie zu geben, nachdem sie mit ihm zu Hause einen aufs Heftigste ausgetragenen mehrjährigen verzweifelten Kampf ums Lesenlernen geführt hatten. Nachdem er die 2. Klasse wiederholen musste, weil er immer noch »eine verdammte Ewigkeit« brauchte (so sein Vater), um wenige Zeilen zu entziffern, und seine Mutter trotz Legasthenie-Nachweis und Förderunterricht keine Aussicht auf Besserung sah und nicht mehr wusste, »ob ich heulen oder ihn anschreien soll«, entschlossen sich die Eltern, auch auf Drängen der aufmerksamen neuen Zweitklasslehrerin, zu einer Spieltherapie für ihren Sohn. Der Lehrerin war schon recht bald aufgefallen, dass das Leseverhalten von Alex so wenig zu dem wortgewandten und – wie sie deutlich erkannte – intelligenten und im sozialen Kontakt eher aggressiven und »sehr egoistischen« Jungen passen wollte.

Alex selber, ein aufgeweckter und erzählfreudiger Junge, der mich mit seiner offensiven und humorvollen Kontaktaufnahme, »ui, jetzt wird's aber ernst, wenn ich zu Ihnen muss«, gleich zum Schmunzeln brachte, hatte überhaupt kein Problem mit seiner Legasthenie – nur mit dem angedrohten Sitzenbleiben. In der 20. Stunde vertraute er mir an, dass »es ganz praktisch ist mit der Legasthenie: Ich krieg das Diktat nochmals vorgelesen und Fehler kann ich auch machen, so viel ich will, jetzt lachen die (Mitschüler) auch nicht mehr blöd wie in der letzten Klasse, die wissen, sonst gibt es Ärger«.

Die Stunden davor laufen nach dem weitgehend gleichen Schema ab: Er will ununterbrochen kämpfen (boxen, mit Schaumstoffschlägern fechten) oder, wenn ich nicht mehr kann, Regelspiele machen, wobei er sich in keinster Weise an die Regeln zu halten verpflichtet sieht. »Regeln sind doof, was für Babys.« Diese Bemerkung kommt in einer so herablassenden Art, dass ich mich hinreißen lasse zu sagen: »Babys kennen noch gar keine Regeln!« Seine Miene verdüstert sich sogleich und er schmeißt meine Figur aus dem Spiel mit den Worten: »Die ist zu weit vorn.« Ich spüre schlagartig, dass ich ihn in seiner Größenfantasie, dass er sich nicht an Regeln zu halten hat, weil er doch so mächtig ist, ziemlich gekränkt habe. Ich war zu weit vorn. Er zeigt mir, dass er noch keinen Zugang findet zu sozial verbindlichen Spiel- und Beziehungsregeln.

Sein anfänglicher Charme ist in der Zwischenzeit gänzlich verflogen und einer eher vorsichtig-misstrauischen Haltung mir gegenüber gewichen. Mir fällt wiederholt sein Begrüßungssatz ein: »Jetzt wird's ernst.« Auch ich schmunzle inzwischen nicht mehr und spüre, wie hinter seinem wortreichen Erzählen über Urlaub (»Ich schwimm ja besser als ein Hai«), Streit mit anderen Jungen (»Ich bin jedem überlegen«), Heldentaten (»Ich bin der Schnellste im Rennen ... hab alle stehen lassen«) ein Vermeiden von Kontakt und Beziehung steckt. Das Einzige, was er mir deutlich vermitteln kann, ist sein Wunsch, dass ich ihn genauso großartig erlebe wie er selbst. Als er mich beim Boxen, entgegen den Spielregeln, schmerzhaft am Bauch trifft, meint er völlig ungerührt: »Ich wusste es ja, ich hab wahnsinnig viel Kraft.« – »Ja, das stimmt, du hast wirklich viel Kraft, dein Schlag hat aber ziemlich wehgetan. Ich frag mich jetzt gerade, ob du selber auch spüren darfst, wenn dir was wehtut ...« Er schaut mich überrascht an, fällt aus der Fassung. »Warum sollte mir was wehtun?« – »Du hast doch erzählt, wie die anderen in der letzten Klasse gelacht haben, wenn du nicht lesen konntest .... so was tut doch weh, oder, wenn andere einen auslachen?« Ich habe das erste Mal das Gefühl, dass er mich wahrnimmt, mich hört.

In die nächste Stunde kommt er mit einem Pflaster an der Stirn. Er habe einen Streit gehabt, ein anderer Junge (»Nein, kein Freund, ich hab keine Freunde«) habe ihn umgestoßen auf dem Schulhof, er sei mit der Stirn »knallhart« aufgeschlagen, sie habe geblutet. »Du Armer, tut's noch weh?« – »Jetzt nicht mehr, der Felix ist ganz schön erschrocken, hat sich bei mir dann entschuldigt, weil Frau W. (die Lehrerin) es wollte.« – »Ja, dem hat's richtig leidgetan, dass er dir Schmerzen zugefügt hat.« Ein paar Stunden später will er wieder boxen. Er erwischt mich an der Stirn, ich schreie spontan: »Aua, das hat wehgetan ...« Bevor ich was sagen kann, meint er verlegen: »Das war gegen die Regel ... das ist ein Punkt für dich, jetzt steht's fünf zu fünf.« – »Weißt du, dass du dich das erste Mal an eine Regel hältst und nicht mehr so tust, als ob Regeln nichts mit dir zu tun haben? So wie du ja bisher geglaubt hast, dass alle anderen Kinder sich dran halten müssen, lesen zu lernen, nur du nicht.« Ein Dreivierteljahr später und wenige Monate vor Ende der Therapie liest Alex, wie mir seine Eltern voller Freude berichten, »wie die anderen in seiner Klasse«.

Wie sich im Laufe der Therapie herausstellte, hatte seine Mutter nach der Geburt von Alex eine Kindbettdepression gehabt, die über mehrere Monate anhielt. Sie hatte vor Alex eine Totgeburt erlitten (was sie im anamnestischen Gespräch »vergessen« hatte zu erwähnen) und war gleich wieder schwanger geworden. »Hab damals geglaubt, ich hätte das bewältigt, doch wie Alex dann da war, war ich irgendwie weg, er war mir gleichgültig.« Ihr Mann konnte in einem sehr anrührenden Elterngespräch mein Gefühl bestätigen, dass er unbewusst Alex die Schuld am schlechten Zustand seiner Frau gegeben hatte: »Ich hab mich kaum um ihn gekümmert.« Alex hatte also keine empathischen Eltern gehabt, die sich auf seine inneren Gefühlszustände hätten einschwingen können, die ihm ein Gefühl von Bedeutung und Wirkmächtigkeit vermittelt hätten. So wie sie seine Gefühle nicht lesen konnten, so war auch sein intellektueller Anreiz gering, die Gefühle anderer lesen und interpretieren zu lernen. Er blieb in einer Gefühlsisolierung und emotionalen Einsamkeit gefangen, die er mit Größenfantasien notdürftig auffüllte und ständig bestätigt haben wollte durch andere. Wenn andere mit ihm zusammenstießen, konnte er sich und andere zumindest im körperlichen Aufprall spüren. Dann existierte er. Jeder Regelverstoß sicherte ihm Kontakt. Denn Regelverstöße lässt sich die Umwelt nicht gefallen.

Seine Leseschwäche war nur die symbolische Umsetzung seiner nicht erfahrenen und nur in Ansätzen verinnerlichten Beziehungsmuster, die man so darstellen könnte: Man interessiert sich nicht für mich, also interessiere ich mich auch nicht für andere. Warum soll ich mich für die kulturellen Produkte, Worte, Sprache, Spielregeln anderer begeistern? Alex' Lernfähigkeit war in diesem Klima von Gleichgültigkeit und mangelnder Spiegelung nicht zur Entfaltung gekommen. Er sagte: »Was da in den Lesebüchern drinsteht, find ich langweilig, da steht ja nichts über mich drin.«

So ist ein seltsam wirkender Satz sowohl für mich, seine Therapeutin, wie auch für die Eltern und seine Lehrerin allmählich, im Laufe von zwei Jahren, lesbar geworden. Wir alle zusammen haben Alex gezeigt, wie wichtig es für uns ist, ihn und seine Gefühle lesen zu lernen – und er hat mit einer erstmals empfundenen Freude am Lesen geantwortet. Nicht nur die Eltern, auch seine Zweitklasslehrerin und die nachfolgende Lehrerin haben ihm viel »Lesebereitschaft« bezüglich seiner Gefühle entgegengebracht.

Einnässen

Von Einnässen (Enuresis) wird gesprochen, wenn ein Kind nach Vollendung des vierten Lebensjahres im Schlaf noch bettnässt. Das nicht organische Einnässen (und das ist meistens der Fall – organisches Einnässen kommt nur ganz selten vor) ist eine psychosomatische Krankheit, der meistens eine Entwicklungsstörung zugrunde liegt. Es tritt vorwiegend als nächtliches Einnässen, aber auch als Einnässen am Tag auf. Manchmal ist auch beides zusammen möglich. Zudem wird unterschieden zwischen dem primären (das Kind ist nie trocken gewesen) und dem sekundären Einnässen (das Kind war schon einmal trocken und verliert dann wieder die Fähigkeit zur Harnkontrolle).

Enuresis kommt in der psychoanalytischen Kinderpraxis am häufigsten vor und zählt zu einer der am meisten verbreiteten psychosomatischen Erkrankungen im Kindesalter. In der Altersgruppe der Fünfjährigen sind etwa 10 bis 20 Prozent betroffen, bei den Zehnjährigen drei bis fünf und bei den 12- bis 14-Jährigen noch zwei Prozent (Heinemann/ Hopf 2008, S. 219).

Einnässenden Kindern wird die Loslösung von den Müttern oft erschwert. »Die anale Selbstkontrolle steht prototypisch für die Loslösung und Individuation des Kindes aus der symbiotischen Beziehung zur Mutter. Eine rigide, enge symbiotische Verwöhnung der Kinder schwächt diese in ihrem Streben nach Autonomie.« (Heinemann/Hopf 2008, S. 222) In Familien einnässender Kinder beobachten wir oft eine überkontrollierende und nicht angemessene Einmischung der Eltern auf die Triebbedürfnisse des Kindes. Die aus purer Not oft angewandte Klingelmatratze und Klingelhose oder die von der Verhaltenstherapie empfohlenen Wochenpläne mit genauen Aufzeichnungen jedes Toilettengangs sind ein Ausdruck dieser Kontrollvorgänge, denen sich ein einnässendes Kind oft ohne Protest unterwirft. Dieser Protest gegen die Überwachung seiner intimen urethralen Bedürfnisse zeigt sich dann beim Kind allerdings in einer ambivalenten Beziehung zur Mutter: Es klammert an ihr und behandelt sie gleichzeitig schlecht. Es entsteht eine sadomasochistische Beziehung, die eine Mutter mit den treffenden Worten beschreibt:»Er will, dass ich überallhin mitgehe, und dann ist er mir böse, dass ich dabei bin, ist gereizt und schlecht gelaunt, herrscht mich an vor anderen und spielt aber nicht mit dem anderen Kind.«

Die Eltern spüren, dass ihr einnässendes Kind gewisse Entwicklungsschritte verweigert, sich kleiner macht, als es vom Alter her ist. Und das macht sie unruhig und gereizt, was das Kind wiederum als eigenes Ungenügen und Versagen erlebt. All diese Vorgänge finden oft keine Sprache, sondern sind nur atmosphärisch zu greifen. Häufig erleben wir bei den Eltern entweder eine rigide Sauberkeitshaltung oder eine nachlässige, verwöhnende Einstellung zum Trockenwerden im Sinne von:»Er/sie ist ja noch klein ... das wird schon noch.«

Der Druck zum Trockenwerden nimmt bei den Eltern oft erst mit dem nahenden Termin der Einschulung zu. Was, wenn andere Kinder merken, dass mein Sohn, meine Tochter noch eine Windel trägt in der Nacht? Plötzlich wird die Scham akut, sowohl bei den Eltern wie beim einnässenden Kind. Das Einnässen beginnt dann den sozialen Spielraum erstmals empfindlich einzuschränken: Die Kinder weigern

sich, bei einem anderen Kind zu übernachten, Schulland-
heimaufenthalte werden gefürchtet als möglicher Ort der
Bloßstellung und Beschämung.

Der einnässende Junge

Er ist oft Mamas Nesthäkchen. Mir sind in der Praxis vor allem zwei Charaktere einnässender Jungen aufgefallen: Entweder zeigen sie weiche, angepasste und fast mädchenhafte
Verhaltenszüge, schmusen zu Hause gern und häufig mit der
Mutter und weichen dem Vater aus. Oder sie zeigen sich
forsch, schnell beleidigt, aufbrausend, weisen jede Zärtlich-
keitsbezeugung der Mutter in der Öffentlichkeit ab und suchen sich in ihrer Klasse den Jungen als (heimlichen) Freund
aus, der unangefochten der Chef, ein Raufbold und »ganz
Cooler« ist. So unterschiedlich dabei ihr Verhalten ist, so
sehr leiden sie unter denselben Ängsten: nämlich kein »richtiger« Junge zu sein.

Andreas, auf den wir unten noch näher zu sprechen
kommen, erzählt mir, wie einige Jungen aus seiner Klasse ein
Wettpinkeln im Schullandheim veranstaltet haben. Er flüs-
tert dabei, als ob es sich um ein großes Geheimnis handeln
würde: »Die Lehrerin hat's nicht gesehen.« Auf meine Frage,
was er gemacht habe, antwortet er leise: »Ich hab zugeschaut.«
In diesem ödipal rivalisierenden Spiel um den weitesten
Strahl war er nur passiver Zuschauer. Das lustvolle Spiel hatte
mit diesem achtjährigen Jungen nichts zu tun. Ihm standen
nur der Schmerz und Neid ins Gesicht geschrieben. Außer
der Lehrerin durfte kein Mitschüler wissen, dass er in der
Nacht eine Windel trug im Schullandheim. Wir können uns
vorstellen, was für eine Pein es für ihn gewesen sein muss,
diesen Umstand erfolgreich verbergen zu müssen.

Typisch für einnässende Jungen ist auch ihre Unkenntnis in Sachen Sexualität. Wenn sie nicht einen weiten Bogen

um dieses Thema machen, fällt auf, dass einnässende Schuljungen nicht genau wissen, wie Kinder entstehen, oder dem Thema einfach mit Angst begegnen. Es ist oft auch in der Familie solcher Kinder generell kein Thema. Einnässende Jungen haben darin oft den Stellenwert eines heimlichen Partnerersatzes für die Mütter und reagieren auf diese Rollenzuweisung mit Kastrationsangst. Sie weigern sich unbewusst, groß zu werden, sich von der Mutter abzugrenzen und dem Vater zu begegnen. Doch der Preis ist hoch: Er bedeutet den Verzicht auf Loslösung von der Mutter, sexueller Autonomie und Identifikation mit dem gleichgeschlechtlichen Elternteil. Der Vater steht dem einnässenden Jungen als starker Dritter oft nicht zur Verfügung. Er lässt ihn im gewissen Sinne im »Mutterreich« stehen und wertet ihn entweder narzisstisch ab (»Hau mal drauf in der Schule, bist doch keine Memme!«) oder neigt zu verbalen oder körperlichen Züchtigungen. Auf jeden Fall ist der Weg zum Vater oft so weit für den einnässenden Jungen, wie der Weg zur Mutter zu nah ist.

Oft finden wir auch recht leistungsbetonte Eltern vor, die ihrem Sohn ein perfektes Funktionieren und progressives Verhalten tagsüber abverlangen, ohne ihn mit der nötigen Selbstsicherheit und Ich-Stärke ausgestattet zu haben, wie sie nur durch ein zunehmendes Vertrauen in seine Selbstständigkeit gelingen können. Er »bringt« es zwar dann auch, doch wenn die Nacht und der Schlaf kommen, und damit auch die natürliche Regression, signalisiert er in seinem Symptom des Einnässens seine Überforderung.

Andreas: »Ich bin nicht der Prinz, ich bin der König«

Andreas kommt wenige Wochen nach der Einschulung in die Spieltherapie, weil die in den Sommerferien davor ausprobierte Klingelmatratze, Flüssigkeitsreduktion, Kalender mit entsprechenden Belohnungen für einnässfreie Nächte etc. nicht geholfen haben. Die Eltern sind völlig ratlos. Andreas habe mit Beginn des Kindergartens wieder regelmäßig nachts einzunässen begonnen. Er sei davor nur wenige Monate trocken gewesen. Kurz nach der Geburt seines kleinen Bruders habe er wieder auf einer Windel bestanden. Eine normale Reaktion, könnte man sagen. Er erlebt, wie die Mutter sich intensiv dem Neugeborenen zuwendet, und möchte selber wieder so klein sein und ganz im Mittelpunkt der mütterlichen Aufmerksamkeit stehen. Die Beziehung zwischen Andreas und seiner Mutter vor der Geburt des kleinen Bruders wird vom Vater als »sehr nah ... da passt keiner dazwischen« beschrieben. »Sie auch nicht?« Der Vater, ein eher zurückhaltender und schüchterner Mann, überlegt eine Weile und meint dann verlegen: »Doch, schon ... na ja.«

Im Verlauf der Therapie stellt sich heraus, dass Andreas bis zur Geburt seines Bruders oft im Bett der Eltern übernachten durfte. Andreas' Mutter plagen offensichtlich Schuldgefühle, dass sie ihrem Sohn einen zweiten Jungen vor die Nase gesetzt hat. Und in den folgenden Jahren kommt es zu einem sehr nachlässigen Umgang mit seinem Einnässen. »Andreas hatte doch so gelitten unter seinem Bruder, er war es doch gewohnt, dass ich für ihn viel Zeit hatte, und plötzlich war es mir fast zu viel mit zwei Kindern. Ich hab gedacht, das kommt schon ...« Doch »es« kam nicht.

In der Therapie überträgt Andreas seine Anhänglichkeit an die Mutter schon bald auf die Therapeutin. Er benutzt mich als Spielkamerad, den er in der Schule nicht richtig finden kann, da die anderen Jungen »nie das machen, was ich will«. Die Spuren anderer Therapiekinder, etwa ihre Tonfiguren oder Bilder, übersieht er geflissentlich.

»Hast du schon auf mich gewartet, ich bin auch gerannt«, ruft er einmal atemlos und platzt aufgeregt ins Zimmer hinein. Eine Ernüchterung tritt ein, als ich im Spiel eine

Vaterfigur auftreten lasse, die den Jungen liebevoll, doch bestimmt aus dem Ehebett hinauswirft. Andreas ist empört: »Ich hab doch gesagt, es gibt hier keinen Vater, der ist ... gestorben.« –»Ich glaube, der kleine Junge da im Spiel wäre sehr enttäuscht, wenn es keinen Vater gibt, er kann doch nicht alles von der Mutter lernen, die ist doch eine Frau und er wird einmal, wie sein Papa, ein Mann.« Andreas schreit mich an, ist ganz außer sich: »Der wird kein Mann, der bleibt so ... so ...« – »Klein?« Er fällt aus dem Spiel heraus und meint: »Ich bin nicht klein, Mama sagt, ich bin ein Großer ... und Papa will ich nie werden, Papa sein macht keinen Spaß.«

Es würde zu weit führen, hier aus psychodynamischer Sicht die komplexen Verwirrungen und Verstrickungen dieses Jungen auszuführen. Doch es wird deutlich, wie kompliziert dieser Junge seiner eigenen Geschlechterrolle und der Loslösung von seiner Mutter gegenübersteht. Wo soll er denn hingehen, wenn er sich von der Mutter innerlich trennt? Der Vater, so das feine Empfinden von Andreas, scheint ja nicht auf ihn zu warten. Der Vater reagiert sehr betroffen auf die ihm in meinen Worten übersetzte Botschaft seines Sohnes und empfindet schmerzlich, wie sehr ihn sein Sohn als Abwesenden erlebt und als entschlossenen Bündnisgenossen im Kampf um Loslösung und Autonomie vergeblich sucht und ersehnt.

Sandra: »Ich mach alles selber«

Die achtjährige Sandra zeigt sich von Anfang an sehr selbstständig und ehrgeizig in den Therapiestunden. Sie ist kreativ, begeistert mich mit ihren Einfällen. Sie ist eine sehr gute Schülerin. Ihre zwei großen Brüder hat sie, was Sorgfalt und Verlässlichkeit zu Hause und im Umgang mit Hausaufgaben anbelangt, »schon lange überholt«, so die Mutter. Beide Eltern sprechen mit spürbarem Stolz von ihrer kleinen Tochter, und der von der Familie getrennt lebende Vater meint: »Die wird mal, wenn sie so weitermacht, eine tolle junge Frau.«

Das Symptom gerät sogar bei mir immer wieder in Vergessenheit. Braucht dieses Mädchen wirklich eine Therapie?, so meine Gedanken. Tatsächlich aber nässt Sandra fast täglich sowohl tagsüber wie in der Nacht ein. In der Therapie wird erst nach einer Weile spürbar, wie sehr sich Sandra anstrengt, um mir zu gefallen. Sie holt sozusagen das Letzte aus sich heraus, um meine Anerkennung zu finden und in mir Begeisterung hervorzurufen. Wie sie das erste Mal in der Stunde sichtbar einnässt, behauptet sie wild entschlossen, es sei nichts passiert. In der Folgestunde ist sie krank. In der übernächsten Stunde erscheint sie verspätet. »Sie wollte nicht kommen, ich versteh das nicht, sie kommt doch so gern«, sagt die Mutter irritiert. Ich spreche Sandra darauf an, ob sie glaube, dass ich jetzt von ihr enttäuscht sei, weil sie das letzte Mal gezeigt habe, dass sie nicht nur groß und stark sei. Sie schaut mich schüchtern an und sagt kaum hörbar: »Ist das schlimm? Meinen Brüdern passiert das nie, die lachen mich nur aus, obwohl die Mama gesagt hat, sie dürfen nicht lachen.« In einer späteren Stunde sagt sie, dass sie lieber »so wäre wie meine Brüder«. Die seien faul und würden nicht geschimpft werden vom Papa »wegen dem da ...« Und er sage immer, »mein tolles Mädchen muss doch nicht mehr in die Hose machen.« – »Doch, vielleicht musst du gerade deswegen in die Hose machen, weil du nicht immer nur Papas tolles Mädchen sein willst und Mamas tüchtige Tochter, sondern einfach nur ein Mädchen, das beide Eltern so lieb haben, wie es ist.«

Einige Stunden später will sie nur noch in der Hängematte »faulenzen«. Das Einnässen tagsüber hört auf. Und nach vielen Gesprächen mit den Eltern kann die Mutter erkennen, dass sie ihre Tochter mit ihren Leistungsvorgaben und Sandras abhängigem Blick von mütterlicher Bestätigung (die sie auch bei der Lehrerin und ihren Freundinnen suchte) nicht wirklich hat autonom werden lassen. Und der Vater entdeckt, dass er seine Enttäuschung über das Scheitern seiner Ehe in einer Ersatzpartnerschaft mit der »kleinen tollen Tochter« ausagiert und sie auf seine Art überfordert hat. Ein halbes Jahr später hört auch das nächtliche Einnässen auf.

Aggression

Dass aggressive und körperlich ausgetragene Konflikte unter Kindern und Jugendlichen zunehmen, ist eine weitverbreitete Klage. Häufig wird der medialen Überflutung, also dem hohen Fernsehkonsum oder den aggressiven Computerspielen die Schuld daran gegeben. Ich bin mir nicht sicher, ob die heutigen Kinder aggressiver sind, als wir es früher waren, oder ob sich nicht der Umgang von uns Erwachsenen mit Grenzen und Aggression nachteilig verändert hat: also wir selber weniger belastbar geworden sind und nachlässiger im Umgang mit Grenzsetzungen. Sicherlich stellt die ständig neu und konsequent ausgehandelte Begrenzung des Fernsehkonsums und der am Computer verbrachten Freizeit eine große erzieherische Herausforderung dar. Es geht aber nicht anders, liebe Eltern! Da ist zweifelsohne elterliches Stehvermögen gefragt. Doch Aushandeln und Begrenzen sind auch wesentliche Lernquellen für den kindlichen Umgang mit Frustration.

Ich beobachte immer wieder in der Praxis, wie ungern Eltern ihren Kindern so etwas Natürliches wie Frustrationen zumuten, wie schnell sich schlechtes Gewissen dort breitmacht, wo früher einfach ein Nein kam. »Aber das Computerspielen ist meinem Sohn doch so wichtig, wenn er schlecht gelaunt aus der Schule kommt. Das kann ich ihm doch nicht auch noch nehmen!«, so ein Vater zu den drei bis vier Stunden, die sein Sohn täglich vor dem Computer verbringt. Es geht nicht darum, Fernsehen oder Computerspiele zu dämonisieren. Das sind Errungenschaften unserer Zeit und die liebsten Freizeitbeschäftigungen unserer Kinder. Es geht aber um einen kontrollierten Umgang damit und darum, dass Eltern eine gesunde Aggression zeigen, wenn Begrenzungen notwendig sind – sie also den Mut zum ruhigen, aber entschiedenen Nein finden und dem Kind eine Enttäuschung zumuten.

Kinder oder Jugendliche, die wegen aggressiven Verhaltens in die psychotherapeutische Praxis kommen, werden oft von Lehrern dazu aufgefordert. Das heißt, den Eltern wird eine Therapie für ihr Kind nahegelegt. In anderen Fällen kommen die Eltern mit dem aggressiven Verhalten des Kindes ihnen gegenüber nicht mehr zurecht und suchen von sich aus einen Therapieplatz für ihr Kind – was eine wesentlich günstigere Grundlage für eine erfolgreiche Therapie ist. »Geschickte« Kinder haben oft keinen Leidensdruck oder nur insofern, als dass sie den Kummer ihrer Eltern spüren, »weil es wieder Stress zu Hause gibt, weil ich einen Jungen verprügelt habe«, so der neunjährige Sven. Wie oft höre ich von solchen Eltern, dass »wir selber überhaupt kein Problem mit unserem Jungen haben, zu Hause ist er ganz lieb«, so Svens Eltern. Oft ergibt sich in solchen Fällen eine unbewusste, manchmal sogar bewusste Verbrüderung gegen den »blöden« Lehrer. Sicherlich gibt es »blöde« Lehrer, die sich ein schwieriges Kind zum Sündenbock auserkoren haben und es aus dieser Rolle nicht mehr entlassen. Doch viel häufiger haben die Lehrer intuitiv erkannt, dass bei dem jeweiligen Kind eine Aggressionsentwicklungsstörung vorliegt, welche die Eltern nicht wahrhaben wollen.

Eltern, die nicht erst auf sozialen Druck hin einen Therapeuten aufsuchen, sondern selber unter den Aggressionen ihres Kindes leiden oder diese im Kontakt mit anderen Kindern oder Erwachsenen wahrnehmen, bringen eine Eigenmotivation mit, die sich therapeutisch ganz anders nutzen lässt. Auch die Kinder solcher Eltern sind anders motiviert, weil sie unter ihren Schuldgefühlen leiden. »Eigentlich möchte ich gar nicht böse sein, aber ich bin es halt«, sagt der kleine Peter ganz zerknirscht zu mir in einem Erstgespräch.

Es ist hier vor allem von Jungen die Rede. Die nicht geglückte Aggressionsbewältigung ist nach wie vor geschlechtsspezifisch geprägt. Es sind vor allem Jungen, die wegen Aggressionsdurchbrüchen in der kinderanalytischen Praxis vorgestellt werden. Mädchen können zwar genauso unter einer Aggressionsentwicklungsstörung leiden, doch wirkt sich diese nach wie vor eher in Formen der Autoaggression, also Selbstverletzung und Depression, aus. Allerdings ist unübersehbar, dass es zunehmend eine Austauschbewegung gibt: Die Mädchen werden körperlich aggressiver, die Jungen depressiver. Da ist eine Entwicklung im Gange, die uns nachdenklich stimmen sollte.

Ich benutze hier ganz selbstverständlich den Begriff Aggressionsentwicklungsstörung, obwohl er im internationalen Diagnoseschlüssel ICD-10 so nicht aufgeführt ist und somit keine eigenständige Diagnose darstellt. Ich teile uneingeschränkt die Auffassung von Jochen Raue, »ob nicht die Schwierigkeiten bei der Integration der Aggression in der Entwicklung des Kindes als eine eigene diagnostische Kategorie angesehen werden sollte: im Sinne einer Aggressions(entwicklungs)störung ...« (Raue, 2008, S. 12)

Bevor wir zu den psychodynamischen Hintergründen einer nicht oder noch nicht richtig geglückten Integration von Aggression bei Kindern und Jugendlichen kommen, möchte ich ein Fallbeispiel bringen.

Sven: »Aber ich bin der Stärkste und sicher kein Baby«

Der neunjährige Sven ist ein »geschicktes« Kind im doppelten Sinn des Wortes: Die Eltern wurden von Svens aufmerksamem Lehrer »gezwungen«, eine Spieltherapie für ihren Sohn zu beginnen. Und Sven selber ist ein sehr geschickter, will heißen hellwacher und wendiger Junge, der mir auf Anhieb gefällt, doch mir schon in der zweiten Stunde beziehungsweise »Runde« (wie im Boxring), einer Einzelstunde mit ihm allein, große Probleme bereitet. Er gibt mir bei der ersten Begegnung forsch und mit aufmerksamem Blick die Hand, meint, »Du bist also die, zu der ich muss«, und macht sich auf dem Sofa breit. Die Eltern, beide beruflich selbstständig, nehmen rechts und links von ihm auf einem Stuhl Platz. Er übernimmt gleich das Wort:

»Also, was mach ich jetzt hier? Mein Lehrer hat gesagt, ich muss zu dir kommen ...« Sein Vater ergänzt spontan: »Finden wir nicht nötig, Sie sehen es ja, Sven ist ganz gut drauf. Aber sein Lehrer hat ja ein Wörtchen mitzureden, wenn es um den Übertritt geht, und Sven schlägert schon ein bisschen viel, hab ich auch gemacht früher, ist ja besser, einer wehrt sich, als umgekehrt, oder was meinen Sie als Expertin?« Er grinst bei der letzten Bemerkung und ich spüre, dass seine Frage rein rhetorisch gemeint ist.

Zu meiner Überraschung greift Sven die letzte Bemerkung seines Vaters auf:

»Was ist eine Expertin?«

»Die sucht man auf, wenn man nicht mehr weiterweiß, Sven, doch das scheint ja bei euch nicht der Fall zu sein. Ihr scheint euch einig zu sein, dass du ein prima Kerl und hier am falschen Ort bist ...« Schweigen.

Jetzt meldet sich die Mutter das erste Mal zu Wort und sagt, zuerst zu ihrem Mann gewandt: »Er schlägt schon

schnell zu, das hast du doch auch schon gesagt. Und die blöden Telefonate deswegen. Vor einer Woche hat die Mutter
eines Jungen angerufen, Sven hat ihrem Sohn eine Schramme
zugefügt, nichts Schlimmes, aber es gibt ja Mütter, die rufen
wegen nichts an.«

»Ja, die gibt es, da haben Sie recht, die tun manchmal zu
viel des Guten, um ihr Kind zu schützen.«

»Schön, dass Sie das auch so sehen.« Es herrscht wieder
eine aufgeräumte Stimmung.

Als ich Sven frage, was er denn am liebsten in der Schule
mache, meint er:

»Eigentlich gar nichts ... aber ich bin der Stärkste in der
Klasse, gell, Papa (sein Vater bestätigt ihn mit einem gelasse-
nen Nicken), und die anderen Jungs, die wollen alle wie ich
sein, die machen fast immer, was ich will, nur Tobias und
Alexander, die sind blöd, die sind dann neidisch und gemein,
petzen beim Lehrer und der schimpft dann mit mir ... so ein
Arschloch!« Der Vater ermahnt ihn: »Sven, das sagt man
nicht!« – »Du hast doch selber gesagt, er ist ein Arschloch.«
Betretenes Schweigen.

Ich teile den Eltern meinen Eindruck mit, dass ich bei
keinem von ihnen einen Leidensdruck spüren könne und
die Notwendigkeit für eine Therapie nicht so richtig erkennen würde. Sven entfährt spontan ein »Hab ich's doch gesagt
– brauch ich nicht.« Doch die Mutter dringt plötzlich darauf,
es doch »ein paar Stunden auszuprobieren, schadet ja
nichts«. Auch der Vater stimmt ihr, zu meiner Überraschung, zu und handelt sich damit ein »Du bist gemein« von
seinem Sohn ein.

Dann kommt Sven allein zur Einzelstunde. Er betritt
gut gelaunt den Therapieraum, wirft seiner Mutter noch ein
lässiges »Tschüss« zu und beginnt sich umzusehen. Sein Blick
fällt auf das Puppenhaus: »Igitt, was ist denn das! Hast du
Babys hier?« Ohne eine Antwort abzuwarten wandert sein

Blick weiter zum Sandkasten. »Soll ich etwa im Sandkasten spielen, is ja bekloppt ...« Ich verweise ihn auf die Tier- und Menschenfiguren für den Sandkasten. Er guckt sie flüchtig an, nimmt ein paar Figuren in die Hand, lässt sie wie angeekelt fallen. Dann dreht er sich um, baut sich vor mir auf und sagt: »Mit dem Zeug hier spiele ich nicht, Spielzeugpistolen ohne Munition, bin doch nicht im Kindergarten, ich bring meine Spielsachen das nächste Mal mit. Ne, besser, ich komm nicht mehr, gefällt mir nicht hier.«

Seine gute Laune ist gänzlich verflogen. Von dem coolen, selbstbewussten Jungen aus der ersten Begegnung ist nichts mehr zu sehen. Er wird immer hektischer, entdeckt zwei Paar Boxhandschuhe, presst ein »Los, wir boxen!« zwischen den Lippen hervor, greift automatisch nach dem größeren Paar, wirft mir das kleinere hin. Ich zögere, weil mir auffällt, dass ich noch nie mit einem Jungen in der allerersten Einzelstunde geboxt habe, will ihm die Boxregeln erklären. Er hört nicht zu, boxt schon wild auf mich ein. Ich halte seine Hände fest. Er beschimpft mich mit wüsten Ausdrücken. Dann: »Ich ruf meinen Papa an, der holt mich sofort ab, blöde Kuh.« Er rennt zum Telefon. Ich lege meine Hand auf den Apparat, hole tief Luft und versuche ihm zu sagen, dass er jetzt große Angst hat, weil sein Papa nicht da ist, ich ihm fremd bin und hier nicht alles nach seinen Regeln läuft und er es doch gewohnt ist, überall der Stärkste zu sein. Er ist total erschöpft, hechelt wie ein gejagtes, in schreckliche Enge getriebenes Tier – und ich auch. Er lässt sich auf den Stuhl plumpsen. Eine trotzige Kleinkinderstimme ist zu vernehmen: »Aber ich bin der Stärkste.« – »Ja, du bist sehr stark, das habe ich eben gemerkt, ich mag starke Kinder, aber ich glaube auch manchmal zu spüren, dass es sehr anstrengend für starke Kinder wie dich ist, immer so stark sein zu müssen.« Er findet sofort wieder zu seiner gewohnt selbstbewussten Stimme und meint lässig: »Für mich nicht.«

Als seine Mutter ihn kurz darauf abholt und mit etwas unsicherer Stimme und fragendem Blick auf mich von ihm wissen möchte, wie es denn gewesen sei, meint Sven locker: »Ziemlich langweilig, gibt halt viel Babyzeug hier ... aber geht schon. Das nächste Mal komm ich aber nicht mehr.« Es kam noch oft vor, dass er nicht mehr kommen wollte – seine Eltern haben jedoch den Mut gefunden, ihn weiterhin etwas zu enttäuschen und in zunehmend sensibler Art und dosierten Portionen ihm Kränkungen zuzumuten. Damit haben sie den Hauptbeitrag zu einer besseren Integration seiner Aggressionen geleistet.

Einige Gedanken zur Aggressionsentwicklung

Bei allen Kindern mit Aggressionskonflikten kann regelmäßig beobachtet werden, dass sie mit Familienstrukturen und Geschehnissen konfrontiert worden sind, die ihnen eine angemessene Integration von Aggressionen erschwert haben. Jochen Raue vertritt die These, dass »der Stellenwert der Aggression in der frühen Entwicklung (des Kindes) ein sehr unterschätztes Moment im Denken vieler psychoanalytischer Therapeuten und Pädagogen« sei (Raue 2008, S. 160). Und, möchte ich hinzufügen, auch im Denken der Eltern. Wo kann also der Eltern-Kind-Dialog in der frühen Entwicklung aus der Bahn geraten?

Schon ein Baby vermag exzessive Unlust zu empfinden. Das ist normal. Wenn das Baby Hunger verspürt, sich langweilt, die Windel voll hat, Wärme und Geborgenheit sucht, beginnt es zu schreien. Im Normalfall reagiert die hauptsächliche Betreuungsperson, meistens ist das die Mutter, auf das Weinen des Kindes und geht einfühlsam auf dessen Bedürfnisse ein. Das Baby (oder etwas später das Kleinkind) hat noch keine großen Möglichkeiten der Affektregulation. Es ist dabei auf die Hilfe der nächsten Bezugspersonen Mutter und

Vater und deren Einfühlung in sein Unlust- und Schmerz-empfinden angewiesen. Nur sie können durch eine angemessene Reaktion die Unlust ihres Babys, die sich zu Schmerz und Wut steigern kann, mildern und regulieren. Misslingt diese Affektregulation wieder und wieder im frühen Eltern-Kind-Dialog, so kann das Baby eine entscheidende Erfahrung nicht machen: die Erfahrung einer verlässlichen Bindung und eines guten Objekts. Das Kleinkind, das in einer Unlustsituation die Erfahrung machen kann, dass ein gutes Objekt zur Verfügung steht und seine Unlust, seine Wut mildern kann, entwickelt eine feste Bindung an das geliebte Objekt und lernt in der Folge immer besser, Frustrationen auszuhalten.

Henri Parens (1996) beschreibt zwei Ambivalenzkonflikte, welche für eine angemessene Aggressionsentwicklung von entscheidender Bedeutung sind. Der erste wird gegen Ende des ersten Lebensjahres bedeutsam und kommt dann im sogenannten Trotzalter, also bei den ersten Autonomiebestrebungen, zur vollen Blüte: Das Kind möchte etwas anderes als die Hauptbetreuungsperson. Es handelt sich dabei um einen dyadischen Konflikt auf der Zwei-Personen-Ebene. Ein sicher gebundenes Kind wird bei der Weigerung seiner Mutter, ihm einen Wunsch zu erfüllen, zuerst natürlich feindselige und destruktive Gefühle gegenüber seiner Mutter empfinden. Doch dann wird die Mutter ihm dabei helfen, diese für das Kind schwer erträglichen Gefühle – es liebt ja seine Mutter – einzuordnen und die Situation zu meistern. Wenn die Mutter (oder der Vater, wenn er die Hauptbetreuungsperson ist) auf die feindseligen Gefühle des Kindes hingegen mit eigener Feindseligkeit, Entsetzen und Ablehnung reagiert, weil die Wut des Kindes sie so verletzt und kränkt, dann steht sie dem Kind als regulierendes Objekt nicht mehr zur Verfügung und das Kind bleibt mit seinen feindseligen und destruktiven Impulsen allein. Es wird sprichwörtlich überschwemmt von dem Gefühl, böse und hässlich zu sein, und wird, wenn diese unangemessenen Reaktionen der Mutter anhalten, Nähe als Bedrohung erleben und unter allen Umständen zu vermeiden versuchen. Die Hauptbetreuungsperson wird dann nicht mehr als gut *und* böse erlebt, sondern als gut *oder* böse. Auch das Kind wird sich, in Übereinstimmung mit den gemachten Objekterfahrungen, je nach Situation als nur gut oder nur böse erleben.

Es gibt noch eine weitere Art, mit den feindseligen Impulsen eines Kleinkindes umzugehen, wenn die Destruktivität von den erwachsenen Betreuungspersonen nicht gut ausgehalten werden kann: Die Mutter unterwirft sich dem Kind und versucht dessen Feindseligkeit möglichst schnell ungeschehen zu machen, indem sie nachgibt. Damit bringt sie den kleinen Tyrannen oder die kleine Tyrannin in die Familie hinein, die wunderbar unauffällig sind, wenn alles nach ihrem Willen geht. Doch wehe, es wird ihnen ein Nein entgegengehalten, was für ein solches Kind den absoluten Kontrollverlust bedeutet und immense Ängste erzeugen kann, wie wir es bei Sven gesehen haben. Wir haben es da mit Kindern zu tun, die wenig oder gar keine Übung im Umgang mit Frustrationen entwickeln konnten.

Der zweite Ambivalenzkonflikt, von welchem Parens spricht, beginnt im dritten Lebensjahr und hat triadischen Charakter, das heißt, im Zentrum steht die Dreieckskonstellation Vater-Mutter-Kind. Dabei geht es um den Ödipuskomplex oder um die Entdeckung des Kindes, dass es eine Paarbeziehung zwischen den Eltern gibt, von der es ausgeschlossen ist. Es empfindet Gefühle der Rivalität dem gleichen Elterngeschlecht gegenüber und will sich behaupten lernen. Parens weist darauf hin, dass der Unterschied zwischen Mädchen und Jungen darin liegt, dass das Mädchen sich sowohl der Mutter gegenüber behaupten muss im ersten wie im zweiten Ambivalenzkonflikt, der Junge hingegen im ersten der Mutter, im zweiten dem Vater gegenübersteht. Was kann da schiefgehen?

Beim Jungen entstehen Wünsche nach Identifizierung mit dem Vater und dessen Unterstützung bei der Ablösung von der Mutter. Gleichzeitig empfindet er ambivalente Gefühle dem Vater gegenüber, weil dieser ebenfalls Ansprüche an sein Liebesobjekt Mutter hat und im Gegensatz zum kleinen Jungen die sexuellen Bedürfnisse der Mutter auch befriedigen kann. Kleine Jungen akzeptieren diese väterliche Überlegenheit sehr schnell, wenn sie Aussicht haben, mithilfe des Vaters einmal selber groß und stark zu werden. Doch wenn diese Väter den kleinen Jungen ihr Interesse an ihnen und die notwendige Hilfe in der Ablösung von der Mutter verweigern, sie in ihrem Rivalisieren nicht ernst nehmen und demütigen oder, noch schlimmer, mit ihnen um die Liebe der Mutter zu rivalisieren beginnen und sie als Hindernis auf dem Weg zu ihrer Frau erleben, entstehen im Jungen Angst und Feindseligkeit dem Vater gegenüber. Der ersehnte Kontakt zum Vater wandelt sich dann in Hassgefühle um. Notwendige väterliche Gebote und Verbote werden dann nicht mehr integriert, sondern boykottiert. Daraus werden dann später Schüler, die mit jeder väterlichen Autoritätsfigur verbissen den Kampf suchen.

Es gibt aber auch die Väter, die ihren Sohn unkritisch begleiten, ihm keine Frustrationen zumuten, keine Grenzen setzen und seine Größenfantasien unterstützen. Diese Väter verweigern dem Sohn nicht die aktive Unterstützung im Integrieren von Aggression, sondern sind passive Förderer dieser Aggression, indem sie in einer gewissen Selbstverblendung ihm vermitteln: Lass dir nichts gefallen, wir sind das starke Geschlecht, wir machen, was wir wollen ... Uns kann keiner was, schon gar nicht Mütter. Dass sie damit nur Über-Ich-Defekte einleiten und natürliche Größenfantasien weit über das Alter des Kleinkindes hinaus verlängern, dämmert ihnen oft erst viel später. Auch Sven glaubte, gestärkt und bestätigt durch den Vater, dass für ihn keine Regeln gelten dürfen.

Alexander: »Kein Fremder soll merken, wie wütend ich bin«

Alexanders Mutter ruft an und vermittelt mir bereits am Telefon den Eindruck, mit ihrer Kraft am Ende zu sein. Alexander würde sich wie ein Teufel zu Hause benehmen. Anderswo hingegen sei er eher ruhig und unauffällig. In der Schule seien die Lehrer mit ihm sehr zufrieden, doch werde er von Mitschülern gemobbt, zumindest glaube sie es. »Wenn die Lehrer über ihn sprechen, denke ich, von wem reden die: ein liebes Kind, sehr nett?« Er mache ständig irgendwas kaputt zu Hause, habe schlimme Ausraster, »verwüstet das Wohnzimmer«, würde sie, die Mutter, auch treten und schlagen.

Der zehnjährige Alexander kommt mit seinen Eltern und der drei Jahre älteren Schwester und zeigt sich im Erstgespräch als höflicher, wohlerzogener Junge, der ausführlich über die Schule spricht, »alle Lehrer mag«, »die ganze Klasse nett findet«. Nein, Hobbys habe er keine mehr, »bin ja jetzt im Gymnasium, da ist jetzt keine Zeit mehr dafür da ... ist nicht schlimm.« Er sitzt die ganze Zeit eng an die Mutter geschmiegt auf dem Sofa, sie hat den Arm um ihn gelegt. Ein sehr harmonisches Bild geben die beiden ab. Vater und ältere Schwester sitzen einander gegenüber. Ich merke, wie Vater und ältere Schwester immer wieder aus meinem Blickfeld herausrutschen. Der Vater sagt kaum ein Wort, wird nicht erlebbar während des Gesprächs. Die Schwester ist sichtlich verärgert, dass es wieder einmal nur um ihren Bruder geht. »Der macht nur Stress, nervt ... Und die Mama beklagt sich ständig. Doch ich finde, sie verhätschelt ihn, nur weil er besser in der Schule ist.«

Über viele Stunden hinweg behält Alexander seine Höflichkeit, malt, bastelt – eher ungewöhnlich in diesem Alter –, redet über belanglose, harmlose Dinge, seine Noten. Und ich verspüre zunehmend eine Leere zwischen uns und etwas unglaublich Angestrengtes. Er hält mich auf Abstand. Kontrastierend dazu die massiven Klagen seiner Mutter, dass es mit ihm nur schlimmer würde zu Hause. Er hätte erstmals seinen Vater angegriffen, da sei der ausgerastet und hätte ihm eine Ohrfeige gegeben. Alexander hätte dem Vater »voller Hass« entgegengeschleudert: »Aha, schlagen kannst du!«

Dann kommt die 39. Stunde. Alexander kommt mit einem Ball unter dem Arm rein. Er habe heute keine Idee, was er machen könnte. »Keine Idee oder keine Lust?« – »Keine Lust.« Ich atme auf, weil es das erste Mal ist, dass er seine Höflichkeit, die ich als Maske empfinde, ablegen kann. Ob wir rausgehen könnten, er würde gerne mit mir Fußball spielen. »Hier ist es so furchtbar eng, ich meine (er stottert leicht), da ist kein Platz ... für den Ball.« – »Nur für den Ball nicht oder für bestimmte Gefühle von ...« Ich hab den Satz noch nicht ausgesprochen, da holt er mit dem Fuß aus und zertrümmert mit dem Ball eine kleine Tonfigur, die auf dem Fensterbrett steht. Es ist keine eines anderen Kindes, die sind alle heil geblieben, sondern eine, die ich gemacht hatte! Alexander schaut so erschrocken, steht wie gelähmt da, die Augen einen Moment voller Panik, dass meine Wut sofort verschwindet und ich merke, dass ich ihn beruhigen muss. »Das war ein Volltreffer, du wolltest mich treffen und hast es geschafft. Das war sehr mutig von dir, du hättest hier ja auch weiterhin den braven, lieben Alexander spielen können und wir wären uns nicht begegnet.«

Im weiteren Therapieverlauf kommen noch viele »Treffer«, doch es geht nichts mehr kaputt dabei. In den Stunden inszeniert er nun wiederholt seine große Wut auf die ihn vereinnahmende Mutter und den ihn so lange Zeit enttäuschenden Vater, der es nicht geschafft hatte, ihn aus der bedrohlichen und klein haltenden Beziehung zu seiner Mutter herauszuholen. Er zeigt seine Sehnsucht nach einem Vater, der mit ihm auf den Fußballplatz geht oder sonst wohin, Hauptsache, er beschäftigt sich mit ihm. Alexander konnte auch mit der Zeit verstehen, dass sein von ihm als so schwach erlebter Vater selber auf kein väterliches Vorbild zurückgreifen konnte und ihn deswegen ganz gern der Mutter überlassen hatte. Auch hier haben beide Eltern eigene Defizite reflektieren und teilweise beheben können.

Depression

Die Depression gehört zu den narzisstischen Störungen. Gemeint ist damit eine Störung aufgrund eines unsicheren Selbstwertgefühls. Vielleicht taucht jetzt bei einigen Lesern die Frage auf, was die Diagnose Depression bei Kindern und Jugendlichen zu suchen hat?

Leider gilt für den Umgang mit Depression, dass sie bei Kindern und Jugendlichen oft übersehen wurde und noch wird. Hinter Ängsten, Hyperaktivität, aber auch Lernstörungen und Aggression verstecken sich oft depressive Stimmungsbilder. Heinemann/Hopf (2008) nennen diese Zahlen: »1 % der Kindergartenkinder, 2 % der Grundschulkinder und 6–8 % der Jugendlichen.« Sie betonen, dass insbesondere bei den Mädchen in der Adoleszenz ein starker Anstieg depressiver Störungen zu beobachten ist. Es muss uns zu denken geben, dass 70 bis 80 Prozent der depressiven Kinder und Jugendlichen (Seiffge-Krenke 2007, S. 193) auch aktuell noch keine Behandlung erfahren.

Ich selber möchte aus meinen Beobachtungen in meiner Praxis zumindest zu bedenken geben, ob bei vielen jugendlichen Jungen mit Lernstörungen nicht auch verdeckte depressive Züge eine Rolle spielen. Nicht selten geben mir die Eltern und die Jugendlichen selber, die wegen Lernstörungen, diffusen Ängsten etc. meine Praxis aufsuchen, ein genaues Stimmungsbild einer versteckten Depression wieder ohne es zu wissen. Sie sprechen von Antriebshemmung, gedrückter Grundstimmung, geringen sozialen Kontakten und Rückzug, psychosomatischen Beschwerden wie täglichem Bauchweh, Einschlafstörungen, Appetitverlust, Müdigkeit, häufiger Übelkeit, mangelnder Leistungs- und Konzentrationsfähigkeit, starken Stimmungsschwankungen, Minderwertigkeitsgefühlen, Versagensängsten, Schuldgefühlen (Anna: »Ich bin schuld, dass meine Mama so wenig Freude hat«), Autoaggression und Suizidfantasien. Allerdings ist es wichtig, gerade in der schwierigen Zeit der Adoleszenz als kreative Selbstfindungsphase, nicht hinter jedem sozialen Rückzug und massiven Stimmungsschwankungen (himmelhoch jauchzend – zu Tode betrübt) depressive Grundstimmungen zu wittern. Oft dienen diese Verhaltensweisen der Abgrenzung von den elterlichen Bezugspersonen und sind Ausdruck einer ernst zu nehmenden Selbstfindung, die einfach Zeit braucht und in der Maske eines sperrigen und elterliche Vorschläge verwerfenden Verhaltens daherkommt. Doch wenn mehrere der oben genannten Symptome über längere Zeit vorherrschend sind, ist an eine mögliche Depression zu denken – auch wenn es Erwachsenen und gerade Eltern schwerfällt, beim Begriff der Depression an Kinder und Jugendliche zu denken. Wo wir uns nicht gerne hindenken, können wir auch nicht mehr gut wahrnehmen ...

Auslösende Momente für eine Depression sind oft reale oder vermeintliche Verluste emotional bedeutsamer Menschen, narzisstische Traumatisierungen und schwere Kränkungen. Depression ist zuvor als narzisstische Störung bezeichnet worden. Narzissmus hat immer mit dem Selbstwertgefühl zu tun. Im gesunden Narzissmus begleiten wir uns und unsere Handlungen mit Stolz, Freude und Selbstachtung. Im kranken Narzissmus liegen wir mit unserer

Selbstachtung und der Einschätzung der eigenen Person und unserer Handlungen sozusagen im Dauerstreit. Statt Selbstachtung bedrückt das Kind manchmal, wie Alfred Adler es so treffend genannt hat, »das düstere Geheimnis, nichts wert (zu sein) ...« (Adler 2008, S. 113) Das Selbstwertgefühl eines Kindes ist aufgrund seines noch geringen Handlungsradius und seiner realen Wirkmöglichkeiten noch sehr spiegelungsbedürftig. Das Kind ist, um ein gesundes Selbstwertgefühl entwickeln zu können, auf die freudig und zuversichtlich spiegelnden Augen seiner Eltern und Lehrer angewiesen.

Ich habe auf den vorangegangenen Seiten oft darauf hingewiesen, wie fundamental der Blick der anderen sich auf das Selbstwertgefühl eines Kindes auswirken kann. Wenn Kinder vor allem mit kritischen und herabsetzenden Blicken aufwachsen, können sie keine stabilen Vorstellungen über sich und andere aufbauen. Solche Kinder entwickeln dann stellvertretend für gute Selbst- und Fremderfahrung ein anklammerndes Verhalten oder kompensatorisch starke Leistungsansprüche an sich und die Umwelt. »Das Über-Ich ist (dann) geprägt von Absolutheit, Rigidität und Undifferenziertheit. Aber auch das Ich-Ideal ist überhöht, d.h. die Ansprüche, die der depressive Mensch an sich stellt, überfordern ihn.« (Mentzos 1984, S. 184)

Kinder möchten wirken, sie wollen wahrgenommen werden. Der Klassenclown, der die ganze Klasse bestens unterhält, wird zwar wahrgenommen, doch mit seinem Gebaren wehrt er nicht selten eine Depression ab. Überhaupt fällt bei Kindern und Jugendlichen auf, dass ihre Depression viel stärker »verkleidet« daherkommt. Ich sehe darin auch einen Ausdruck ihrer noch altersbedingten größeren Vitalität und Kraft. Gerade hektische Kinder verbergen in ihrer Umtriebigkeit manchmal depressive Züge – und werden so in ihrer Not übersehen, weil sie, wie ein Vater seinen latent depressiven Sohn beschrieb, »ja ständig auf Achse« sind. Kinder, und ich glaube, dass das der große Unterschied zum depressiven Erwachsenen ist, »externalisieren ihre Konflikte« (Heinemann/Hopf 2008, S. 121): Sie tragen Spannungen mit den Beziehungspersonen ihrer Umwelt aus und nicht im Inneren. Den Eltern fällt dann auf, dass die Kinder ständig unzufrieden und gereizt sind, dass die Kinder ihnen für alles und jedes die Schuld geben – davon können oft Mütter ein Lied singen –, dass sie vor neuen Erfahrungen oder Gruppen zurückschrecken, wenig Neugierde zeigen und für nichts so richtig Interesse entwickeln. Die Eltern bedauern diese Reaktionen dann als »Lustlosigkeit«, »man kann ihn für nichts begeistern«, »sie ist einfach am liebsten zu Hause«.

Lassen wir, bevor wir zu zwei konkreten Beispielen kommen, nochmals Heinemann/Hopf zu Wort kommen: »Die Depression im Kindesalter ist oft schwer zu erkennen; sie verbirgt sich hinter ängstlich-anklammerndem Verhalten, Versagensängsten, Essstörungen sowie Antriebs- und Interesselosigkeit. Bei Jungen wird die Depression eher über eine Aggressivierung abgewehrt. Sie zeigen Größenfantasien, aggressives Verhalten und Clownerien. Im Jugendalter nimmt die Depression meist die Züge des Erwachsenenverhaltens an und die Depression ist häufiger bei weiblichen Jugendlichen zu finden.« (Heinemann/Hopf 2008, S. 123)

Anna oder: Der tägliche »Leistungsschaulauf«

Die 19-jährige Anna hat eben ihr Abitur mit großem Erfolg hinter sich gebracht. Sie verstehe nicht, warum sie »so depressiv herumhänge«. Sie wolle und könne sich für kein Studium entscheiden. Düstere Gedanken quälen sie, sie hat keinen Appetit und liegt oft stundenlang wach. »Keiner versteht, warum ich auf mein Einser-Abi nicht stolz bin ... Aber ich denk halt, was soll's, jetzt geht doch alles nur weiter so, so sinnlos, so hohl.«

Anna ist eine sehr anziehende junge Frau, sie strahlt trotz ihrer Gedrücktheit und spürbaren Verzweiflung emotionale Wärme und Lebendigkeit aus. Sie ist mir auf Anhieb sympathisch. Sie verneint glaubhaft, dass sie suizidal sei. »Hab schon solche Gedanken, aber tun, nein, mich umbringen, das will ich nicht.« Sie fügt leise hinzu: »Deswegen komm ich ja hierher ...« Sie zählt auf, was sie alles schon gemacht hat. »*Habe* – im Moment tue ich überhaupt nichts mehr, liege am liebsten im Bett oder bin einfach im Zimmer ... meine Mutter wird fast verrückt.« Es ist viel, was sie aufzählt. In jeder Hinsicht, ob es um soziale Aktivitäten, Hobbys oder schulische Belange geht. Anna ist eine begabte, sensible junge Frau, der aber, so ihr Empfinden, »alles abhandenkommt«. Alles rutsche weg. Über ihr Abitur habe sie sich genau einen Abend lang gefreut, dann »war auch das weg«. Ihre Mutter habe sich so gefreut und gesagt, dass ihr jetzt alle Wege offenstünden. Welcher Weg?, habe sie sich im Stillen gefragt. Auch ihr Freund sei stolz auf sie – und ein bisschen neidisch (das letzte Wort entlockt ihr trotz ihrer Niedergeschlagenheit ein Schmunzeln).

In unserer Zusammenarbeit beeindruckt mich lange Zeit ihre engagierte Mitarbeit. Sie bringt Einfälle, erzählt Träume, reflektiert jede Stunde und das darin Besprochene. Sie ist, oberflächlich betrachtet, die »perfekte« Patientin. Gleichzeitig wird spürbar, wie sie glaubt, mich zufriedenstellen zu müssen. Sie arbeitet für zwei, gönnt sich keine banale, langweilige, uninspirierte Stunde. Die Depression ist plötzlich wie verflogen. »Sie legen hier ein Tempo an den Tag, arbeiten fast für zwei, setzen alle Anregungen gleich um. Was sagen Sie dazu, wenn ich Sie als perfekt bezeichne?« Sie verstummt, fühlt sich gekränkt. In den darauffolgenden Stunden bricht die Erkenntnis, dass sie »immer schon so war«, schon in der Grundschule, wie eine Lawine über ihr zusammen. Plötzlich fällt ihr ein, in wie vielen Zusammenhängen das Wort Perfektion auf sie schon Anwendung gefunden habe: perfekte Tochter, perfekte Schülerin, perfekte Freundin. Und, meint sie selbstkritisch, »wie viel ich selber dafür getan habe, dass das so ist, sehe ich erst jetzt«. Ihr tiefes Misstrauen gegenüber sich und der Welt, ob sie auch »ohne all diese Anstrengungen« liebenswert ist, wirft sie vorübergehend in eine erneute depressive Krise. Sie hält unbeirrt daran fest, dass sie nur mit ihrer beträchtlichen Leistungsbereitschaft und ihrer Aufopferung für andere – Freundinnen, Mutter und Freund profitieren von ihrer »Allzeit-bereit-Haltung« – sich einen Platz auf dieser Welt erobern könne und dass ich doch nur »so professionell« an ihr interessiert sein könne. Ich wolle sie ja auch nur wieder »fit spritzen für den täglichen Leistungsschaulauf auf dieser Erde«. Ich sei wie alle anderen, ich wolle sie »wie meine Mutter zum Durchstarten bringen. Mit so einem tollen Abi, das soll meine Mama vergessen machen, dass sie selber nicht durchgestartet ist und Großes vollbracht hat.« Und ihr Freund habe auch kein Verständnis, der begreife nicht, dass Sex ihr im Moment überhaupt nichts bedeute.

Sie schimpft nur noch, wird in der Therapie und anderswo vorübergehend aggressiv und anderen gegenüber auch bisweilen ungerecht – doch sie schlüpft aus ihrer depressiven Schutzschale zunehmend heraus und gewinnt die Sicherheit, dass sie auch ohne ihre sie lange Zeit stabilisierende Leistungsbereitschaft äußerst liebenswert ist. Wo vorher eine Sackgasse ihr die Sicht auf sich selber versperrt hatte, nämlich Leistung = Platz in dieser Welt, tun sich nun echte und selbst gewählte Wege in ihr Erwachsenenleben auf.

Die Arbeit mit dieser jungen Frau hat mich beruflich und menschlich sehr bereichert, weil Anna so hartnäckig um einen authentischen Weg gerungen hat. Ein Anna-Weg sollte es sein, nichts anderes.

Christoph oder: Ein Kind, das nie beim Namen gerufen wird

Der fünfjährige Christoph kommt auf Aufforderung des Kindergartens in meine Praxis. Ich habe ihm zunächst die Diagnose elektiver Mutismus gegeben, weil sein Schweigen das auffälligste Symptom ist. Doch im Verlauf der Therapie wird ziemlich bald klar, dass er depressiv ist. Er nimmt mit niemandem sprachlich Kontakt auf, es sei denn, der andere gehört zu seiner Familie. Er hat in seinem zarten Alter bereits zwei Krankenhausaufenthalte hinter sich, einen davon mit einer schmerzhaften Operation verbunden. Reale Verlusterlebnisse, unter anderem den durch die Trennung der Eltern entstandenen Verlust des Vaters, sind bereits Bestandteil seiner noch schmalen Biografie. Nach seiner Operation mit eineinhalb Jahren beginnt er sein Anklammerungsverhalten an die Mutter. Er weicht ihr nicht mehr von der Seite. Die Operation mit den damit verbundenen Schmerzen müssen ihm als bedrohlicher Angriff auf sein Leben erschienen sein.

Ein so kleines Kind hat noch wenig Möglichkeiten, einen körperlich schmerzhaften Eingriff zu verarbeiten. Kinder führen in den ersten Lebensjahren noch ganz körperliche Existenzen, gedankliche Reflexion und Verarbeitung sind ihnen einfach noch nicht möglich. Jeder körperliche Angriff ist in diesem frühen Alter daher auch ein seelischer Angriff. Ein Kind erlebt bei einer Operation nur eine von fremden Menschen an ihm ausgeübte Gewalt. Diese frühen Krankenhausaufenthalte üben oft eine traumatische Wirkung auf die Kinderseele aus. Deswegen ist es unerlässlich, dass die Mutter oder der Vater sich in ständiger Nähe aufhalten. Rooming-in, also die gemeinsame Unterbringung von Mutter und Kind im Krankenhauszimmer, wird zwar meistens angeboten, doch ist eine Rundumbegleitung des Kindes oft aus persönlichen Gründen nicht möglich, weil zu Hause noch andere

Kinder betreut werden müssen. Es wäre sehr wünschenswert, dass Eltern dann nicht mit diesem Problem alleingelassen und beruhigt werden (»Ihr Kind ist hier gut aufgehoben«), wie das bei Christoph der Fall war, sondern eine häusliche Betreuung für die Familie organisiert werden kann.

Christoph hat in der Therapie nach einem halben Jahr das Sprechen angefangen. Und erst da wurde sichtbar, wie viel Trauriges er im Stummsein abgewehrt hat. Er hat die Mutter als Sprachrohr zur Welt draußen organisiert, einer Welt, die für ihn überhaupt keinen Aufforderungscharakter besaß, sondern nur gefährlich und unberechenbar war. Dass er dadurch in eine immer größere Abhängigkeit zur Mutter geraten ist, ist fast zwangsläufig die Folge. Sie wurde zur Übersetzerin seiner Wünsche, falls er überhaupt welche hatte, sie interpretierte den anderen Menschen draußen sein Schweigen. Pech für ihn (und Glück zugleich), dass die Mama nicht auch noch in den Kindergarten mitgehen durfte. Zu Hause genoss er fast grenzenlose Freiheiten, weil seine Mutter glaubte, ihn für die Zeit ihrer Abwesenheit im Kindergarten entschädigen zu müssen. Sie wollte ihm etwas Gutes tun für vermeintliche eigene Versäumnisse und bewirkte genau das Gegenteil. Er traute sich in den zwei Jahren seines Schweigens draußen immer weniger zu, erzählte mir, dass ihn »niemand im Kindergarten mag ... die wissen gar nicht, wie ich heiße, die rufen immer nur andere Namen, vor allem Jenny und Florian, meinen Namen sagen sie nie ...« Es ist nicht einfach, einem Fünfjährigen glaubhaft zu vermitteln, dass andere Kinder nur ein Spiegel seines Verhaltens sind. »Weißt du, die trauen sich nicht mehr, die glauben ganz fest, du willst nicht mit ihnen sprechen. Die wissen gar nicht, wie traurig es dich macht, dass sie deinen Namen nie rufen.«

Es ging hier um einen Abnabelungsprozess von der Mutter, der durchaus nicht nur im symbolischen Sinne zu verstehen ist. Es gab ja lange Zeit gar keine Symbole, etwa eine symbolische Ersatzmutter in Form eines Kuscheltieres, sondern nur die körperlich anwesende Mutter – oder nichts. Und: Er hatte sich daran gewöhnt, dass seine Bedürfnisse ihm von den Augen abgelesen werden. Ein Vorgang, der übrigens bei vielen depressiven Kindern und Jugendlichen im Umgang mit anderen Menschen zu beobachten ist.

Christoph hat mit der Zeit gelernt, dass es richtig Spaß machen kann, selber zu sagen, was er braucht und was nicht. In eine Stunde kommt er ganz aufgeregt und erzählt mir unter den lachenden Augen der Mutter noch beim Reinkommen, dass »Florian gerufen hat, Christoph soll das jüngste Geißlein spielen!« Ich freue mich mit ihm und in der Stunde vertraut er mir an, dass er eigentlich am liebsten den Wolf gespielt hätte. »Aber den hat der Florian gespielt.« Ja, alles geht halt nicht auf einmal.

Eltern-Paare

Am Anfang dieses Buches war die Rede davon, dass manchmal am Ende einer Therapie mehr Personen im Raum sitzen als zu Beginn: Zu Mutter, Vater und den Kindern hat sich noch ein Paar gesellt. Das Paar hat in die Familie zurückgefunden. Wenn das passiert, ist vieles gut gelaufen. Es passiert natürlich nicht immer. Wir wollen uns hier ja nicht mit idealen Familienlandschaften vergnügen, sondern mit möglichen Familienbildern konfrontieren. Familien ist mehr möglich, als sie zu Beginn einer Therapie, die in einer kritischen Familienphase aufgenommen wird, für möglich halten. Familie *und* Paar ist eine der schönsten Möglichkeiten.

Ein Abgesang auf das traditionelle Familienmodell

Wenn Eltern in die Praxis kommen, geht es in erster Linie um ihre Kinder. Erstgespräche gibt es bei mir in der Regel nur mit der ganzen Familie. Die Zeiten, in denen Kindertherapeuten noch geglaubt haben, es genüge, wenn die scheinbar »Hauptbetroffenen«, nämlich Mutter und Sorgenkind, dasitzen, sind Gott sei Dank vorbei. So eine Konstellation hatte bei den Müttern die Schuldgefühle, die eh schon vorhanden sind, nur noch wachsen lassen. Man kann es nicht oft genug sagen: Wenn der Dialog zwischen den Eltern und ihren Kindern nur noch spärlich fließt, haben nicht die Eltern alles

oder vieles falsch gemacht, sondern es sind für die Betroffenen oft nur schwer sichtbare und wenig greifbare Wechselwirkungen entstanden, die dafür verantwortlich sind. Therapie bedeutet nicht, dass man mit kriminalistischem Gehabe
Schuldige identifiziert, sondern den Mut der Familie hono-
riert, dass ein Außenstehender mit ihnen zusammen mögliche Gefühlsverwirrungen und -irrungen entdecken und lösen helfen darf.

Bei diesen ersten Kontakten erlebe ich Väter oft in einer
passiven Rolle. Sie lassen ihre Frauen erzählen, ergänzen
meistens nur auf meine Aufforderung hin die Sichtweise des
Kindes oder der Ehefrau. Sie reichen das Wort meistens
gleich an ihre Frau weiter mit dem Hinweis, dass sie das besser wisse und sie selber eh nicht so den Einblick hätten. Und
ganz oft kommt die Bemerkung: »Ich habe selber eigentlich
kaum Probleme mit unserem Kind, versteh eh nicht ganz,
warum die sich ständig in den Haaren liegen müssen.« Oder
so etwas Ähnliches. Die Männer sind in diesem Erstgespräch
oft Zuschauer, Zuhörer und allgemein recht schweigsam.
Nicht selten entsteht bei mir der Eindruck von einem Gast in
der Familie. Oft sind diese Männer müde, ein Arbeitstag liegt
hinter ihnen, denn die Erstgespräche finden, damit auch alle
teilnehmen können, oft am späten Nachmittag oder abends
statt. Die Frauen sind auch müde, doch sie lassen es sich nicht
anmerken, sie stemmen ja gerade wieder einmal die Verantwortung in Sachen Familie.

Dennoch: Einer Art von Familienmodell gebe ich, auf
die Zukunft hin entworfen, keine gute Prognose mehr: dem
Hausfrauenmodell, in welchem die Mutter versucht, sich zu
Hause und im Dienst der Familie zu verwirklichen, und der
Vater das Geld nach Hause bringt. Für Kleinstkinder ist die-
ses Modell noch sehr günstig, es unterstützt die seelische
Entwicklung dieser Kinder. Allerdings kann es auch der Va-
ter sein, der als Hauptbetreuungsperson in dieser Zeit zu

Hause bleibt. Wenn es jedoch die Mutter ist, dann ist meine Erfahrung die, dass das traditionelle Modell zur Entwertung der Mutter und Überbewertung des Vaters beiträgt, sobald die Kinder in den Kindergarten gehen (mögen es wieder Kindergärten sein und keine Vorschulen mehr!). Die Frau gibt in diesem traditionellen Modell, das vorsieht, dass die Mutter mindestens bis zur Einschulung zu Hause bleibt, ihr Erwachsensein ein Stück auf und gerät in eine ökonomische Abhängigkeit zu ihrem Mann. Das ist ein Kinderstatus! Nur Kinder sind ökonomisch nicht überlebensfähig. Solche Frauen werden dann zwar Expertinnen in Sachen Familie, doch sie verlieren dabei ein Stück weit ihr Erwachsenenpotenzial. Das bedeutet: für seinen Lebensunterhalt aufgrund eigener auf dem Arbeitsmarkt gefragten Fähigkeiten selber aufkommen zu können. Dies ist eine für das Selbstwertgefühl sehr wohltuende Erfahrung.

Der früheren deutschen Familienministerin Ursula von der Leyen sei Dank, dass sie sich für die Erziehungszeit auch für Väter stark gemacht hat. Wenn die Familie so, wie wir sie uns unverändert gerne erträumen, weiterhin Bestand haben soll, geht es auch gar nicht mehr anders. Viele Väter haben zwar finanziell den Überblick, verlieren ihn jedoch schnell, wenn es um die Namen der besten Freunde ihrer Kinder geht, um die Klasse, welche die Kinder gerade besuchen, um den Namen des Klassenlehrers, um den genauen Geburtstag ihrer Familienmitglieder oder um die Unerfülltheit ihrer Ehefrau. Solche Väter brauchen wir nicht mehr. Das Verfallsdatum solcher Familienstrukturen zeichnet sich bereits ab. Ich halte nichts von dramatischen Untergangsgesängen, doch der Praxisalltag legt sie in diesem Punkt nahe. Das Requiem ist hier die passende Musikgattung. Oden bekomme ich keine mehr zu hören. Die Hausfrauen-Ode wurde bis vor wenigen Jahren noch ab und zu von Müttern angestimmt, wenn sie keine verführerischen anderen Töne an ihr Ohr dringen las-

sen wollten. Diese anderen Töne hätten ihnen die Identifikation mit ihrer auf Jahre oder für immer geplanten Hausfrau-
enrolle nur erschwert. Also haben diese Frauen sich lieber
taub gestellt. Dass es mit der Taubheit auf beiden Ohren dann
doch nicht richtig klappen wollte, stellten diese Frauen
spätestens fest, wenn ihre jugendlichen Töchter ihnen Worte
hinkippten wie: »Mutter werd ich nie ... ist doch ein be-
scheuerter Job!«

Untersuchungen halten fest, wie tüchtig und ehrgeizig
die modernen Mädchen ihre Schullaufbahn angehen und im
Vergleich zu ihren männlichen Mitschülern auf der Überholspur sind. Erstaunt uns dieser weibliche Ehrgeiz? Wohl kaum,
er wird zum glasklaren Spiegel dessen, was moderne Mädchen nicht mehr wollen: die Reduktion auf emotionale Intelligenz. Diese emotionale Intelligenz ist fraglos etwas unglaublich Kostbares und wird, je komplexer und vernetzter die
sozialen und beruflichen Zusammenhänge werden, immer
mehr an Bedeutung gewinnen. Teamfähigkeit ist aus der heutigen Arbeitswelt kaum mehr wegzudenken. Doch was viele
jungen Mädchen so anspornt, Leistung zu erbringen, ist das
nicht überzeugende Erwachsenenleben ihrer Mutter. Sie haben Tag für Tag vor Augen, wie eine erwachsene Frau, ihre
Mutter, Wege aus der nicht altersgemäßen Isolation ihres vorhandenen Potenzials sucht. Manchmal tut sie es passiv. Sie
träumt. Wenn sie aktiv wird und handelt, besucht sie Kurse im
Malatelier, geht ins Fitnessstudio, probiert es mit Qigong, arbeitet in Ehrenämtern mit. Doch in den Augen ihrer jugendlichen Kinder sind das »Beschäftigungsprogramme«, zwar gut
für den Familienfrieden, aber nichts Zwingendes.

»Meine Mutter ist viel entspannter, seit sie zweimal wöchentlich autogenes Training macht, sie ist nicht mehr so
schnell genervt, doch so ganz das Wahre ist es halt nicht«, so
ein 18-Jähriger, der in den Therapiestunden auch über seine
Mutter nachdenkt. Jugendliche denken über die Eltern öfter

nach, als ihre Eltern es wahrscheinlich vermuten. »Was wäre deiner Meinung nach denn das Wahre?« – »Ja, halt ein Job, wie Papa ihn hat. Wenn ich mal erwachsen bin, würde ich von meiner Mutter, äh, Frau nicht verlangen, dass sie nur zu Hause ist. He, meine Mutter war gut in der Schule! War in Englisch super, jetzt redet nur noch mein Vater Englisch, beruflich halt.«

Bis 40, so mein Eindruck, funktioniert dieses weibliche Ehrenämter-Leben und oft überdurchschnittliche Engagement in Schule, Nachbarschaft und sozialem Umfeld dieser Mütter recht gut und unauffällig. Danach tauchen erste psychosomatische Erscheinungen auf: ein schlechter und unruhiger Schlaf, Probleme mit der Verdauung, Magen-Darm-Krankheiten, körperliche Verspannungen, Depressionen, Energielosigkeit, Abgespanntheit, Migräne. Noch bevor die Gefühle laut und deutlich das Sprechen anfangen – das dauert manchmal viel länger –, beginnt der Körper zu reden. Die eingeschränkte Gefühlswelt manifestiert sich als Erstes dort, wo ihr professionelle Hilfe, Augen und Ohren gewiss sind: beim Hausarzt, dann beim Internisten, Orthopäden, Gynäkologen oder Neurologen. Der Körper wird so zum Träger von Botschaften, die manchmal mit Ernährungsumstellung, mehr Körperarbeit oder einem neuen Medikament nur unzureichend gelesen werden können. Das können alles wertvolle Hilfen sein beim Umbau, ohne Zweifel. Doch oft wird mehr Umbau gefordert, als der Arztbesuch es hoffen ließ.

Bei Frauen dieser Altersgruppe beschleunigen die Herausforderungen, wie sie sich durch die Erziehung ihrer Heranwachsenden ergeben, oft das, was ich die Bilanzierung nenne. Die Frauen beginnen, zuerst noch ganz still und heimlich, Bilanz zu ziehen, oft aufgestört durch das Aufbrechen ihrer Kinder. Dieses Aufbrechen nehmen sie, im Gegensatz zu ihren Männern, schon sehr früh wahr. Schon die erste Aufbruchsstimmung bei den Kindern, sei es, dass diese das erste Mal über Nacht wegbleiben oder Tagebuch führen und der Mutter einschärfen, es ja nicht zu lesen (»Geht dich nämlich gar nichts an!«), lässt bei den Frauen Alarmlämpchen aufleuchten. Sie reagieren dann mit einer seismografischen Empfindsamkeit auf diese ersten Absetzdemonstrationen ihrer Kinder. Für viele Frauen, deren Lebensmittelpunkt bis dahin Kind und Familie waren, beginnt eine Morgendämmerung. Sie spüren instinktiv, dass diese gut organisierte und ihnen vertraute Lebensphase sich dem Ende zuneigt. Das macht Angst. Was erwartet sie, wenn die Kinder das Haus verlassen? Wer kümmert sich dann um die ersehnten Inputs in ihrem Leben?

Auch die Männer kommen in diesem Lebensabschnitt nicht umhin, wahrzunehmen, wie das Haus oder die Wohnung leerer wird. Auch sie haben in der Mehrheit die Tendenz, darauf mit Irritation zu reagieren. Auch sie gucken heimlich zu ihrer Frau hin und die Frage huscht ihnen vielleicht durch den Kopf: Wie wird es sein, wenn die Kinder nicht mehr da sind? Soll ich mich darauf freuen, dass meine Frau und ich wieder mehr Zeit miteinander verbringen können, ungestört durch Kinderlärm und Kindersorgen?

Ein 52-jähriger Mann stellte sehr offen in der Paartherapie fest: »Die absolut schwierigste Zeit war, wie auch das zweite Kind endgültig ausgezogen ist. Ich hab meine Frau so gut gekannt, als die Kinder noch im Haus waren, wie sie gehandelt und reagiert hat, alles vertraut. Fast von einem Tag auf den anderen war das weg. Dann kam die Idee, sie wolle jetzt wieder eine Arbeit suchen, hat eine gefunden, war plötzlich auch weg ... Ich hab einfach die Frau, die mir so vertraut war, nicht mehr wiedergefunden. Da saß eine andere am Tisch. Eine Egoistin, wenn Sie so wollen. Ob ich sie so, wie sie jetzt ist, geheiratet hätte? Schwer zu sagen. Auf jeden Fall habe ich mir das mit ihr und mir anders vorgestellt.«

Die verdorrte Pflanze

Wenn Kinder das Haus verlassen, träumen Eltern oft von einem neuen Paarglück. Damit wird es schwer, wenn das neue Glück kein Vorher erlebt hat. Keiner kann auf einem jahrelangen Zuwenig viel aufbauen. Die Paarliebe führt oft ein Schattendasein in der Familie. Die Paarbeziehung ist das Stiefmütterchen im Familiengewächshaus. Die Eltern bemühen sich, den zarten Röschen, die ihre Kinder sind, den besten Dünger zukommen zu lassen. Doch dass ihre eigene Liebesbeziehung auch etwas von diesem guten Dünger abbekommen sollte, geht oft im Familienmanagement mit Klein- und Schulkindern unter. Die Röschen gedeihen ganz gut, der Mutter als Schutz und Schatten spendendem Apfelbaum und dem Vater als prachtvoller Sonnenblume geht es ebenso. Doch wo ist die Paarpflanze geblieben?

Stellen wir sie uns als Granatapfel vor. Der liegt irgendwo verschrumpelt in der Ecke. Granatäpfel kann man gut aufheben. Ihre köstlichen Samen trocknen zwar mit der Zeit aus, doch ihre Haut fault nicht. Sie wird hart und lederig. Ab und zu muss man sie vom Staub befreien, der sich angesammelt hat. Sie sind, auch auf meinem Fensterbrett, ein Zierobst geworden, das schön anzusehen ist. In vielen Familien liegen solche Granatäpfel herum. Nahrhaft sind sie schon lange nicht mehr, ihre Kerne befruchten auch niemanden mehr.

Es ist manchmal erschütternd, wie wenig Paar-Eros durch die Familien strömt. Das ist kein Vorwurf, nur eine Feststellung, die traurig stimmt. Ein erfolgreicher Architekt meinte auf die Frage nach seinem Paarleben: »Wir haben genug damit zu tun, unsere Familie zusammenzuhalten, und jetzt wollen Sie noch hören, dass meine Frau und ich es jede Nacht miteinander treiben ...« Ob sie es jede Nacht »miteinander treiben«, wollte ich nicht wissen, nur warum es sie so viel Kraft zu kosten scheint, die Familie zusammenzuhalten. Es ist keine Seltenheit, dass die Eltern mit Missbilligung oder zumindest Überraschung auf die Frage nach ihrem Paarleben reagieren. So in der Art: Deswegen sind wir doch nicht hier, sondern weil unser Kind Kontaktprobleme hat, lügt, sich ritzt, einnässt, depressiv ist, unter Asthma leidet, Zwänge entwickelt, die Tochter die Mutter schlecht behandelt, der Sohn andauernd in anstrengende und aggressive Opposition zum Vater und allen männlichen Autoritätspersonen gerät, das Kind klaut, die Hausaufgaben nicht erledigt, schulisch so unmotiviert erscheint, die Jugendlichen sich herumtreiben oder Drogen nehmen, zu viel Wochenendsaufen betreiben usw.

Der Eindruck wäre falsch, dass ich diese Konflikte einer nicht erfüllenden Paarbeziehung zuschreibe. Doch: *Eine erfüllende Paarbeziehung schützt die ganze Familie.* Und: Sie kann nicht wie eine lange nicht mehr praktizierte Fremdsprache einfach wieder aufgenommen werden, wenn die Umstände es verlangen, sei es wegen des Auszugs der Kinder oder weil die Kinder wissen möchten, was es bedeutet, erwachsen und verliebt zu sein.

»Er war früher ein toller Typ ...«

Die 14-jährige Anna wollte wissen, ob ich an die große Liebe glaube: »Aber ehrlich! Sie müssen jetzt nicht irgendetwas Nettes sagen, sondern was Sie wirklich glauben.« – »Ich glaube ganz fest an die Liebe zwischen Mann und Frau, Anna, nicht weil es schön ist, sich das vorzustellen, sondern weil wir Menschen dazu fähig sind. Sag mal, hast du diese Frage deinen Eltern auch gestellt?« – »Würde ich nie tun, wär mir peinlich und ihnen wahrscheinlich auch. Weiß auch nicht, was die machen, manchmal denk ich, die mögen sich schon, dann wieder, sie mögen sich nicht wirklich. Mama erzählt gern, was der Papa früher für ein toller Typ war, aber sie sagt immer ›war‹.« – »Das ist doch schön, dass sie sich daran erinnert. Und wenn er mal ein toller Typ war, kann er es ja wieder werden, oder?« – »Der Papa sagt das aber nie über die Mama, der erinnert sich offenbar nicht so gut.« – »Frag ihn doch einfach mal, das hält er schon aus.«

Oft sind Eltern irritiert, wenn Kinder ihnen solche Fragen stellen. Glauben Eltern denn, ihre Kinder würden mit Scheuklappen am Elternpaar vorbeilaufen? Die Kinder sprechen meistens nur nicht darüber, weil sie zu Recht und intuitiv spüren, dass sie mit solchen Fragen ein etwas vermintes Gebiet betreten. Doch häufig regen die Kinder ihre Eltern, nach der ersten Überraschung, damit an, über ihre Paarbeziehung nachzudenken. Die Elternstunden danach haben oft eine andere Qualität. Die Elterngespräche werden persönlicher, rücken weg vom Fokus Kind und geben den Eltern Raum für ihre Paarträume. Und es soll keiner sagen, dass gestandene und lang verheiratete Eltern nicht noch Paarträume mit sich tragen!

Ohne Zweifel hat es vor dem Startschuss zum Familienprojekt viele »tolle Typen« und »Sie-hat-mir-einfach-super-gefallen-Frauen« gegeben. Die Kinder sind der augenscheinliche Beweis für viel vorhandene Liebeskraft. Es spielt dabei keine große Rolle, ob die Kinder bewusste Wunschkinder oder ungeplant waren. Auch die ungeplanten Kinder, so mein Eindruck, haben von einem fruchtbaren Paarzustand profitiert. Die Natur arbeitet meistens sehr verlässlich und fügt nicht automatisch Samen und Eizelle zueinander. Wenn ein Paar trotz Kinderwunsch über mehrere Jahre nicht Eltern wird (und kein organisches Problem vorliegt), ist oft eine natürliche Bremse am Werk, welche die Fruchtbarkeit beeinträchtigt. Sei es, dass das Paar sich unbewusst die Elternschaft (noch) nicht zutraut oder die Zeugung mit zu hohen Erwartungen besetzt wird. Irgendein seelisches Stressmoment verhindert dann das folgenreiche und fruchtbare Zusammensein, auch wenn die Paare, darauf angesprochen, von keinem bewussten Stress Kenntnis haben.

Es hat etwas Anrührendes, wenn Eltern vom Beginn ihrer Liebe erzählen. Die Vermutung und Hoffnung vieler Jugendlicher stimmt, dass auf jeden Fall vor ihrer Geburt (und vielleicht auch noch danach) zwischen den Eltern Liebe da war. Sicherlich gibt es auch Paare, die sich zur Heirat entschlossen haben, weil ein Baby unterwegs war. Doch selbst da entwickeln sich Liebesspuren. Wie viele Vorschulkinder und Erst- und Zweitklässler fantasieren in ihren Rollenspielen Liebesverhältnisse, Heirat und Kinderkriegen! Nur ein genetisches Programm, das sie da abspulen? Sicherlich nicht. Sie wandern nur in den Fantasieräumen herum, die ihr Alltag ihnen vorgegeben hat. Und wenn ein Geschwisterchen gezeugt und geboren worden ist, schwappen ihre Fantasie-Behälter fast über. »Du spielst jetzt den Papa und der gibt der Mama einen Kuss und dann ist das Baby da«, weiß eine Fünfjährige. Und ein Gleichaltriger legt eine Mutter- und eine Vaterfigur fünfmal ins Elternbett, »damit sie schmusen können«, und jedes Mal schlüpft ein weiteres Baby unter der Bettdecke hervor. »Toll, gell?« Ja, es ist wirklich ein toller Anblick, wie die Babys da so herauspurzeln. Und als er dann noch begeistert hinzufügt: »Die können das gut, gell?«, kennt auch meine Begeisterung kaum noch Grenzen.

Diese Vorschulkinder sind noch nahe am einstigen Liebesland dran, in welchem ihre Eltern einst heimisch waren. Ist es Zufall oder nur eine Alterserscheinung, dass Schulkinder etwa ab der 2., 3. Klasse kaum noch – natürlich auf ihre Altersstufe übertragene und mit ihrem Mehrwissen ausgestattete – Liebesspiele zwischen Mann und Frau inszenieren? Viele Kinderpsychologen würden wahrscheinlich sagen, dass

Kinder in diesem Alter mit der Bewältigung der äußeren Realität beschäftigt seien und mit ihrem Schulalltag zurechtkommen müssten und deswegen kein Interesse mehr an Sexualität, Fortpflanzung und der Frage, ob die Eltern ein Liebespaar sind oder nicht, bestehen würde. Ich bin mir da nicht mehr sicher. Denn gleichzeitig erlebe ich die Eltern in diesem Lebensabschnitt ihrer Kinder gehemmt im Umgang mit sexuellen Fantasien und Bedürfnissen. Ihr Energieniveau ist mitunter ziemlich niedrig, die Abwehrkräfte sind es ebenso. Das erfolgreiche Verwalten und Organisieren des Alltags scheint viel Kraft zu kosten. Wenn es nur um eine Durststrecke von einem oder zwei Jahren ginge, könnte man sagen: Es geht vorüber. Doch diese Durststrecke dauert oft die ganze Schulzeit der Kinder über an. Und das ist zu lang. Man kann Leben, insbesondere lustvolles Leben, nicht vertagen.

Wenn Eltern ihren Tagesablauf schildern, ist alles dabei, was zu den Pflichten und Aufgaben einer Familie gehört: Frühstück machen, die Kinder rechtzeitig in die Schule schicken oder bringen, Mittagessen vorbereiten, die Hausaufgaben überwachen, die Freizeit der Kinder organisieren, ihnen zeitliche Grenzen setzen, wenn es um ihren Computer- oder Fernsehkonsum geht, das gemeinsame Abendessen einnehmen, an welchem jetzt auch der Vater teilnimmt, die Kinder zu Bett bringen – was je nach Temperament und Durchsetzungskraft der Kinder mitunter Open-End-Charakter annimmt ...

Wo kommt in diesem Tagesablauf das Paar vor? Man kann, auch mit einer scharfen Lupe ausgerüstet, darin keine Paarspuren erkennen. Und dieser Umstand wird nicht nur in Ausnahmefällen zur Falltür für das Familienklima. Viele Paare rutschen durch diese Falltür und tauchen nie mehr so richtig auf. Wenn das passiert, ist etwas Eigenartiges zu beobachten: Die Anstrengungen, »gute Eltern« zu sein, werden noch intensiviert. Vor allem die Mütter, viel empfindsamer für Störungen im Familiengetriebe als die Väter, hängen sich dann so richtig rein ins Regulieren des Alltagsgeschäfts. Eine junge Mutter hat dieses Verhalten gut erklären können: »Wenn ich nicht mehr wie gewohnt funktioniere und ins Nachdenken verfalle, ob das alles so läuft, wie ich es mir mal erträumt habe, kommt die Angst.« Sie hat ein paar Wochen später einen Traum mit in die Stunde gebracht, der diese Angst gut veranschaulicht:

»Ich steuere ein Motorboot. Es hat ziemlich viele PS. Bin begeistert und beeindruckt, dass ich so ein Boot fahren kann. Vom Strand aus schauen mir viele Leute zu, die Kinder, mein Mann. Seine Mutter und sein Vater sind komischerweise auch dabei, obwohl wir mit denen nie in Urlaub fahren würden. Alle lachen, winken mir zu. Mein Mann macht das Victory-Zeichen. Ich geb Gas, fahre auf das offene Meer hinaus, lache vergnügt, dreh mich um, man sieht die anderen kaum noch, sehe noch, wie mein Mann mit Winken aufhört. Plötzlich kann ich nicht mehr schalten, ich will umkehren, der Steuerknüppel reagiert nicht, ich rase immer weiter aufs Meer hinaus, ich kann das Boot nicht anhalten, kann nicht mehr wenden ... hab nur noch Panik.« Sie sagt, dass sie nicht nur schweißgebadet, sondern auch voller Schuldgefühle aufgewacht sei.

Diese Frau träumt, dass sie ihrer Familie den Rücken zuwendet. Zuerst empfindet sie eine stolze und sie berauschende Aufbruchsstimmung. Auch die anderen freuen sich über ihre Vitalität. Doch plötzlich, sie nimmt immer mehr Fahrt auf, verliert sie innerlich den Kontakt zu den anderen am Strand. Es kommt ganz schnell zu einer Reaktionsbildung: Nicht sie will abhauen, sondern der verdammte Steuerknüppel funktioniert nicht mehr. Er trägt sie aus ihrem gewohnten Leben hinaus aufs freie, wilde Meer, nicht ihr eigenes Verlangen. Sie selber möchte nur wieder zurück in feste, gewohnte Verhältnisse.

Viele Eltern leiden unter ihren Fluchtfantasien, die sie lange verschweigen. Meistens kommt erst auf Nachfragen das

Geständnis, dass solche Fantasien existieren. Und regelmäßig begleitet sie ein Schuldgefühl und der Versuch, ihr Vorhandensein zu bagatellisieren. »In einer schwachen Minute denkt man halt mal so einen Unsinn ... ist ja nicht ernst gemeint ... weiß auch nicht, warum ich manchmal solche Ideen hab ... bin ja total zufrieden mit meinem Leben ... nie würde ich meine Familie verlassen wollen.«

Auch Familienväter träumen:

»Ich bin im Flugzeug unterwegs. Neben mir sitzt eine einäugige, alte Frau. Ich beuge mich etwas nach vorn, um mich zu vergewissern, ob sie wirklich nur ein Auge hat. Tatsächlich. Ich kann diesen hässlichen Anblick nicht ertragen und beschließe zu schlafen. Als ich aufwache, sitzt neben mir eine junge Frau. Sie hat ein weißes Kleid an, das sie wie einen Mantel aufschlägt. Sie fragt mich auf Englisch, ob ich eine Suppe will. Ich nicke und merke, wie ich einen ganz harten Schwanz kriege. Ich schaue mich um, das Flugzeug ist leer, aber wir fliegen ganz normal. Sie reicht mir in einem kleinen Becher die Suppe, ich will nach ihrer Hand greifen, da schüttet sie mir die heiße Brühe über den Schwanz. Ich schreie auf und schlage zu. Meine Frau rüttelt mich wach und fragt, warum ich so schreie. Ich sage was von schlecht geschlafen und so, sie streichelt mich und sagt: ›Du Armer.‹«

Auch dieser Traum kehrt den ruhigen und geordneten Alltagserfahrungen den Rücken. Er beginnt mit einer hässlichen und einäugigen Frau, bei deren Anblick ein Mann nur noch eines kann, nämlich einschlafen. Erst die junge Frau kann wieder gut sehen und wahrnehmen, dass neben ihr ein Kerl, ein richtiger Kerl sitzt, der Lust auf sie bekommt. Doch der weitere Traumverlauf meint es nicht gut mit diesem »Kerl«. Es kommt zu einer Selbstbestrafung, verschoben auf die verführerische junge Frau. Auch hier ist eine typische Reaktionsbildung zu beobachten. Nicht einmal der unschuldig Träumende darf sich seinen brennenden Gelüsten hingeben.

Er erfindet die sofortige Bestrafung seiner Lust. Die Frau verbrennt seinen Penis. Und er, nicht mehr übermannt von der Lust, sondern vom Schmerz, schlägt zu. Die Frau wird zur bösen und gemeinen Verführerin, die er sich nur gewaltsam vom Leib halten kann. Dass seine Frau ihn dann nach dem Aufwachen liebevoll und zärtlich in den Arm nimmt, fast als ob er ein Kind wäre und nicht der tolle Kerl aus dem Traum, lässt ihn vollends verstummen. Denn wie kann er einer so liebevoll Anteil nehmenden Ehefrau erklären, dass er sie im Traum gerade betrügen wollte und dass ihre Unfähigkeit, ihn auch mit dem zweiten, weiblich begehrenden Auge wahrzunehmen, ihn in seinem männlichen Selbstverständnis erniedrigt und wütend macht?

Dieser Mann hat, innerhalb einer Paartherapie, seinen Traum der Ehefrau erzählt. Und wie immer, wenn zwei Menschen das persönliche Sprechen anfangen – Michael Lukas Moeller spricht davon, »Zwiegespräche« zu halten – und nicht mehr in der oberflächlichen Alltagskommunikation festkleben, kommt es zu positiven Veränderungen. Das persönliche Sprechen braucht Mut. Beide Seiten geraten dann endlich wieder einmal in den Zustand des Staunens: Aha, so empfindest du ... Ich hab immer gedacht, du bist ganz zufrieden ... Warum hast du denn nie was gesagt? ... Ich wollte mich doch nicht lächerlich machen ... Du bist immer so beschäftigt ... Ich hab gedacht, das ist nur mein Problem ...

Das sind keine schlimmen Traumwünsche. Schade ist nur, dass solche Wünsche oft nur im Traum einen Platz finden und, sichtbar durch das negative Ende, sogar noch im Traum eine Abstrafung und Bewertung erfahren. Die Träumenden bewerten ihre Wünsche so, dass sie sie noch im Traum selber wieder auslöschen. Die Träume enden so, dass die Träumenden mit dem Gefühl aufwachen: Lass die Finger von solchen Dingen. Du siehst ja, wie es endet.

Vom ganz normalen Leben
die Finger lassen?

Wie soll das gehen, vom normalen Leben die Finger zu lassen? Kann man zwischen 25 und 55, so lange dauert es etwa, bis die Kinder groß geworden sind, auf Emotionen wie Lust, Leidenschaft, Begierde, körperliches Begehren und Begehrtwerden, Kreativität, schöpferische Unruhe verzichten? Viele Eltern versuchen in diesen Jahren mit den Primärtugenden auszukommen: Ehrlichkeit, Treue, Anstand, Höflichkeit, Hilfsbereitschaft usw. Diese Primärtugenden formen ganz entscheidend den Charakter unserer Kinder – und den der Eltern übrigens mit. Sie sind und müssen hochgehalten werden, wenn wir weiterhin eine »Welt mit menschlichem Antlitz« (Willy Brandt) vor uns haben wollen. Primärtugenden sind nicht langweilig, sie sind der Boden, auf dem die Menschen zueinandergelangen, einander finden und erkennen können. Wenn dieser Boden nicht unermüdlich neu befestigt und kultiviert wird, wenn wir nur gestresst auf ihm durch die eigene, kurze Lebenszeit hetzen auf der Jagd nach materieller Sättigung und unser Leben zum Eroberungszug von Wohlstandssymbolen verkommt, wird es zappenduster. Wenn wir zum nächsten Meeting fliegen, im Auto zum entfernten Arbeitsplatz rasen, im Zug den nächsten Termin vorbereiten, im Internet mit einem Tastendruck die Welt in die eigenen vier Wände holen und dann in der Illusion baden, im Weltgeschehen dabei zu sein, bleibt nur noch wenig Zeit dafür, im eigenen Leben anwesend und heimisch sein zu wollen.

Diese Anwesenheit im eigenen Leben erschöpft sich allerdings nicht im sorgsamen Umgang mit den Primärtugenden.

Eigentlich ein Leben

Was eigentlich hat sich gelohnt?
Was geschah, was blieb ungeschehn
und was hat man eingesehn?
Bleibt denn ein Leben verschont?

Fragen, an niemand gerichtet
als an sich selber allein.
Was eigentlich sieht man ein?
Auf wieviel hat man verzichtet?

Auf viel oder wenig: wer will
das eigentlich noch wissen? –
Aber wie hingerissen
konnte es sein und wie still?

Karl Krolow (1996)

Der erste Teil dieses wundervollen Gedichts nimmt uns zu den Primärtugenden und Pflichten mit, wie sie auf uns warten im Erwachsenenleben. Ein stilles und unspektakuläres Nachdenken über Erledigtes und Versäumtes öffnet den Gedankenraum. Fragen nach dem, was besser hätte gemacht werden können, gehören zum leise vorgeführten Reflektieren. Der in sich und sein Leben versunkene Selbstbeobachter stellt sich all die Fragen, wie sie nun einmal zu uns Menschen gehören: Habe ich auch wirklich getan, was in meiner Macht stand? Wo habe ich möglicherweise gepatzt? Hätte es da oder dort mehr sein können? Habe ich über oder unter meinen persönlichen Möglichkeiten gelebt? Wir Leser begleiten das lyrische Ich, das hier spricht, stimmen ihm zu, ja, ja, ganz vernünftige Fragen – doch dann steht plötzlich das kleine Wörtchen »hingerissen« da.

Wer Menschen schon einmal beim Sterben begleitet hat, hat vielleicht auch die Erfahrung machen können, dass diejenigen alten Menschen leichter sterben, die diesem kleinen Wörtchen auf dem Weg durch ihr Leben begegnet sind. Für die anderen wird der Abschied vom Leben manchmal sehr lang und quälend. Eine Sterbende hatte mir vor vielen Jahren gesagt: »Etwas fehlt noch, ich weiß nicht, was ... Mehr, es hätte mehr sein müssen.« Ich wusste auch nicht, was in ihrem Fall gefehlt hatte. Doch dieses »Es hätte mehr sein müssen« hat mich in Abständen wiederholt und noch längere Zeit beschäftigt. Es war mit einem nackten, großen Ernst ausgesprochen worden.

Wenn wir hingerissen sind, sind wir da – und das Leben ist es mit uns. Dieser Zustand öffnet unsere Poren wie kaum etwas anderes. Hingerissenheit ist die heftigste und entschlossenste Zuwendung zum Leben, die vorstellbar ist. Hingerissen sein lässt auf eine tiefe Verzückung schließen. Es sind die kurzen Augenblicke, die davon erzählen, dass das Leben kein Irrtum, keine Laune der Natur ist, sondern – lohnenswert. Wenn ich hingerissen bin, ob von einem Menschen oder einer Sache, haucht mich ein Zauber an, der schwer fassbar ist, doch Wirkung zeigt. Ein hinreißender Mann, eine hinreißende Frau, ein hinreißendes Buch, ein hinreißender Film werfen uns aus den gewohnten Denkbahnen heraus und machen uns willig zur Veränderung. Sie machen schöpferisch und inspirieren uns, neue Wege zu gehen. Plötzlich sind Langeweile, der gewohnte, alte Trott weit weg und das Leben kommt wieder wie ein Versprechen daher.

Karl Krolow scheint um solche kostbaren Augenblicke zu wissen. Wenn ein Mensch oder eine Sache es schaffen, uns für einen Moment oder länger hinzureißen, kehren wir in einen Kreislauf von Lebendigkeit zurück, der diesen Namen verdient. Wir sind wieder heiße Beteiligte, keine lauwarmen Zuschauer mehr. Krolows Frage ist nicht Rhetorik, sondern zeugt von viel und tiefer Menschenkenntnis. Man kann seine Frage nach dem Hingerissensein nur ernst nehmen. Mindestens so ernst wie die Primärtugenden, für die Familienmenschen sich freiwillig, manchmal auch etwas zähneknirschend, entschlossen haben.

Auch Familienmütter und -väter brauchen von Krolows Frage nicht die Finger zu lassen. Ein Familienleben muss nicht in Bahnen von entweder – oder ablaufen. Hinreißendes gehört nicht nur in das Leben von begeisterungsfähigen und künstlerisch veranlagten Individuen, sondern darf auch im normalen Leben vorkommen.

Wenn ich Eltern vorschlage, ihre Paarbeziehung nicht länger in einer guten Vergangenheit ruhen zu lassen, sondern wieder in der Gegenwart aufzufrischen, kommt oft sofort: »Ja, und was ist mit den Kindern? Wir haben keine Oma, keinen Opa, der auf sie aufpassen würde.« Oder: »Wenn ich die Kinder ins Bett gebracht habe, das dauert, sage ich Ihnen, dann will ich nur noch meine Ruhe haben und nicht noch mit meinem Mann was unternehmen, er ist ja auch immer so müde«.

Eltern geben viel Geld aus für Nachhilfe. Warum nicht auch einmal für einen freien Abend? Ich kenne viele Jugendliche, die sich gerne ein paar Euros dazuverdienen und bereit sind, auf die Kinder aufzupassen.

Hinreißende Augenblicke

In Familien mit halbwüchsigen Kindern herrscht viel Müdigkeit. Ist die Müdigkeit die Extrazugabe im Leben mit Kindern? Sozusagen das, was die Eltern umsonst bekommen, ohne eigenes Zutun? Es macht den Anschein – doch es muss nicht sein, dass die Müdigkeit sich in den Familien einnistet.

Sie breitet sich dann aus, wenn der Hormonhaushalt der Eltern auf Oxytocin verzichten muss, auf das Wohlfühl- oder Liebeshormon. Dafür, dass dieses Hormon wieder etwas häufiger zu fließen beginnt, sind die Eltern selber verantwortlich. Suchen wir also Orte und Zustände auf, wo dieses Hormon zum Zuge kommt!

Der Eltern neue Kleider

Hübsch und geschmackvoll gekleidete Mädchen und Jungen bevölkern meine Praxis. Manche davon könnte man sich gut in einem Katalog für Kindermode vorstellen. Die Kleiderfarben sind fein aufeinander abgestimmt, der Look ist pfiffig und fantasievoll. Keine Frage, ein sorgfältiges Mutterauge ist da am Werk, und das Ergebnis kann sich sehen lassen. Auch die Jugendlichen führen ihre Klamotten, oft Markenartikel, nicht nur vor, sondern unterstützen und betonen ihren modischen Stil mit passenden Accessoires in Form von Ketten, Ohrringen, Gürteln, Schuhen und Täschchen.

Die Mütter dieser modebewussten Kinder und Jugendlichen kommen oft abgekämpft und gehetzt daher. Da war keine Zeit und wenig Auge für das eigene Aussehen.

Es scheint den Müttern Spaß und Freude zu bereiten, die eigenen Kinder schön einzukleiden oder ihre Heranwachsenden in ihrem Modegeschmack zu unterstützen. Trotzdem will es scheinen, dass sich in den letzten Jahren auch da Werte seltsam verschoben haben. Auge und Geldbeutel öffnen sich bereitwillig für die »Performance« der Kinder. Doch wo bleibt die eigene Performance? Welches Welt- und Elternbild bauen Kinder auf, die mit dem Anspruch herumlaufen, immer das Neueste und Beste an Kleidung bekommen zu müssen, noch bevor die Eltern sich wieder einmal ein neues Kleidungsstück gönnen? Eine junge Mutter, deren Sohn regelmäßig wie aus dem Ei gepellt in die

Stunde kam, antwortete auf die Frage, wann sie sich denn das letzte Mal etwas Schönes gegönnt habe:»Ach, wissen Sie, das ist doch nicht wichtig, wie ich herumlaufe, da achte ich nun wirklich nicht drauf. Hauptsache, mein Sohn, also ... wir haben einfach Spaß, ihm schöne Dinge zu kaufen, ihm steht einfach alles gut.«

Es geht nicht darum, dass Eltern viel Geld für Kleidung ausgeben, teure Markenklamotten tragen usw. Es geht darum, dass Eltern nicht aufhören, an sich und ihre eigene Ausstrahlung zu denken. Eine Mutter, die den ganzen Tag in einem schlabbrigen Pullover herumläuft und nur Ausschau nach schönen Dingen für ihr Kind hält, nimmt sich als Frau nicht mehr wahr. Der Umgang mit Kleidung, das ist das Entscheidende hier, ist oft ein Symptom. Und zwar ein Symptom für die Gleichgültigkeit im Umgang mit der eigenen Ausstrahlung. Bei ihren Kindern unterstützen die Eltern diese Ausstrahlung durch passende, oft liebevoll ausgewählte Kleidung. Ausstrahlung ist viel mehr als Kleider an einem Körper. Doch diese Kleider verstärken die Ausstrahlung. Sie demonstrieren, wie jemand mit dem umgeht, was ihm am nächsten ist, nämlich der eigene Körper. Der eigene Körper ist nicht das Transportmittel für Gedanken, Gefühle und Handlungen, auch nicht bloße Hülle für das eigentlich Wichtige, sondern unser Da-Sein.

Ein Paar kam regelmäßig in die wöchentliche Stunde. Irgendwann begann der Mann von seiner Tochter zu schwärmen. Wie viel Geschmack sie zeige, wie sie aus wenig Taschengeld viel mache.»Auch was die Kleidung anbelangt, einfach chic.« Seine Frau hörte ihm etwas erstaunt zu und meinte mit leicht amüsiertem Ton:»Was du plötzlich alles siehst ... könntest du unserer Tochter ja mal sagen, die freut sich sicher darüber.« Das nächste Mal stand sie vor der Tür, zog den leichten Sommermantel aus und hervor kam ein leicht dekolletiertes Sommerkleid in einem warmen, leichten

Altrosa, das mich zweimal hinschauen ließ. Auch ihr Mann, der eben das Zimmer betreten wollte, blieb stehen, schaute. Sie lächelte, betrat als Erste den Raum. Er folgte ihr mit den Blicken, setzte sich an einen anderen Platz als sonst und schaute immer noch, als ob er sich vergewissern müsste, dass es seine Frau ist, die das bezaubernde Kleid am Körper trägt: »He, das ist aber schön ... das kenn ich gar nicht, he, gut!«

Wenn eine Familie ihr Innenleben am Köcheln halten kann und so nicht nur Abgestandenes und Erkaltetes im Familienbauch zirkuliert, können heranwachsende Kinder in ihren Eltern etwas wecken, was sonst als Dornröschenstimmung geendet hätte: Alles schläft ein. Diese Mutter hat auf die Aufmerksamkeit des Vaters für die gepflegte und einfallsreiche Kleidung der Tochter nicht mit Eifersucht reagiert, sondern kreativ gehandelt. Die Tochter ist ihrer Mutter einen Schritt voraus gewesen, die Mutter hat es gemerkt und die richtigen Schlüsse daraus gezogen. Manche Frauen hätten auf die bewundernde Bemerkung ihres Mannes der Tochter gegenüber mit einem schnippischen »Bei *ihr* fallen dir solche Sachen auf!« reagiert. Ja, wenn es bei der Frau diesbezüglich aber nichts gibt, was auffallen könnte?! Umgekehrt kann auch der Charme des jugendlichen Sohnes, mit dem er bei der Mutter sehr wohl ankommt, im Vater neue Bemühungen wecken, es dem Sohn gleichzutun. Im guten Fall. Im schlechten wirft der Mann seiner Frau vor, sich vom Sohn »wieder einmal« naiv um den Finger wickeln zu lassen. Wer will denn Söhnen verbieten, auch ihrer Mutter mit Charme zu begegnen oder ihre Mutter als Sparringpartner zu nutzen im Zaubergarten der Geschlechter?

Ich erlebe oft, wie aufmerksam Kinder werden, wenn der Vater der Mutter ein Kompliment macht oder die Mutter, statt den Kindern stumm recht zu geben, dass der Papa »blöd« ist, denen entgegenhält, dass ihr Papa »ein prima Kerl« ist. Solche Elternhaltungen tragen zum harmonischen

Familienklima bedeutend mehr bei als viele Diskussionen, Ermahnungen oder pädagogische Familiensitzungen um den Esszimmertisch herum.

Mütter beklagen häufig, dass ihre Männer abgestumpft seien für ihre äußeren Reize, die neugierigen Blicke von früher gäbe es schon lange nicht mehr. Doch wo soll der neugierige Blick herkommen, wenn die Frau auch in ihrem Aussehen nichts Neues mehr zeigt? Ab und zu beginnt ein neugieriges Schauen wieder mit einem Kleid aus Altrosa. »Es war nicht einmal teuer.«

Nur du und ich

Mit dem Kinderkriegen ändert sich vieles. Die Paarstruktur verwandelt sich in eine Familienstruktur. Ein mittleres Erdbeben. Denn es bedeutet, dass ein neues Haus aufgebaut werden muss. Paare können in einer Hütte glücklich sein, zumindest in ihrer Fantasie. Familien nicht. Die brauchen ein Kinderzimmer und ein Elternzimmer. Junge Eltern sind naturgemäß häufiger im Kinderzimmer zugange als im Elternzimmer. Irgendwann schlafen sie nur noch im Elternzimmer oder ziehen sich dorthin zurück, um endlich einmal ihre Ruhe zu haben. Das stört die Kinder nicht sonderlich, sie erobern sich einfach auch das Elternzimmer, schlafen bei und zwischen den Eltern. Die Hütte brennt spätestens hier ab.

Die »Entpaarung« ist oft mein größtes Problem in der Kinder- und Jugendlichentherapie. Da sitzen dann gereizte und erschöpfte Eltern, bei denen sich alles ums Kind dreht in den Gesprächen – und in den Gefühlen. Das kann nicht allzu lange gut gehen. Die Kraft für ein langes und glückliches Familienleben schenken nicht die Kinder mit ihren guten Schulleistungen und sportlichen oder sonstigen Freizeiterfolgen. Sie stammt vom Kraftfeld Paar. Wenn es in einer Familie dieses Kraftfeld gibt, weiß ich, dass die Konflikte, die gerade am Horizont aufgetaucht sind, vorübergehen werden. So wie ein schweres Unwetter irgendwann abzieht. Schwere Unwetter sind normal. Eine Familie hingegen ohne das Kraftfeld Paar ist eine sehr, sehr anstrengende Sache.

Um es deutlich zu sagen: Es geht nicht darum, dass ein Paar in der Familie Sexorgien feiern kann und dann strömt der familiäre Energiefluss von allein. Es geht nicht um wilden Sex, sondern um den Paar-Eros. Es geht um so kleine und unspektakuläre Dinge wie zum Beispiel, dass der Vater der Mutter so aufmerksam und interessiert zuhört, wie er es früher zu tun imstande war, als es nur das Paar gab. Es geht um den Blick der Mutter auf ihren Mann, aus dem kein Ärger und simples Genervt- oder leises Enttäuschtsein spricht, sondern Nachdenklichkeit, Neugierde, Zärtlichkeit, Überraschung.

Eine seltsame Passivität breitet sich mit den Jahren in den Familien dort aus, wo das Paar einst gestanden hat. Dieses Paar steht noch da, in irgendeiner Ecke – doch es kümmert sich keiner mehr darum. Mutter und Vater scheinen es manchmal zu bemerken, wenn sie mit ihren Blicken ziellos herumstreifen. War da was, war da nicht jemand? Ein Schatten. In ihrer Fantasie huscht dieses Wesen manchmal noch vorbei. Doch zu flüchtig, zu vergessen, um es orten und halten zu können.

Die familiäre Passivität kontrastiert eigenartig mit der familiären Aktivität. Das hauseigene Taxi (meistens die Mutter) ist ständig unterwegs zum Training der Söhne, zum Wettkampf der Töchter, zu Elternabenden – alles im Namen der Schul- und Lebensangelegenheiten der Kinder. In Sachen Paar, was durchaus eine Lebensangelegenheit sein könnte, frisst das Taxi kaum Benzin. Rainer Werner Fassbinders Filmtitel »Angst essen Seele auf« könnte hier abgewandelt werden in »Familie essen Paar auf«. Wo sind die Frauen, die ihre Männer einmal von der Arbeit abholen, ganz überraschend, um sie zu einem gemeinsamen Abendessen zu zweit einzuladen? Wo sind die Männer, die eine liebe Verwandte oder Bekannte ins Haus holen zum Babysitten und ihre Frau für einen langen und wunderbaren Abend entführen? Das sind keine verrückten oder romantischen Paar-Ideen. Die waren früher schon einmal da. Welche Paare sind schon zusammengekommen, weil sie sich nichts haben einfallen lassen, sich nicht umeinander bemüht haben?

Der Familienkörper hat ständig Hunger. Immer braucht einer was, ein Heft, eine Unterschrift, das Ohr der Mutter zum Abhören der Vokabeln, die geschickte Hand des Vaters beim Aufbauen des Bücherregals. Der Vater braucht dringend noch eine Wäsche, möchte »das Hemd, du weißt schon, welches, morgen tragen«, die Mutter wartet seit 14 Tagen auf ein paar Stunden Zeit, damit sie zu IKEA fahren kann. Der Dialog könnte dann folgendermaßen ablaufen:

»Kannst du mal am Samstag auf die Kinder aufpassen, seit zwei Wochen liegt der Zettel rum, was ich alles noch brauche.«

»Aber wir waren doch erst bei IKEA ... warum haben wir dann den Rest nicht gleich mitgenommen, mit dem Bücherregal?«

»Ich kann ja nicht immer an alles denken.«

»Jetzt erwartest du noch, dass ich weiß, ob wir einen Wäschekorb oder das andere Zeugs brauchen! Den gibt's doch auch hier in der Stadt.«

»Aber viel teurer und dort weiß ich genau, wo ich ihn finde.«

»Also, du bist nicht organisiert.«

»Und du hast keine Ahnung, worum ich mich den ganzen Tag kümmern muss, und das alles neben meiner Arbeit ...«

»Warum nimmst du die Kinder nicht einfach mit?«

»Ich will in aller Ruhe die paar Sachen zusammensuchen und nicht mit unseren Kindern, die dann alles Mögliche sehen und wollen.«

»Gut, dann fahren wir halt alle zusammen, wenn es dir allein zu anstrengend ist, dann komm ich mit.«

»Ich wollte ja gar nicht, dass du ...«

»Bist du nun zufrieden?!«

» ...«

Der Paarkörper ist auch hungrig. Es scheint wie ein ungeschriebenes Gesetz zu sein, dass er unwichtig zu sein hat, dass »andere Bedürfnisse einfach vorgehen« (so ein Familienvater). Einfach? Überhaupt nicht einfach, doch tief in den Elternköpfen eingeschrieben. Sind diese Gravuren, die so heftig tief eingetragen sind, Überreste eines christlichen Moralkodex, der erwartet, dass dem Familienglück anstandshalber ziemlich viel und zuletzt auch das eigene Glück geopfert werden muss? Dabei wissen wir alle oder ahnen es zumindest, dass die individuelle Zufriedenheit ein Maßstab ist und bleibt für die Familienharmonie.

Viele Eltern glauben, sie könnten die eigene Zufriedenheit aufschieben, »bis die Kinder aus dem Haus sind«. Elterliche Durchhalteparolen sind anständig, doch bei Weitem nicht so wirksam, wie Eltern glauben. »Wenn meine Kinder mal groß sind, komme ich dran.« Diese tapfere Parole trügt. Erstens kann man die mangelnde Erfahrung im Erkennen und Umsetzen eigener Wünsche nicht einfach nach- und aufholen, weil eine ernsthafte Erkrankung manchmal schon vorher kommt. Und zweitens haben die Kinder dann manchmal schon längst beschlossen, bei solchen Elternvorbildern auf eigene Kinder zu verzichten. Die 20-jährige Julia sagt klipp und klar: »Warum sollte ich Kinder wollen? Ich bin verwöhnt, stimmt, das meiste hat sich um mich gedreht zu Hause. Glauben Sie echt, ich bin so blöd, um das alles aufzugeben? Und genau das heißt Kinderkriegen ... oder etwa nicht?«

Eigentlich sollte Kinderkriegen mehr bedeuten als »alles aufgeben«. Jugendliche übertreiben gern, dramatisieren nicht weniger gern, doch in ihrer Übertreibung und Dramatisierung ragt bei genauem Hinsehen auch die messerscharfe Pfeilspitze, die nüchterne Realität, durch. Julia hat erkannt, dass ihre Eltern sich um die Tochter gedreht haben und nicht um sich selber und ihre Paarbeziehung. Julia hat kein richtiges Paarbild, nur ein Elternbild. Und dieser Umstand kann ihr später Schwierigkeiten bereiten. Eltern glauben naiv, wenn ihre Kinder es schulisch geschafft haben, wobei damit meistens das Abitur vor ihrem geistigen Auge schwebt, dann hätten die Kinder das Wichtigste erreicht. Damit ihre geliebten Kinder es wirklich schaffen, später draußen im Leben und drinnen in der eigenen Familie, brauchen sie anregende Paarbilder. Liebesbilder sozusagen.

Um neue Liebesbilder in der Familie zu entwerfen, braucht es zunächst einen Abschied. Es muss Abschied davon genommen werden, dass hauptsächlich Familiengeschäfte bestellt werden müssen. Es ist offenbar ein großer und schwerer Abschied. Wenn Eltern bei einem Paarseminar vorgeschlagen wird, ein Wochenende allein zu verbringen, auf einer Hütte, in einem auswärtigen Hotel, bei einer Wanderung, in einem unbekannten Hotel in der eigenen Stadt, die sonst nur in Sachen Familie durchhetzt wird, kommen Einwände, strategische Überlegungen, leicht vorwurfsvolle Haltungen der Art »Das auch noch!«. Ganz selten folgt freudige Zustimmung oder die spontane Bereitschaft, so ein Paarwochenende auszuprobieren und zu planen. Zeitliche Hinderungsgründe werden ins Gespräch eingeschoben: »Am Wochenende sind wir froh, wenn mal nichts läuft, man sich ausruhen kann.« Oder finanzielle Einwände: »So ein Wochenende kostet!« Die teuren Klamotten der Kinder, ihr neuestes Handy, ihre anderen Hobbys kosten auch, liegt mir manchmal auf den Lippen. Und dann gibt es noch organisatorische Hinderungsgründe: »Wir haben leider keine Großeltern vor Ort.« Der Haupteinwand wird nicht gebracht:

Wir haben Angst.

Wir waren so lange nicht mehr allein.

Vielleicht können wir ohne die Kinder nicht mehr viel miteinander anfangen.

Vielleicht wird es langweilig.

Vielleicht sitzen wir dann da – und kein Zauber vergangener Tage will sich einstellen.

Vielleicht sollten wir dann miteinander schlafen.

Vielleicht haben wir große Erwartungen und werden enttäuscht.

Vielleicht gefalle ich meinem Mann nicht mehr.

Vielleicht wartet meine Frau nur, dass das Wochenende vorüber ist.

Es muss kein Zauber vergangener Tage wiederkehren. Es kann ein neuer Zauber entstehen. Die zahlreichen Vielleichts sind ernst zu nehmen. Doch sie auszuprobieren und vor allem anzusprechen, ist viel mutiger, als sie zu unterdrücken.

Manchmal kann man nur staunen über die große Kreativität mancher Väter und Mütter. In der Erziehungsarbeit ist oft ungemein viel Schöpferisches anzuerkennen. Den Eltern ist manchmal gar nicht bewusst, wie originell sie gerade bei einem Kind reagiert haben. Doch über originelle Ideen in der Partnerschaft wird selten ein Wort verloren. Auch nicht nebenbei. Die Kinder werden mit vielen guten und einfühlsamen Ideen bei Laune gehalten. Ihre Entwicklung wird im Auge behalten. Aber wann ist das letzte Mal eine Partnerschaftsidee dem einstigen Geliebten zugeflossen? So eine Frage bringt Eltern in Verlegenheit oder in eine sich im Gespräch manchmal länger hinziehende, trotzige Erinnerungsarbeit.

»Vor vier Monaten, es muss um Pfingsten herum gewesen sein, da wollte ich mit dir ins Kino, *Irina Palm*, erinnerst du dich? Du hast gesagt, seit wann willst du mit mir ins Kino?

Das war's, nein, du hast noch gesagt, worum geht es, und dann kam: ›So ein komischer Film, nein danke.‹« Oder eine Frau erinnert eine Situation, in welcher sie ihren Mann gebeten hat, mit ihr »ein bisschen shoppen zu gehen«, und er ihr daraufhin Geld in die Hand gedrückt hat. Er kann sich daran nicht erinnern, sie sehr wohl, denn sie hat danach das Geld auf ihr Konto eingezahlt. Aus Enttäuschung. Etwas verschämt erzählt sie, sie beide hätten das früher ab und zu gemacht, zusammen shoppen gehen, ihr Mann habe ihr gerne zugeschaut, wenn sie Kleider anprobiert habe, und es nerve sie, wenn er jetzt ihren Freundinnen Komplimente mache zu deren Kleidung, aber keinerlei Notiz davon nehme, wie sie herumlaufe. »Wenn meine Freundin gesagt hätte, he, Peter, du verstehst doch was von Mode, kommst du mit und berätst mich beim nächsten Kauf, du hättest mit leuchtenden Augen Ja gesagt. Und mir drückst du das Geld in die Hand.« Frau M. laufen die Tränen herunter. Diese Tränen brennen in der dritten Anwesenden, mir, wieder einmal die Erkenntnis ein, dass hinter jeder Mutter eine wartende Frau steckt. Sie wartet nur darauf, dass ihr Mann sie wieder als Frau wahrnimmt.

Warten, dass kleine Wunder passieren, ist ein Akt der Hoffnung. Doch will mir scheinen, dass Handeln erfolgversprechender ist. Und einem Erwachsenen angemessener.

Das Fremdwort Verführung

Verführung ist etwas, was Heere von Werbepsychologen und -strategen heutzutage beschäftigt. Die Werbepausen bei den Privatsendern spiegeln die veränderte Gesellschaft wider: Ein Mann macht Werbung für Waschmittel, Frauen diskutieren mit Finanzberatern, der Ehemann sitzt mit offenem Mund daneben und bestaunt die Sachkompetenz der Ehefrau. Kinder werben für leckere Nahrungsmittel, Jugendliche für Verhütungsmittel und Kleider, für neue Handymarken und elektronische Produkte. Neue Zielgruppen – werden sie nur eingesetzt, um neue Kundenstämme zu erschließen oder sind sie Folge einer veränderten Gesellschaft? Wohl beides. Auf jeden Fall haben sie verführerische, manipulierende Qualität und lenken beim Zuschauer die Wünsche in die angestrebte Richtung, nämlich das so raffiniert verpackte und so attraktiv präsentierte Produkt zu erwerben. Fernsehen im 21. Jahrhundert ist die totale Performance.»Wenn du ›in‹ sein willst, schau dir die Werbung an, besorge dir das Angepriesene und wir heißen dich willkommen im 21. Jahrhundert. Du gehörst dazu, *du* bist in.«

Verführung ist hier eindeutig Manipulation. Manipulation setzt dort ein, wo kollektiv organisierte Bedürfnisse die Kraft besitzen, die eigenen Bedürfnisse zu ersticken, ohne dass der Betroffene es merkt. Werbung suggeriert immer »Wir alle«. Die eigenen Fantasien werden so lange mit Werbespots bedrängt, bis sie sich fügen und zu weichen beginnen und dem von außen eingeredeten Bedürfnis Platz machen. Man muss nicht mehr in sich hineinhorchen und hineinspüren, wie die eigentlichen, persönlichen Bedürfnisse aussehen. Man muss nur den Fernseher anmachen und wird erinnert, was man für Bedürfnisse haben sollte und wie und wo man sie erwirbt.

Das Fernsehen hat heute den Stellenwert eines umfassenden Coachings in Bezug auf Bekleidung, Essen, Erziehung, Schuldenabbau, Wohnungseinrichtung usw. Der Deutsche Fernsehpreis 2007 hat im »TV-Trend 2007 – Coaching« Katharina Saalbach für die »Super Nanny« ausgezeichnet. Solche Coach-Sendungen sind Hilfen für manche Eltern, doch eines liefern sie nicht frei Haus: die eigene Fantasie und das eigene Ausprobieren und Aktivwerden auszuprobieren. Voyeuristisches Zuschauen aus der sicheren Distanz des heimischen Fernsehsessels ist kein Ersatz für eigene Fantasien und selbstverantwortliches Handeln. Was man bei anderen sieht – und man sieht in diesen Super-Nanny-Sendungen, wie Kinder und Eltern einander verfehlen können –, wirkt nicht automatisch im eigenen Haushalt. Das Imitat ersetzt nicht die eigene kreative Handlung. Es kann sie anregen, doch nicht erschaffen. Das eigene kreative Tun findet sich im teilweise schmerzhaften Erkennen dessen, was einem subjektiv fehlt. Und das beantwortet kein Coach, auch kein Therapeut. Die helfen vielleicht bei der Umsetzung der Wünsche nach Veränderung, die Veränderung selber machen und bewirken sie nicht. Das vermag nur der Betroffene.

Das Wort Verführung ist also durch die manipulierende Medienlandschaft schal geworden. Dabei ist es ein wunderbares Wort. Die Fähigkeit zur Verführung ist uns nur etwas abhandengekommen, weil wir täglich von außen bedrängt werden durch die pervertierte Form der Verführung, die Manipulation. Verführung will nicht manipulieren, sondern – anziehen. Verführung ist in erster Linie Aktivität und ein Beziehungsgeschehen. Wenn ich jemanden verführen will, zeige ich Interesse an ihm und auch an meinen eigenen Wünschen. Der Verführung entgegengesetzt ist die Gleichgültigkeit. Gleichgültigkeit ist ein arg passiver Gefühlszustand. Man sitzt ein bisschen da, man geht ein bisschen, man denkt ein bisschen. Aber man könnte auch alles lassen. Gleichgültigkeit ist wohl am weitesten entfernt vom Zustand des Fantasierens. In der Gleichgültigkeit schweigen die Träume, verlieren sich die Begierden, löst sich die kraftvolle Bindung an alles Lebendige. Viele Elternpaare klagen zu Recht über ein Klima der Gleichgültigkeit. Man erträgt einander, man akzeptiert einander weitgehend, man kennt einander durch und durch.

Dieser letzte Punkt ist wohl der Super-GAU jeder Beziehung. Er vernichtet jede fantasievolle Annäherung an den anderen und er tut dem anderen unrecht. Wenn der Partner ein Stück Glas geworden ist, wo er doch früher einmal der anziehende und geheimnisvolle Unbekannte war, der die eigenen Fantasien angerührt hat, kann man das Glas gleich wegwerfen. Was wollen zwei Menschen, die jedes Geheimnis füreinander verloren haben, noch zusammen erleben? Wie kann es überhaupt sein, dass ein Mann und eine Frau ihr Geheimnis verlieren? Sie sind doch Geheimnis per se, weil sie einander fremd sind, weil sie nicht dem gleichen Geschlecht angehören.

Dieses »Durch-und-durch-Kennen« kann nur passieren, wenn ein Paar angefangen hat, auf den es ewig trennenden Unterschied des Geschlechts zu verzichten. Wenn das Paar dann allerdings sagen würde: »Das interessiert uns auch nicht mehr, dass wir Mann und Frau sind, wir sind einander wunderbare Freunde«, dann würde ich sie gehen lassen, in der respektvollen und ruhigen Erkenntnis, dass ein Paar selber bestimmt, was es leben will. Und ein Paar, wo jeder dem anderen wirklich Freund sein kann, ist fern der Geheimnislosigkeit.

Doch die Wirklichkeit ist meistens so, wie die oben beschriebene Frau es empfunden hat, deren Mann die Freundinnen der Frau so aufmerksam beobachtet und mit Komplimenten für ihre weiblichen Reize erfreut und der Ehefrau das Geld in die Hand drückt, wenn sie mithilfe ihres Mannes die eigene Weiblichkeit erforschen und wieder beleben möchte.

In *Liebesfluchten*, diesem herrlichen Erzählband von Bernhard Schlink, warnt Sarah in der Erzählung »Beschneidung« ihren Geliebten Thomas:

»Hoffentlich hörst du nie auf, mit mir zu reden.«

»Warum sollte ich?«

»Weil du meinst, du weißt schon, was in meinem Kopf vor sich geht, und es von mir nicht mehr wissen willst. Wir kommen aus zwei verschiedenen Kulturen, wir sprechen zwei verschiedene Sprachen, auch wenn du aus deiner gut in meine übersetzt, wir leben in zwei verschiedenen Welten – wenn wir aufhören, miteinander zu reden, treiben wir auseinander.« (Schlink 2000, S. 213)

Er trennt sich dann von ihr, weil *sie* nicht mehr wissen wollte, wer er ist.

Verführung ist nichts Billiges. Verführung erfordert Kreativität. Verführung will die Gleichgültigkeit zwischen den Geschlechtern hinter sich lassen und erneut auf Entdeckungsreise gehen. Es ist dabei keine Reise, die zur Abwechslung vom grauen Ehealltag in neue Länder mit exotischem Flair unternommen wird, sondern sie führt direkt zum Partner hin. Nur – sie müsste halt unternommen werden, müsste gewagt werden.

Paare, die diese alte Entdeckungsreise neu aufnehmen, verlieren nicht ihr Interesse an der Nachkommenschaft. Sie sind durch ihr erneutes Reisen auch nicht erschöpfter als vorher. Sie erhalten nur neue Eindrücke voneinander, die ihnen den Alltag versüßen. Ich kenne kein einziges Paar, das auf dieser Sinnenreise, die manchmal nur ein paar Minuten oder eine kurze Geste lang aufblitzen kann, als Elternpaar Federn gelassen hat. Ich kenne auch keine Kinder, die sich darüber beschwert hätten, dass ihre Eltern wieder auf Paarzeit bestehen. Irritationen gibt es meist nur am Anfang. Ein Siebenjähriger mault unzufrieden, dass die Eltern »wieder ein tolles Wochenende machen .... die machen mit uns nie ein tolles Wochenende«. Kinder sind Spezialisten, wenn es darum geht, den Eltern Schuldgefühle zu bereiten. Gerade dieser Junge hat's halt mal probiert. Sehr bald schon hat es ihm gefallen, dass die Eltern wieder gemeinsam unterwegs sind.

Lassen wir eine Entdeckungsreise einmal anfangen. Sie kann damit beginnen, dass die gewohnten Abläufe plötzlich durch kleine Veränderungen unterbrochen werden. Am Frühstückstisch erwartet den Ehemann ein Briefumschlag. Merkwürdig, da liegt doch nie ein Brief ... Er öffnet ihn. Eine Karte mit einem reizvollen Frauenkopf oder Männerkörper

oder einer Ansicht von südlichen Landschaften oder, oder ...
fällt heraus. Die Neugier ist erwacht. Die Karte wird umgedreht. In vertrauter Handschrift steht vielleicht nur ein Satz:

Ich wünsche Dir einen guten Tag.
Ein Kuss zum Tagesbeginn.
Vielleicht kommst Du heute Abend mit einer Blume
nach Hause ... ich fang doch gerade wieder an, das
Wünschen zu lernen.
Ich mag Dich – immer noch.
Heute hast Du einen Wunsch frei.
Glaubst Du noch an Märchen?
Wie sieht denn Deine Traumfrau aus? Erzähl mir doch
davon ...
Ich wollte immer einen verwegenen Mann ... jetzt hab
ich vergessen, wie der aussieht.
Ich denk heute an Dich ... Deine Gefährtin.
Hallo und guten Tag sagt eine, die heute neben Dir lag.
Hast Du heute Abend noch einen Termin frei?
Hören wir uns in den nächsten zwei Tagen mal Deine
Lieblingsmusik an. Ich bin dabei.
Ich hab lange nicht mehr getanzt.
Du gefällst mir immer noch.
Was ich Dir schon lange sagen wollte: Die blaue Jeans
steht Dir verdammt gut ...

Es ist nur eine kleine Karte. Es steht nur ein Satz darauf,
schnell geschrieben, rasch erledigt. Doch die Wirkung reicht
über den Tag hinaus. Die Taxifahrerin, der Heimwerker, die
Trösterin vom Dienst, der Familienfinanzier, die Familien-
chefin, die Krankenschwester, der Machtwortsprecher sind
mit dieser kleinen Karte aus ihren Rollen gefallen, die alle
Beteiligten leidlich auswendig gelernt haben und manchmal
bis zum Überdruss gewohnt sind zu spielen. Rollen, die allen

ein wenig langweilig geworden sind. Aber andere hat das Familienskript nicht mehr enthalten.

Also muss man neue und bessere Drehbücher schreiben. Wie sagt die Hauptfigur Gregorius in *Nachtzug nach Lissabon*: »Wenn es so ist, dass wir nur einen kleinen Teil von dem leben, was in uns ist – was geschieht mit dem Rest?« (Mercier 2006, S. 58) Der riesengroße Rest ruht und wartet darauf, dass er zum Leben erweckt wird.

Der Tag hat besser angefangen als viele früheren. Er geht weiter. Sie ruft in seinem Büro an oder umgekehrt, er bei ihr: Lassen wir ihn für dieses Mal aktiv werden!

»Ich hab Lust, mit dir essen zu gehen, passt es dir?« Nach dem unerwarteten Anruf des Mannes, der einmal ihr Geliebter war und jetzt schon so lange Ehemann heißt, ruft sie die Schwiegermutter oder die eigene Mutter an. Sie müsse dringend weg über Mittag, ob die Oma Zeit hätte, die Kinder zu betreuen, wenn sie aus der Schule kommen. Sie nennt keinen Grund, »dringend« ist genug. Die Oma kann nicht. Sie ruft die Mutter einer Klassenkameradin ihrer jüngeren Tochter an. Kein Problem, »klar können beide kommen«.

Ihr fällt der Secondhand-Exklusiv-Laden ein, den sie schon lange nicht mehr von innen gesehen hat. Die Kleider dort sind nicht neu, auch nicht teuer, aber immer noch schön, und ein besonderes Stück ist fast immer darunter. Dort angekommen, bewegt sie sich mit einer Leichtigkeit vom Kleiderständer zur Garderobe und wieder zurück, wie schon lange nicht mehr. »Es macht ja richtig Spaß, mich mal wieder auszuprobieren«, schießt es ihr durch den Kopf. »Heute finde und kauf ich ein ›Sieh-mich-an-Kleid‹ ... hätte ich schon früher mal machen können!« Sie entscheidet sich für ein leicht dekolletiertes, luftiges Trägerkleid in Gelb. Gelb hat sie fast zu tragen vergessen. Überhaupt haben Farben keine so große Rolle mehr gespielt in ihrem Leben. Dann kauft sie sich einen Lippenstift, ein ziemlich kräftiges Rot. Wann hat sie sich das letzte Mal geschminkt? Es muss ziemlich lange her sein, sonst hätte sie noch einen Lippenstift zu Hause liegen. Der Gedanke an den fehlenden Lippenstift zu Hause ... und es ist ihr nicht einmal aufgefallen! Aufgefallen sind ihr nur die vielen Schminkutensilien ihrer 17-jährigen Tochter. »Mein Gott, gibst du viel Geld aus für dieses Zeug, Lidschatten, Kajalstifte in allen Farben, kussechte Lippenstifte ...« Und die zehnjährige Tochter schleicht auch schon ganz fasziniert um den Schminktisch der großen Schwester herum, der wie ein Altar geschmückt ist.

Sie holt, wieder zu Hause, die Schuhe mit den Absätzen hervor. Die streift sie sich sonst höchstens über, wenn ein Theaterbesuch ansteht – was selten der Fall ist. Die halblangen Haare verdienen auch etwas Aufmerksamkeit. Normalerweise fallen sie halt einfach halblang. Sie könnte sie mal anders tragen, hochgesteckt oder aus dem Gesicht gekämmt oder mit einer dekorativen Haarspange festgehalten. Ausprobieren. Merkwürdig, wie viel Spaß ihr dieses Herumspielen mit den Haaren macht. Werde ich jetzt albern? Wenn meine Kinder mich so sehen könnten ... die lachen sich ja tot. Vielleicht käme dann so eine blöde Bemerkung wie: »Mama, du bist alt, überlass das uns ... sieht doof aus, wenn du dich so auftakelst!« Und wenn schon, wer sagt eigentlich, dass nur pubertierende Töchter so ein Aufhebens um sich machen dürfen? Eine plötzliche Lust ergreift sie, eine Unbeschwertheit, wie sie lange nicht mehr da war. Sie wird absichtlich etwas zu spät kommen zum vereinbarten Treffpunkt im Biergarten neben dem Arbeitsplatz ihres Mannes. Er soll sie kommen sehen.

Sein Anruf bei seiner Frau beflügelt ihn. »Die Idee hätte mir schon früher kommen können. Und sie hat, Überraschung, Überraschung, sofort Ja gesagt. Eigentlich nicht ihre Art. Hab schon damit gerechnet, dass sie das Mittagessen vorschieben wird. Das organisatorische Problem. Endlich

legt sie sich einmal keine Fesseln an. Ich hätte schwören können, dass sie diese Spontanaktion nicht mag, weil diese ihr
Tagesprogramm, das im Grunde genommen jeden Tag ähnlich ist, über den Haufen wirft. Doch sie hat Ja gesagt. Irgendwie überraschend. Ich könnte noch ein passendes Büchlein
besorgen, so was mit Liebeszitaten oder so oder Sinnsprüche
für jeden Tag … Kann sein, dass sie das albern findet … Na ja,
vielleicht hol ich besser eine Sonnenblume. Eine nur. Sie mag
ja Blumen. War immer so, hat nur irgendwie keine Rolle
mehr gespielt.«

Dieser Gedanke, dass sie Blumen liebt und er es bei diesem Wissen schon mehrere Jahre hat bewenden lassen, beschämt ihn fast ein wenig. Seiner Sekretärin hat er gerade vor
zwei Wochen einen teuren Strauß geschenkt, weil sie wieder
Überstunden gemacht hat in einer sehr angespannten Ge-
schäftslage, ohne zu jammern. Dabei wollte er sie nur bei
Laune halten und es ihr leicht machen, bei den nächsten
Überstunden ohne große Diskussion Ja zu sagen. Er wird
pünktlich im Biergarten sein. Irgendwie angenehm, mit der
eigenen Frau sich zum Mittagessen zu treffen, wenn auch un-
gewohnt.

Er sitzt jetzt schon zehn Minuten da, spürt, wie die eben
noch empfundene angenehme Spannung abklingt und leichter
Ärger sich breitmacht. »Ich hab nur eine Stunde Mittagspause
und sie verspätet sich. Sie ist immer pünktlich. Ausgerechnet
jetzt.« Plötzlich kommt er sich lächerlich vor: »Was war denn
das für eine Idee. Mit der Ehefrau essen gehen … machen wir
doch sonst auch nicht.« Es ist ein richtig heißer Tag, so viel
Sonne. Verdammt viel Sonne. Er zieht sein Jackett aus, bestellt
sich ein Bier. Ein junges Paar fragt, ob die Plätze an seinem
Tisch noch frei seien. Er verneint, überlegt aber: »Was, wenn
doch? Wenn sie nicht kommt? Vielleicht hat sie mich auf den
Arm genommen?« Die Sonnenblume schaut ihn an, lacht sie
über ihn? »Oh Gott, mache ich mich gerade lächerlich …«

Plötzlich taucht sie auf, inmitten einer Schar von Geschäftsleuten, die oft in der Mittagspause hierherkommen. »He, das gibt's doch nicht. Meine Frau ... aber wie!« Er schaut ihr entgegen, seine Gesichtsmuskeln entspannen sich. Vergnügen, Vergnügen und immer mehr davon breitet sich in ihm aus, bis sie am Tisch und vor ihm steht. Auch sie lacht und sagt mit einer fast verlegenen, mädchenhaften Geste, mit der sie ihren gut sitzenden Träger nochmals gerade rückt: »Eine gute Idee war das, oder?« – »Ja, war gut, die Idee ...« Auch er spürt einen Hauch von Verlegenheit. Doch vor allem eine Freude, wie sie ihm beim Anblick seiner Frau schon lange nicht mehr untergekommen ist. Er schiebt ihr die Sonnenblume im Bierglas hin, um das er vorher den Kellner gebeten hat, und sagt in fast sachlichem Ton: »Für dich ... du magst ja Sonnenblumen.«

Er wirft einen Blick auf ihr Kleid, freut sich diebisch, dass er gerade eine Sonnenblume ausgesucht hat: »Passt ja zum Kleid.« Sie sieht, wie sein Blick über das Kleid wandert, auf ihrem Dekolleté kurz ruhen bleibt. Sie kennt ihn fast nicht mehr, diesen Blick. Und für eine in ihr aufblitzende Schrecksekunde spürt sie plötzlich, was dieser fehlende Blick angerichtet hat: ein verfrühtes Sterben von Dingen, die lebenslang gelten dürfen, die kein Ablaufdatum kennen. Kurze Wehen im Kopf, gleich geschluckt und geglättet unter dem anerkennenden Blick ihres Mannes. Sie schluckt trotzdem. Er sieht es: »Ist was?« – »Wehen ...«, murmelt sie leise. »Weh, tut dir was weh?« – »Nein«, sie schüttelt den Kopf auf die ihr eigene Weise, die er gut an ihr kennt. »Nein, jetzt gerade tut nichts mehr weh.« Sie lächelt, nicht nebenbei wie so oft, von einem Wortschwall begleitet. Sondern geradeaus. Sie gibt ihm ein stummes Lächeln. Ihm allein. Sie meint ihn.

Jetzt ist die Reihe an ihm, von einer plötzlichen Erkenntnis kurz betäubt zu werden: »Mensch, sie hat mich jahrelang nicht mehr so gezielt angelächelt. Und ich hab es nicht einmal gemerkt, dass da kein Lächeln war, das ausschließlich mir gegolten hat.«

Er sagt:»Du hast mir gefehlt in den letzten Jahren.«

Gut für sich selbst sorgen

In einer Familie sind laufend Befriedigungsmaßnahmen zu erledigen. Sie gelten meistens den anderen Familienmitgliedern. Die Ehefrau möchte in eine größere Wohnung umziehen. Die Kinder möchten die alte, langweilig gewordene Freizeitbeschäftigung durch eine neue »und viel geilere, macht mein Freund jetzt auch« ersetzen. Der Ehemann möchte »endlich mal bessere Stimmung zu Hause« und schaut dabei vorwurfsvoll seine Frau an. Jeder erwartet etwas vom anderen. Und die dahinter verborgene Haltung lässt sich mit drei Worten umschreiben: Tu mal was!

Das ist übrigens eine Haltung, mit welcher auch der Therapeut konfrontiert wird. Er soll endlich dafür sorgen, dass das Familienschiff in ruhigere Fahrwasser kommt.

»Warum, glauben Sie, sind wir zu Ihnen gekommen?«

»Sagen Sie es mir ...«

»Damit Sie uns sagen, was wir tun sollen.«

»Ich kann Ihnen nicht sagen oder, noch schlimmer, befehlen, was Sie tun sollen. Wir sind hier nicht beim Militär, wir können nur zusammen überlegen, was Sie verändern möchten. Und dann begleite ich Sie gerne bei Ihren Wünschen nach Veränderung. Aber Sie müssen es wollen und umsetzen. Ich arbeite mit Ihnen, aber nicht für Sie. Kann ich gar nicht.«

Der Augenblick positiver Veränderung kommt dann zustande, wenn der Einzelne in der Familie, und hier meine ich vor allem die Erwachsenen, sich wieder um sich kümmern lernt.

Das Klagelied, dass einfach keine Energie mehr für eigene Hobbys vorhanden sei bei der Doppelbelastung Familie und Beruf, ist eine Ausrede. Kinder, die nur ihre Schule haben und keine Freizeitbeschäftigungen, welche ihnen ganz einfach Spaß machen, haben erfahrungsgemäß viel weniger Energie als ihre Schulkameraden, die nebenbei noch im Sportverein sind, tanzen (Hip-Hop, Salsa etc.) oder, ja, auch ihre Internetspiele betreiben. Und was für Kinder gilt, kann auch für Eltern nicht falsch sein: Eltern, die ein Hobby haben, das sie mit Leidenschaft betreiben, tanken Lebensfreude.

Ein 48-jähriger Vater und begeisterter Motorradfahrer beschreibt wunderschön, wie sein Motorradfahren auf das Familienleben positiv ausstrahlt. Allerdings erst, seit seine Frau ihm nicht mehr neidvoll dabei zusieht und nicht mehr zu verstehen gibt, wie albern sie seine Leidenschaft findet: »Wenn mir das Dach auf den Kopf zu fallen droht, schwing ich mich aufs Motorrad – und komm relaxed zurück, der Kopf ist wieder frei.« Inzwischen würden auch seine zwei Söhne (sieben und zehn Jahre) zu ihm sagen: »Papa, geh halt Motorradfahren.« Und sein Jüngster wolle Autorennfahrer werden – aber erst, seit die Mutter nicht mehr mit verkniffenen Lippen »schräge Kommentare« (so der Vater) zu seinem Hobby abgebe.

Eine 50-jährige Mutter hat mit Bauchtanzen angefangen und »ist jetzt wieder besser zu haben«, so die 14-jährige Tochter. Länger als ein Jahr hat diese Mutter vom Bauchtanzen gesprochen als Möglichkeit, als Idee, als Sehnsucht. Vor allem aber als ein Vielleicht. Diesem Vielleicht standen so viele Hindernisse im Weg. Das erste Hindernis war ihre abendliche Erschöpfung. Das zweite ihre Gewissensbisse den Kindern gegenüber, die sie doch gerade am Abend bräuchten, um gut einschlafen zu können. Das dritte die finanzielle Ausgabe. Das vierte die Vorbehalte des Mannes (»Mach doch was Vernünftiges, wenn du schon was für dich machen willst«). Das fünfte, dass keine Freundin Lust hatte, sie zu begleiten (»Mit einer Freundin zusammen würde es mir halt richtig Spaß machen«). Das sechste ihre Figur, die ich mir selber sehr gut beim Bauchtanzen vorstellen konnte, aber sie nicht, weil sie keine Modelfigur mehr hat.

Ich mache mich nicht lustig über diese Frau. Sie steht stellvertretend für viele andere, die eine Veränderung möchten, doch es beim Wunsch nach Veränderung belassen. Und im Hinterkopf immer noch die Hoffnung hüten, der Ehepartner würde sicherlich bei gutem und hartnäckigem Zureden mal mit einer Veränderung anfangen. Dieses Schielen zum anderen hin ist wie ein Zwang. Es ist die seltsame Schatzsuche der Erwachsenen, die noch vor dem Aufbruch gescheitert ist:

»Wenn mein Mann mir mehr Aufmerksamkeit schenken würde ...«

»Wenn meine Frau etwas entspannter wäre ...«

»Wenn mein Mann nicht so viel unterwegs wäre ...«

»Wenn meine Frau nicht immer glauben würde, sie wüsste alles besser beim Erziehen der Kinder ...«

»Wenn meine Frau mal von sich aus auf mich zukäme ...«

»Wenn mein Mann mal was Nettes sagen würde ...«

»Wenn meine Frau nicht so viel arbeiten würde ...«

»Wenn meine Frau mal ihre verklemmte Erziehung ablegen würde ...«

»Wenn mein Mann nicht so ein verdammter Egoist wäre ...«

Familienstrukturen scheinen es in sich zu haben, dass man vor allem in die Familie hineinschaut, dass der Einzelne seinen Blick auf die anderen richtet. Der Blick auf sich selber, es darf durchaus auch ein kritischer Blick sein, will nicht mehr so richtig funktionieren. Es gibt einen Zeitpunkt im Jahr, der das gut symbolisiert: Weihnachten. Vor Weihnachten schießen die Erwartungen ans Familienglück besonders hoch. Nach Weihnachten erfolgt dann die Bearbeitung der erlebten Enttäuschungen. So ein bisschen Weihnachtsstimmung liegt das ganze Jahr über im Familienleben. Wofür hat man eine Familie? Doch vor allem, damit sie einen glücklich macht! *Kein soziales Gebilde ist so anfällig für passive Glückserwartungen wie die Familie.*

Es ist seltsam, wie klar allen Erwachsenen ist, dass man im Beruf arbeiten muss, dass man dort nichts wird, wenn man nur auf die anderen und deren Einsatz wartet. Warum läuft das in der Familie so anders ab? Warum beklagen sich viele Frauen, oft zu Recht, dass ihr Mann, kaum kommt er zur Tür herein am Abend, zu einem weiteren Kind mutiert, das versorgt und umhegt werden möchte? Oder das vielfach berechtigt geäußerte Ärgernis der Männer, dass ihre Frauen so selbstverständlich erwarten, dass sie dank des beruflichen Einsatzes ihres Mannes ein materiell gesichertes Leben führen können ...

Was das Familienleben oft so anstrengend macht, sind die kindlichen Gefühle und Einstellungen, die sich bei Vater und Mutter mit zunehmender Ehedauer einschleichen und wieder einstellen, als ob die Vergangenheit mit ihren alten und als Kind real erfahrenen Abhängigkeiten zurückkehren würde. Die eigenen Entwicklungswege werden immer kürzer, sind auf die berufliche Tätigkeit beschränkt, während der gemeinsame Weg in der Familie immer länger, anstrengender, lustloser wird. Kleine Kinder kennen noch kaum eigene Wege. Ihre Wege gehen sie an der Hand der Mutter oder des Vaters. Etwas von diesen Kleinkindwegen taucht in der Elternwelt wieder auf. Ein beruflich sehr selbstständiger Vater bringt es mit folgenden Worten auf den Punkt:»In der Familie kann ich mich vergessen, wir machen halt alles oder das meiste zusammen.« Oder eine Mutter antwortet auf die Frage, was sie denn zu Hause so mache:»Zu Hause? Ja, da bin ich für die Familie da.« Warum ist es so schwer, dass ein Erwachsener auch und gerade in der Familie einfach mal für sich selber da ist und den anderen vorlebt, dass man auch in der Familie noch ein Individuum sein kann mit eigenen Wünschen und Interessen, die nichts mit den anderen Familienmitgliedern zu tun haben und an denen die anderen auch nicht beteiligt sein müssen?

Die heutige Zeit fordert viel Individualität vom Einzelnen. Imke Keicher und Kirsten Brühl sprechen vom »kreativen Zeitalter«, das nun begonnen hat und das nicht mehr nach den Gesetzen von »Employability« ausgerichtet ist, also feste Beschäftigungsverhältnisse für gut Ausgebildete garantiert, sondern auf »Uniquability« setzt, auf Einzigartigkeit. Diese setzt sich zusammen aus einer ganz persönlichen Mischung aus Stärken, Talenten und Leidenschaften. Sie ist der »wichtigste Rohstoff« der Zukunft und jedes Einzelnen. (Keicher/Brühl 2008, S. 15)

Einfühlungsvermögen gewinnt an Bedeutung im Arbeitsleben, Durchsetzungsfähigkeit ist gefragt im Beruf, eine sichere Selbsteinschätzung der eigenen Fähigkeiten und Ressourcen und kooperatives Umgehen mit den eigenen und fremden Interessen werden verlangt. Im Arbeitsleben wird der selbstbewusste Umgang mit den eigenen Grenzen geradezu gefordert, um einigermaßen leistungsstark und kompetent sein zu können. Und das soll in der Familie alles überflüssig sein? Die Familie als Entschädigung für den Selbstbehauptungskampf im beruflichen Alltag?

Auch in der Familie geht es darum, dass aus einer Familie mit fünf Köpfen und fünf Herzen nicht ein fünfköpfiges, breiiges Monster wird, wo jeder Kopf danach lechzt, wieder mit einem eigenen Herzen schlagen zu dürfen, auf eigenen Beinen die Welt zu entdecken, mit eigenen Augen in eine selbst gewählte Richtung zu schauen. Wenn es in der fünfköpfigen Familie nicht fünf Individuen geben darf, die sich mitunter ganz fremd werden und Dinge tun und leben, die für die vier anderen nicht verlockend sind, wird's langweilig. Und dann steigen, weil man nicht mehr an sich und seine eigenen Aktivitäten denkt, die Erwartungen an die anderen ins Unermessliche.

Was ich hier mit abstrakten Worten zu erklären versuche, kann ein Beispiel verdeutlichen. Ein 14-jähriges Mädchen wollte unbedingt Fußball spielen. »So richtig im Verein«, wünschte sich Sophia. Doch die Eltern und der Bruder, der selber nicht Fußball spielte, fanden das eine »absurde Idee«. Die Mutter sah die Zartheit der Tochter als Hinderungsgrund, der Vater, auch er nie Fußballer, den hohen Verletzungsgrad, der Bruder fand die Idee »ziemlich gestört für ein Mädchen«. Das Familiencredo bezüglich Freizeitaktivitäten sah anders aus. Alles, was mit Feingeistigem und vielleicht noch künstlerischer Aktivität verknüpft werden konnte, war erlaubt und wurde bei jedem in der Familie gefördert. Alle vier widmeten viel Zeit »guten Büchern«, alle vier gingen in Ausstellungen, wozu allerdings, so mein Eindruck nach gewisser Zeit, keiner richtig Lust hatte, doch das Bild einer kultivierten Familie verlangte es halt. Es war eine Familie, in der man alle so ein bisschen zu kennen schien, wenn man einen von ihnen kannte. Eine symbiotische Familie, wenn es denn ein Fachwort sein soll.

Als Sophia dann doch ihren Willen durchsetzte und mit Fußballspielen im Verein anfangen durfte, passierte in der Familie etwas Spannendes: Plötzlich entdeckten auch die anderen Familienmitglieder, dass sie einander gar nicht so ähnlich sind. Nach zwei Jahren machte jeder in der Familie etwas Neues. Der Vater begann mit viel Spaß zu klettern, die Mutter gründete eine von ihr und anderen Müttern betreute Hausaufgabengruppe für Grundschüler, deren Eltern beide berufstätig waren, und der Bruder legte seine Geige beiseite und gründete eine Rockband, in welcher er der Sänger war. Und das alles, obwohl die Mutter Rockmusik verabscheut und der Vater noch kein einziges Fußballspiel seiner Tochter gesehen hat. (»Das ist einfach nicht mein Ding, Fußballplatz und so.«) Sophia hat das auch akzeptiert. Jeder wurde auf dem neuen Weg vom anderen anerkannt und in Ruhe gelassen. Wo früher eine erzwungene Maxime geherrscht hatte im Stil von »Wir sind eine Familie mit gleichen Interessen« herrschte danach die Erkenntnis vor: »Wir sind verschieden – und das ist viel spannender.« Die passiven Glückserwartungen an die anderen Familienmitglieder sind durch die neu erwachte Freude an der eigenen Aktivität als einem Ort familiärer Unabhängigkeit, wenn es um eigene Zufriedenheit geht, in dieser Familie abrupt zurückgegangen. Der Vater meinte im Abschlussgespräch: »Gott sei Dank war unsere Tochter so hartnäckig mit ihrem Fußball. Wenn ich mir vorstelle, ich hätte das Klettern nie entdeckt ... Wir mussten uns ja was einfallen lassen, nachdem Sophia ihre Wochenenden nur noch auf dem Fußballfeld verbringt. Ohne Klettern würde mir was fehlen.« Und die Mutter fügte hinzu: »Früher ist wenig geredet worden, worüber denn ... Jetzt erzählt halt jeder, was er so macht, wenn die anderen nicht dabei sind. Und das Klettern tut meinem Mann gut. Er hat einen viel sportlicheren Körper – gell, da staunst du, dass ich das sehe?«

Drei Monate nach Therapieende kommt von Frau H. noch eine Karte: »War mit meinem Mann auf einer Klettertour. Er hat extra eine leichte ausgesucht. Es war gut, viel Natur. Angefressen werde ich nicht. Ich bleibe bei mir.«

Eine Familie ist kein homogener, sondern ein heterogener Körper. Wenn jeder in dieser Gemeinschaft neben den gemeinsamen Interessen auch seine eigenen verfolgen und ausleben kann, wird so eine Familie eine lebendige Gemeinschaft, in welcher viel Austausch und die anderen Familienmitglieder bereichernde Individualität möglich werden.

Wenn es um Individualität geht, sind die Eltern Vorreiter. Dass die Hartnäckigkeit einer Jugendlichen wie Sophia allen in der Familie Veränderungen ermöglicht, ist eher die Ausnahme.

Kinder haben viel visionäre Kraft, Größenfantasien sind da noch etwas ganz Natürliches. Ein Kind ist nicht größenwahnsinnig, wenn es »so eine wie Merkel« werden will. Es zeigt nur, dass es mit sich rechnet. Dass es mit dem Leben als einem Ereignis rechnet. Oder, nochmals anders gesagt: dass sich in seinem Leben einiges ereignen wird. Ein Schuss Größenwahn ist bei Kindern etwas Wunderbares und darf nicht vorschnell eingeebnet werden. Ein Achtjähriger erklärte seinen Eltern, dass »ich mal ganz berühmt werde, ein Rennfahrer wie Schumi«. Statt dass die Eltern darauf mit entspanntem Humor reagierten, im Sinne von: »Ja, klar, tolle Idee, warum denn nicht?«, wurde er gehänselt und damit geärgert. Und zwar meistens, wenn er mit schlechten Schulnoten nach Hause kam. Man darf Kindern keine Visionen nehmen, schon gar nicht, wenn man sie selber kaum aufbringt.

Sendungen wie »Popstars« werden zu Unrecht von vielen Erwachsenen belächelt. Die jungen Männer und Frauen, die dort mitmachen, werden alle von großartigen Fantasien angetrieben, denen durchaus ein visionärer Zug innewohnt. Denn gerade in »Popstars« wird diesen jungen Menschen gezeigt, dass eigene Visionen von Größe, Berühmtheit usw. willkommen sind – wenn die Bereitschaft zum Arbeiten daran vorhanden ist. Dasselbe lässt sich in Abstrichen auch über »Germany's Next Topmodel« und Stefan Raabs Talentsuche sagen. Allerdings wird die Heidi Klum-Sendung mit jeder Staffel fragwürdiger. Heidi Klum gefällt sich in der Rolle der Zuchtmeisterin, die wie ein Automat ein strahlendes Lächeln oder einen harten, kalten Blick anknipst und quotenträchtig einsetzt. Sie und die anderen Juroren arbeiten immer mehr mit Entwertungen und vermitteln den jungen Mädchen, dass knallharte Leistung, die jede zwischenmenschliche Beziehung ausklammert, gottgleich über allen anderen menschlichen Werten thront. »Deutschland sucht den Superstar« (DSDS) zähle ich ebenfalls zu den fragwürdigen

Sendungen für unsere Jugendlichen, weil auch da einer der Juroren mit massiver Entwertung und Beschämung operiert. Eine gefährliche Sache bei Jugendlichen! Wenn Jugendliche gebeten werden, sich das Erwachsenendasein vorzustellen, bekommt man zu hören:»Stress.«–»Da musst du jeden Tag aufstehen und deinen Job machen, ob du willst oder nicht.« –»Zoff – deswegen will ich ja keine Kinder.« –»Da wird's ernst.« –»Ein gut bezahlter Job, aber es gibt ja keine Stellen mehr.« –»Musst halt durch ...« Kinder schauen sich die Eltern an und ziehen Schlüsse daraus. Die Haltung, dass man da»halt durch muss« durch das Erwachsenenleben, scheint deprimierend. Ein ganzes Erwachsenenleben einfach durchhalten?

Das wird sofort anders, wenn Eltern für sich selber noch etwas visionäre Kraft behalten konnten. Dieser Restposten Vision strahlt auf die Kinder aus. Eine 43-jährige Mutter träumt»seit einer Ewigkeit« davon, nochmals in Italien leben zu können. Vielleicht tue sie es später noch, vielleicht auch nicht. Hauptsache, sie habe ihren Traum behalten. Die 15-jährige Tochter überrascht die Eltern damit, dass sie Italienisch als dritte Fremdsprache in der Schule wählen wolle, wo doch die Familie davon ausgegangen ist, dass sie Französisch nehmen wird.»Mein Mann hat geschäftliche Verbindungen nach Frankreich und wir verbringen unseren Urlaub häufig dort«, so die Mutter. Als ich die Jugendliche danach frage, sagt sie:»Ach, weiß auch nicht ... ist irgendwie geheimnisvoll, ja, toll einfach … und die Mama sagt, Italien ist ein Traum.«

Die Zufriedenheit mit dem eigenen Leben ist ganz stark an die visionäre Kraft jedes Einzelnen geknüpft, vor allem der Eltern. Wenn sie den Kindern vorleben, dass ihr Alltag aus den Bestandteilen Hetze, Organisieren-Müssen, Konflikte-Bestehen zusammengehalten wird, entwickelt sich bei den Kindern eine natürliche Skepsis gegen das Erwachsenwerden. Sehnsüchtig erwachsen werden, wie es in meiner Generation noch bei ziemlich vielen der Fall war, will dieser Generation nicht so recht glücken. Hat es damit zu tun, dass auch bei den einst goldenen Fantasien von uns Erwachsenen der Glanz verblichen und die Haltung, etwas bewegen zu können, dem Eindruck, nur noch bewegt zu werden, gewichen ist? Oder ist die Phase der Familienkonsolidierung einfach eine Art Auszeit von subjektiven Visionen? Gut möglich, nur darf sie nicht zu lange dauern. Traumlose und wunscharme Zustände machen dem Körper und der Seele zu schaffen. Und ebenso Zustände, in denen die Sorge für die Gemeinschaft nicht mehr im Gleichgewicht ist mit der Sorge um das Eigenwohl. Die familiäre Gemeinschaft ist kein Ersatz für die Eigenvorsorge. Wie oft sagen gerade Mütter: »Wenn es der Familie gut geht, dann geht es auch mir gut«! Oder fast noch häufiger kommt der Satz, den ich bereits an früherer Stelle erwähnt habe: »Wenn es den Kindern gut geht, geht's auch mir gut.«

Vielleicht ist es das Schwerste überhaupt, im Familienkosmos die eigenen Vorstellungen von einem erfüllten Leben zu bewahren und sie durch das Familienleben hindurch aufrechtzuerhalten. Sie nie ganz aufzugeben, sie nie ganz loszulassen – auch wenn die Umsetzung immer wieder von Notwendigkeiten im Alltag aufgehalten oder verzögert wird.

Wenn einer wie Sophias Vater plötzlich mit leuchtenden Augen nach Hause kommt und seine Kinder und seine Frau einen Menschen entdecken, der einfach wieder einmal von etwas begeistert ist, nämlich dem Klettern, dann kann ein frischer Wind durch die vier Wände ziehen, der alle besser atmen lässt – und der alle erreicht, obwohl der Vater doch gerade »nur« etwas für sich getan hat. Die Familie war zwar ausgeschlossen von seiner neu gefundenen Freizeitbeschäftigung, doch sie wurde einbezogen in seine neue Freude. Sophia sagte zu Recht, und so wie ihr ergeht es vielen Kindern:

»Der war manchmal so mies gelaunt, dass du gedacht hast, mach einen Bogen um ihn oder was hab ich jetzt wieder falsch gemacht ... Und dann war da ein Abend bei uns zu Hause, seine Arbeitskollegen haben erzählt, wie witzig und nett der Papa ist. Ich hab nur gedacht, die kennen ihn ja überhaupt nicht, witzig, dass ich nicht lache.«

Die Eigenvorsorge ist fundamental wichtig, wenn es um Zufriedenheit geht. Doch genauso wichtig ist die Paarvorsorge. Wenn Mutter und Vater den Alltag gut organisieren, die Kinder jedoch den Eindruck bekommen, »gerade viel haben die sich nicht zu sagen«, wird die Luft zu Hause stickig. Viele Eltern lassen sich durch jeden Wunsch ihrer Kinder nach Hilfe, und zwar sofort, bei einem vielleicht gerade gewagten und frisch begonnenen Gespräch stören. »Mama, kannst du mal ...« – »Papa, ich versteh diese Rechenaufgabe nicht ..., ich hab doch morgen ein Referat (es ist 23 Uhr!), du musst mir unbedingt noch eine Folie ausdrucken ... ich brauch sie morgen.« Und schon ist die Elternbegegnung zu Ende. Das Gespräch der Erwachsenen musste den kindlichen Bedürfnissen einmal mehr weichen.

Wie oft sagen Kinder, wenn sie allein oder mit Freunden ins Spiel vertieft sind: »Mama, du störst.« Die Mutter geht folgsam wieder hinaus. Wie selten bekommen aber die Kinder zu hören, dass sie stören! Und ich spreche jetzt nicht von der Mutter, die gerade ungestört mit einer Freundin telefonieren will. Da weiß sie den Kindern eine Grenze zu setzen. Doch die Eltern sind meist sehr, sehr nachgiebig, wenn es um ihre Paarfürsorge geht. *Das Paar hat viel zu oft hinter den Bedürfnissen der Kinder und der Eltern zurückzustehen.* Ich bin dieser Unverhältnismäßigkeit von Kindern, Eltern und Paar ständig begegnet. Was macht es Eltern so schwer, sich auch als Paar den Kindern gegenüber zu inszenieren und durchzusetzen? Sie zeigen den Kindern geduldige, erschöpfte, zugewandte, hilfreiche, genervte Eltern. Doch wann zeigen sie den Kindern, dass jetzt Mutter und Vater nicht in Reichweite sitzen, sondern das Paar sich unterhalten möchte, und zwar ungestört?

Die 13-jährige Carla, eine Spezialistin für Last-Minute-Aufträge an den Vater, schaffte es regelmäßig, den Vater von der Mutter wegzulotsen, im Einverständnis der Mutter übrigens. Diese fragte verwundert im Elterngespräch: »Ja, soll denn Carla ohne Referat in die Schule gehen?« Beide Eltern ärgerten sich zwar maßlos über Carlas Verhalten, doch das war dann auch schon alles.

Kinder wissen um die Wertepyramide der heutigen Eltern – und wissen auch, sie für sich zu nutzen. Schule, so will es manchmal scheinen, ist viel wichtiger als ein ungestörtes Zusammensein des Elternpaares. Wegen einer Klassenarbeit am Montag können Eltern keinen Kurzurlaub machen, in einer anderen Familie wären Großeltern bereit, die Enkel ein paar Tage zu betreuen, doch sie sind nicht geeignet, weil keiner von beiden den Kindern die nötige schulische Hilfestellung geben kann. Ein Babysitter ist wiederum einer anderen Familie für einen Abend zu teuer, während der Sohn am Tag zuvor den neuesten MP3-Player geschenkt bekommt, den er vier Tage später im Schwimmbad verlieren wird.

Dass Eltern für ihre eigene Zufriedenheit nicht nur auf die Familie zurückgreifen, sondern dafür selber und unabhängig vom Familiengeschehen die Verantwortung wieder übernehmen lernen, ist die eine Sache. Die andere Aufgabe, und sie will mir mindestens genauso wichtig erscheinen, ist der Schutz ihrer Paarbeziehung. Für eine geschützte Paarbeziehung zu kämpfen, sie den Kindern zu zeigen und auch zu vertreten gegen spontane kindliche Bedürfnisse, trägt auch stark zur familiären Zufriedenheit bei.

Sexualität in der elterlichen Paarbeziehung

Mit dem Paar hat alles angefangen in diesem Buch. Und der Kreis beginnt sich zu schließen. Ich möchte dieses Buch auch mit einem liebevollen Blick auf das Paar beschließen.

Wir haben gesehen, wie stabilisierend und entspannend sich eine gute Partnerschaft auf das Familienleben auswirken kann. Doch eine Frage ist dabei bis jetzt größtenteils unberücksichtigt geblieben: Warum ist es so schwer, in der Familie eine erotische Paarbeziehung aufrechtzuerhalten? Viele konzentrieren sich darauf, dass das Kleinunternehmen Familie floriert, alle sollen gedeihen, vor allem der Nachwuchs. Entwicklung und Förderung werden in den meisten Familien großgeschrieben. Das Generationenprojekt Familie dauert aber, was die oft nicht verbalisierten, doch tief verankerten inneren Bilder anbelangt, etwa 20 Jahre.

Es ist immer wieder interessant zu sehen, dass die Familien, werden sie nach Bildern befragt, nur Bilder entwerfen, die von der Geburt bis zum Auszug der *Kinder* reichen. Die Mütter sehen sich schon vor der Geburt des ersten Kindes als Schwangere, dann als Stillende. Danach schauen sie sich auf ihrem inneren Bildschirm zu, wie sie die Kinder in den Kindergarten bringen, dann kommt oft der erste, große Schultag. Die Wochenenden werden am Wasser oder anderswo verbracht, auf jeden Fall in der Natur. Die Tochter macht Ballett, der Sohn beginnt mit Fußballspielen, beide Kinder erlernen ein Instrument, viel Zank im Kinderzimmer, der moderne Vater sieht sich, bereits häufiger als noch vor zehn Jahren, am Wickeltisch stehen, »nicht gerade begeistert, aber immerhin« (so ein Vater). Dann wartet aber auch der moderne Vater schon ein bisschen darauf, dass »es jetzt sportlich wird«: dass er den Sohn oder die Tochter in die

Künste des Fußballs, Schwimmens, Skifahrens einweihen kann. Weiterhin tauchen Bilder von Kindergeburtstagen auf. Interessant übrigens, dass bei diesen inneren Bildern ein Ort kaum erscheint, obwohl er so manifest ist in der modernen Familienwelt: der Computer. Auch erkrankte Kinder kommen auf der Fantasiereise durch das Familienleben vor, verletzte Kinder durch Fahrradunfälle oder sportbedingt. Dann Kinder, die zu protestieren beginnen, Jugendliche, die den Eltern das Leben und die Nächte schwer machen. Die Heranwachsenden bringen erste Freunde nach Hause. »Dann kommt natürlich das mit der Sexualität und wie man das handhabt als Eltern« (eine Mutter). Der Vater sieht sich beim Eishockeyspiel neben seinem halbwüchsigen Sohn stehen, die Mutter ist auf einem Einkaufsbummel mit der jugendlichen Tochter. Freundinnengespräche werden von den Müttern entworfen, Bilder von Schulabschlüssen tauchen auf, alle »schön gekleidet, alles sehr feierlich«, Großeltern spielen eine Rolle, Schwiegereltern ebenso, dann der Auszug der Kinder, ihr Vermisstwerden. Schluss.

Ich habe in den letzten Jahren wiederholt Eltern gebeten, mir ihre Vorstellungen über Familieninhalte mitzuteilen. Teilweise waren das noch sehr junge Eltern mit kleinen Kindern, teilweise auch Eltern, deren Kinder in der Pubertät angelangt waren oder sind. Erstaunlicherweise gab es kaum ein Bild zu sexuellen Eltern oder einfach Paarbilder.

Erst vor Kurzem sagte ein 40-jähriger Vater endlich einmal: »Heißer Sex!« Und den wollte er so gerne mit seiner Frau und nicht zum wiederholten Mal mit einer neuen Geliebten genießen. Seiner Frau, die bis dahin von seinen Seitensprüngen nichts gewusst hatte und dementsprechend erschüttert darauf reagierte, sagte er fast verlegen: »Wie soll denn das gehen? Wenn ich zur Tür reinkam all die Jahre, hast du mich mit den Worten empfangen: ›Du, der Martin hat ... oder gut, dass du da bist, Silvia möchte ...‹ Kannst du dich erinnern, dass du ein einziges Mal in den letzten Jahren auf mich zugekommen bist und dich einfach gefreut hast, mich, verstehst du, *mich* zu sehen?« Seine Frau musste ihm recht geben. Es ist ihr aber nie aufgefallen. Die erste Frage seiner Frau war eine typische Eva-Frage:»Was findest du denn an den anderen Frauen, sind die hübscher oder was?« Er konnte ihr, einer sehr attraktiven Frau, glaubwürdig erklären, dass es ihm gar nicht um das Äußere oder den Körper der anderen Frauen gegangen war,»die sehen ja auch nicht anders aus als du, aber es waren Frauen (!), verstehst du. Ich krieg ja keine anderen Bilder von dir hin als du neben Martin oder du neben Silvia oder du mit Martin und Silvia. Dich gibt's ja alleine gar nicht in meinem Kopf.«

Als dieser Vater, der kein wilder Aufreißer ist und noch weniger beziehungsunfähig wirkt, diese Worte gesagt hatte, wurde mir spätestens klar, woran so viele Elternpaare leiden: Der *Geschlechtspartner* kommt nicht mehr vor im Kopf des anderen.

André Heller sang einst davon, dass »die wahren Abenteuer im Kopf sind«. Wie wahr! Es trifft insbesondere für die Sexualität zu. Sexualität findet im Kopf statt. Penis und Vagina sind nur Vehikel, um wunderbare sexuelle Fantasien in Gang zu setzen. Es sind, wenn man so will, hochsensible Körperteile, die auf Vorstellungen im Kopf reagieren. Und je nach Qualität und Intensität der Vorstellungen kommt es zu einer Erektion beim Mann und zu feuchten Schamlippen bei der Frau – oder eben nicht.

In den Rollenspielen, etwa wenn die Kinder im Puppenhaus das tatsächliche Familienleben oder ein erträumtes entwerfen, kommt es kaum zu Zärtlichkeiten zwischen den Eltern. Aber nicht selten wünschen die Kinder dann, wenn sie sehen, dass ich in der verordneten Rolle des Vaters oder der Mutter dem Ehepartner einen Kuss gebe, dass ich die Rolle über mehrere Stunden beibehalte. Ein kleines Mädchen antwortete auf meine Frage, warum ich immer die Eltern spielen solle: »Du kannst das besser, die sind bei dir netter zueinander ... die küssen sich sogar.« Auch hier ist den Eltern des Mädchens gar nicht aufgefallen, dass sie sich vor den Augen ihrer Kinder tatsächlich nie küssen. Zuerst hieß es dann fast abwehrend, dass das ja auch nicht sein müsse, dass man vor den Kindern »rumknutsche«. »Ja. Aber knutschen Sie denn rum, wenn die Kinder nicht da sind?« – »Eigentlich ... auch nicht, na ja, ist selten, oder was meinst du?« Beide tauschen einen verunsicherten Blick untereinander aus.

Auch in der Paartherapie sind die Wünsche an den Partner nach mehr Zärtlichkeit »und halt was Belebendem« groß. Doch den ersten Schritt zu tun, fällt beiden Partnern schwer. Das Sprechen darüber nicht, das Warten darauf noch weniger – aber das Handeln. Viele Frauen, die meistens auch Mütter sind, beklagen sich darüber, dass es beim dann doch gewagten Austausch von Zärtlichkeiten »gleich Sex« werde. Nicht sexuelle Zärtlichkeiten sind keineswegs überflüssig, die quasi »übersprungen« werden können, sondern sind, auch neurobiologisch gesehen, der Boden, auf welchem sich erfüllende Sexualität verwirklichen kann. Zärtlichkeiten stimulieren erst im Hirn die notwendigen chemischen Abläufe, damit Sexualhormone ausgeschüttet werden können. Mit dem Ausschütten der Sexualhormone gehen die sexuellen Fantasien einher. Und die sind notwendig für eine befriedigende Sexualität.

Es gibt kaum Paare, die nicht sexuelle Wünsche haben. Doch sie werden nur noch selten erfüllt zwischen den Ehepartnern. Eine Mutter schaut exzessiv alle Liebesfilme im Fernsehen an und wird dabei von der Familie mild verspottet. Eine andere masturbiert heimlich ziemlich oft und meint dazu, das würde ihr genügen. Ihr Mann reagiert auf diese Information zuerst mit Kränkung, dann mit einem sichtlich größeren Interesse an seiner Frau. Er sagt, er habe ihr das gar nicht zugetraut.»Und ich hab gedacht, du brauchst das gar nicht mehr, du schienst mir immer so zufrieden zu sein mit dem, wie es ist.«

Andere Frauen fantasieren sich in fiktive Liebesszenen mit einem ihnen bekannten Männergesicht hinein. Oder wagen einen Seitensprung. Männer wagen ebenso ihre Seitensprünge, wobei sie, im Gegensatz zu ihren Frauen, diese seltener in eine unmittelbare Konkurrenz zur Ehefrau bringen. Der Seitensprung verursacht ihnen auch weniger schlechtes Gewissen. Dabei hilft ihnen die männliche Ratio.»Es geht da um was anderes, ich will ja gar nicht meine Familie gefährden, ich liebe meine Frau.« Frauen können das nicht so gut voneinander trennen. Der Seitensprung bedrückt sie, offenbart ihnen einen Mangel in der Ehe, den sie viel weniger als der Ehemann wegdrücken können. Vielleicht erklärt das auch die Tatsache, dass Frauen viel häufiger die Scheidung einreichen. Sie wollen auf die lange entbehrte Zärtlichkeit und Erotik, die sie beim Fremdgehen gefunden haben, nicht mehr verzichten, sondern sie in ihr Alltagsleben integrieren. Männer onanieren auch viel häufiger, als es ihre ihnen angetraute und vertraute Ehefrau vermuten würde.

Sichtbar wird aus den zurückliegenden Zeilen vor allem eines: Auch in der Familie gibt es noch einen Mann und eine Frau – und nicht allein Mutter und Vater. Auch in der Familie geht es also nicht nur um das Entdecken der eigenen Identität (für Kinder) und das Gestalten der Identität (für die Erwachsenen), sondern auch darum, die Geschlechtsidentität zu erhalten. Und das ist gut so. Doch warum kommt da so viel Passivität und Geheimniskrämerei vor? Warum gehen Paare nicht viel offensiver mit ihren geschlechtlichen Bedürfnissen um, wenn sie diese doch nach wie vor empfinden? Wie kommt man darauf, dass gerade im vertrautesten Kreis, den es geben kann, dort, wo man jahrelang miteinander lebt, über das Selbstverständlichste nicht geredet wird?

Sexualität ist selbstverständlich, so wie Denken, Fühlen, Handeln.

Sexualität ist das schönste und spannendste Spiel, das Erwachsene miteinander spielen können. Viel Zeit verbringen Erwachsene mit ihren Kindern mit »Monopoly« oder anderen Würfelspielen, weil »Kinder spielen wollen, die haben ja einen natürlichen Spieltrieb«, erklärt ein Vater von vier Kindern. Stimmt. Doch auch Erwachsene haben einen natürlichen Spieltrieb, wollen spielen, wollen nicht ständig lernen und Verantwortung übernehmen, sondern Spaß haben. Das macht Eltern nicht unernst und kindisch, sondern – vitaler. Familien, in denen das Elternpaar eine aktive Sexualität lebt, sind belastbarer. Sie werden durch einen inneren Spannungsbogen zusammengehalten, wie ihn keine noch so gut gemeinten und ständig verbalisierten Vorschriften und Erziehungsregeln aufbauen können. In so eine Familie kehren Kinder und Jugendliche jeden Tag gern zurück. In so einer Familie brauchen die Eltern keine Angst zu haben, dass ihre Halbwüchsigen irgendwann abhauen oder vergessen, wo sie hingehören. Eine Liebesbeziehung zwischen den Eltern ist wie ein Magnet für die Kinder.

Doch wie gewinnt dieser Magnet seine Kraft zurück? Es gibt dazu eine schnelle Antwort und ein langes Experiment: durch Fantasie.

Wenn es Elternpaaren, oder Paaren überhaupt, gelingt, sich den anderen als Sexualpartner wieder vorzustellen, finden sie zu dieser Kraft zurück. Bei Seitensprüngen, die unter anderem auch deswegen so heißen, weil sie den Seitenspringer ja gar nicht von seiner Hauptstraße abbringen sollen, nämlich der Beziehung mit einem geliebten Partner, kommt, wie schon kurz erwähnt, oft ganz spontan der Verdacht auf, dass der andere, mit dem der Seitensprung stattgefunden hat, attraktiver, schöner ist, der Mann den größeren Penis, die Frau den schöneren Körper, größeren Busen usw. haben müsse. Diese Vermutungen sind Unsinn. Der Körper, der Penis, die Brüste werden nur anders erlebt. Es spielt in der Sexualität überhaupt keine Rolle, wie groß ein Penis ist, sondern wie groß die Fantasietätigkeit, die Vorstellungskraft von Mann und Frau dazu ist. Genauso ist es mit den Brüsten. Wenn ein Mann Fantasien der Begierde aufbringen kann, sind die Brüste genau passend dazu.

Eine Frau kam mit ihrem Mann in die Paartherapie, nachdem sie erfolglos eine andere »Therapie« hinter sich gebracht hatte: eine Brustvergrößerung. Sie hatte sich zu diesem Schritt auf Bitte ihres Mannes entschlossen, nachdem er sie mit Seitensprüngen, die er mit »Frauen mit richtig großem Busen« unternommen hatte, unter Druck gesetzt hatte. Nun hatte sie, die vorher Körbchengröße A hatte (sah schön aus, einfach zu ihrem Körper passend, wie ein Foto verdeutlichte), Körbchengröße B. An der gemeinsamen Unzufriedenheit mit der Sexualität konnte die Operation jedoch nichts ändern. Es wurde im Verlauf der Therapie deutlich, dass es keine positiven Körperfantasien über den Partner gab. Bei beiden nicht, obwohl sie sich liebten. Und noch etwas wurde klar: Sie kannten ihre sexuellen Bedürfnisse und Vorlieben nicht.

An früherer Stelle habe ich hier festgestellt, dass in den heutigen Familien, vor allem in den Kinderzimmern, sehr viel gesprochen wird: über Schule, Noten, die terminliche und organisatorische Gestaltung von Kinderhobbys, über Wochenendplanung, über Berufliches. Doch so eine wunderbare Sache wie die eigenen sexuellen Wünsche und Bedürfnisse befindet sich im sprachlichen Niemandsland. Wie viele schulische Probleme der Kinder würden sich von allein lösen, wenn die Eltern im Bett nicht neue Lösungsstrategien zu den Schulproblemen entwerfen würden, sondern einander ihre sexuellen Fantasien anvertrauen könnten! Weil Mann und Frau im Bett so weit voneinander entfernt sind, haben so viel Kind und Kindersorgen zwischen Mutter und Vater Platz.

Ich spüre in den Kindertherapien ziemlich schnell, wenn in dieser Richtung sich zu Hause etwas verändert hat. Vor allem die Vorschulkinder wollen dann plötzlich selber die Elternrollen im Puppenhaus übernehmen. »Wir drehen jetzt einen anderen Film«, hat mir ein Fünfjähriger angekündigt. Ich muss jetzt das Kind spielen, das sich »furchtbar langweilt«.

»Warum langweilt sich denn der Junge so?« (Ich hole mir immer »Regieanweisungen« vor dem Rollenspiel.)

»Die Eltern sind nicht da.«

»Aha, und wo sind die Eltern?«

»Die schlafen, siehst du doch, ich hab sie ins Bett gelegt.«

»Tatsächlich, das ist ja wirklich ein neuer Film, sonst müssen die doch immer so viel herumrennen und -fahren.«

»Die haben jetzt eben keine Lust mehr herumzurennen, sind ja nicht doof ...«

Er hatte dann eine gute Idee, wie er dem gelangweilten Jungen im Rollenspiel helfen konnte. Er hat einfach einen Freund erfunden. Einen Freund, den der Junge, der bis zu diesem Zeitpunkt darunter gelitten hatte, dass er keinen richtig guten Freund im Kindergarten besaß, dann auch in der Realität gefunden hat.

Sexualität zwischen Erwachsenen ist viel mehr als der sexuelle Akt. Der wird oft überbewertet. Ein Umstand, den vor allem viele Männer endlich zur Kenntnis nehmen sollten. Sie sind nicht als Potenztier im Bett gefragt, sondern als fantasievolle Liebhaber, die nicht nur die Hose aufmachen, sondern ebenso den Mund und das Herz. Mann und Frau vermögen es, wenn sie sich wirklich trauen, den anderen mit ihren Fantasien in den einzig Richtigen zu verwandeln. Die äußeren

Attribute werden dann, wie schon gesagt, einfach zu den Vehikeln ihrer Begierde. Und Begierde findet zuerst im Kopf statt. Zwischen den Beinen wird sie nur umgesetzt.

Wenn Paare sich wirklich trauen, ihre »schlimmen« Fantasien einander mitzuteilen, ist der erste große Schritt getan. Diese Fantasien sind übrigens nie »schlimm«. Den Geruch des Schlimmen, Unartigen oder sogar Pervers-Anrüchigen hat ihnen das Elternhaus, häufig ein christlich-katholisches oder puritanisch-evangelisches Elternhaus, verpasst. Von diesen strengen inneren Moralbildern muss zuerst eine Loslösung erfolgen. Vielleicht ist das der schwerste Schritt überhaupt.

Viele Eltern haben Probleme mit der Pubertät ihrer Kinder, weil sie da sexuelle Bewegungen spüren, die ihnen so selber nicht mehr erreichbar zu sein scheinen. Ein verlorenes Land? Hinter den streng kontrollierenden Vätern oder den verunsichert-neugierigen Müttern von Adoleszenten verbergen sich manchmal eine nicht wahrgenommene Trauer und auch Neid. Dabei zeigt gerade die Arbeit mit älteren Paaren, dass Sexualität und erotische Fantasien nicht das Vorrecht einer bestimmten Altersgruppe sind. Sicherlich verändert sich die Sexualität im Alter. Sie kann feiner, differenzierter werden, nicht mehr so organfixiert, allerdings nur, wenn sie wie ein vielstimmiges Instrument jahrelang geübt und benutzt worden ist. Keiner kann plötzlich ein Instrument spielen und zum Klingen bringen, das er schon vor Jahrzehnten aus der Hand gelegt hat. Oder das er nur zwischendurch, im schnellen Seitensprung, unter ziemlichem Stress benutzt und mit einem Stoßgebet versehen hat: Hoffentlich geht's überhaupt noch! Dieser Umstand könnte viele betrogene Ehepartner etwas entspannen. Denn die Seitensprünge sind ja meistens nicht in eine gewachsene und gefühlte Beziehung eingebettet, wie es das langjährige Zusammenleben vorzuweisen hat, sondern mit einer ordentlichen Portion Stress verknüpft. Da muss es dann funktionieren, sonst springt der andere gleich wieder ab, weil ihm ja nicht viel mehr als die Sexualität angeboten werden kann.

Ein wunderbarer Psychoanalytiker, der leider bereits verstorben ist, Johannes Cremerius, hat einmal zu mir im Gespräch gesagt:»Ich weiß nicht, warum die Menschen sich immer trennen müssen ... es kommt doch gar nichts Besseres nach.« Ich lasse mir oft Fotos von den neuen Partnern oder außerehelichen Kontakten zeigen. Und was man äußerlich auf den ersten Blick erkennen kann, würde Cremerius recht geben. Dann, könnte man vermuten, muss halt die psychische Beschaffenheit eine ziemlich andere sein. Das ist sie in den Augen der Frischverliebten tatsächlich auch fast immer. Der neue oder zweite, dritte Ehepartner wird mit vielen liebe- und fantasievollen Attributen ausgestattet. Er ist zuerst einmal »der ganz andere und Passendere«. Doch so bleibt es grundsätzlich nur bei Menschen, die verstanden und aufgearbeitet haben, was die alte Beziehung zerstört hat. Bei allen anderen wurde der neue Partner unbewusst fast mit zweifelsfreier Sicherheit nach dem vertrauten und nicht erfolgreichen, nicht bewältigten Paarmuster ausgesucht. Schon bald kommt es zu ersten Eintrübungen und Verunsicherungen. Plötzlich tauchen Züge beim neuen, idealisierten Partner auf, die einen schon beim alten Partner genervt haben.

Ich tendiere immer mehr dazu, auch gerade nach den Erfahrungen in der Paartherapie, dass Liebe nicht durch einen Austausch der Körper und Gesichter neu gefunden werden kann, sondern mit einem Austausch der Fantasien und Einstellungen zum vorhandenen Partner verbunden ist. Wie gesagt: Äußere Veränderungen werden maßlos überschätzt in Bezug auf eine glückliche Partnerschaft. Auch ein neuer Partner ist keine Garantie für eine bessere Liebe. Das Buch von Eva-Maria Zurhorst *Liebe dich selbst und es ist egal, wen du heiratest* unterstützt meine Haltung, dass es um Arbeit an der vorhandenen Partnerschaft geht – und nicht um das verzweifelte Greifen nach neuen und verlockenden Liebesfrüchten irgendwo da draußen in der Welt, die, kaum gegessen, schon wieder neuen Hunger wecken und einfach nie satt machen. Manchmal, das sei jedoch auch gesagt, ist es allerdings richtig, den Partner zu wechseln, nämlich dann, wenn die bestehende Beziehung durch Entwertungen und emotionale Distanz so vergiftet ist, dass ein Neuanfang einfach unmöglich geworden ist.

Der große Liebesmythos, der in unseren Köpfen und Herzen nicht untergehen will – und das ist auch gut so –, hält uns am Puls des Lebens. Auf ihn verzichten zu wollen, käme einem Verzicht auf Lebendigkeit gleich. Es gibt in Sachen Liebe – und gemeint ist damit die nie zu stillende Sehnsucht, so erkannt und angenommen zu werden, wie man ist – viel Resignation. Wer nicht mehr glaubt, es wert zu sein, geliebt zu werden, wird müde. Sehr müde sogar. An der Paarbeziehung zu arbeiten, ist nicht eine Sonderschicht, die neben aller sonstigen Arbeit noch eingelegt werden muss. Es ist die Arbeit, die die anderen Arbeitsvorgänge leichter von der Hand gehen lässt. Liebe verankert einen Menschen in dieser Welt, fesselt ihn an sie und bewirkt, dass sie ihn fesselt. Lieblosigkeit entfernt ihn von ihr. Manchmal sehr weit, in Krankheit, Erschöpfung, Isolation.

Ausklang

Unsere Reise durch das Familienland ist nun zu Ende. Uns sind auf den vergangenen Seiten viele kleine, mittlere und große Berge begegnet, die auf dieser Wanderung erklommen und bewältigt werden wollen. Zu so einer langen Wanderung gehören Ausdauer, Beharrlichkeit und Mut. Innehalten gehört dazu und die gemachten Wegstrecken daraufhin zu überprüfen, ob man nicht da und dort in unerwartet unwegsames und unfruchtbares Gelände geraten ist. Irrwege und Umwege sind Teil dieser langen und lohnenden Wanderschaft durchs Familienleben. Doch wenn sie glückt, wartet am Ende dieses vieljährigen Weges für jeden Beteiligten das Geschenk der inneren Freiheit. Gibt es etwas Lohnenderes als das Gefühl, in den Besitz seiner vorhandenen Fähigkeiten und Möglichkeiten zu gelangen und diese auch einigermaßen selbstverantwortlich zu leben?

Liebe und Achtung für sich und den Nächsten sind dabei eine unverzichtbare Wegzehrung, welche die zur Wanderschaft benötigten Rucksäcke füllt. Mal steckt im Rucksack etwas wenig davon drin, dann helfen nur erneute Achtsamkeit und Bedenkpausen. Kritik, Vorwürfe, Schuldgefühle und Schuldsprüche leeren den Rucksack bedenklich schnell. Doch das passiert nur dort, wo man die neugierige Erkundung auf andere und sich selbst lieber abbricht, als sich den noch unvertrauten, doch lohnenden Wegen der Selbstentdeckung hinzugeben. Der Mut und die Bereitschaft zur Selbstentdeckung lässt uns manche schweren und schwer begreifbaren Stationen im eigenen Leben, die wir immer aus der eigenen Biografie wegzudrücken versucht sind oder für welche wir uns sogar geschämt haben, neu verstehen und einordnen. Die Wanderung durch das Familienleben führt nicht weg von der eigenen Biografie, sondern zu ihr hin und zur Aussöhnung mit ihr. Und in dieser Aussöhnung werden unglaubliche Kräfte frei für die noch vor uns liegenden Wegstrecken hin zu einem Leben, das diesen Namen verdient.

Anhang

Danksagung

Neben den zu Beginn des Buches bereits erwähnten Kindern, Eltern und Paaren, die mir in der therapeutischen Begegnung immer wieder ihr Vertrauen geschenkt haben, möchte ich auch Barbara Ziegler vom B.F.B.M. (Bundesverband der Frau in Business und Management), Regionalgruppe München, danken für ihren rechtzeitigen Hinweis, dass »man nicht immer alles allein hinkriegen muss«, Gerd F. Rumler für seinen engagierten Einsatz bei der Verlagssuche, Dagmar Olzog vom Kösel-Verlag, welche mich nach unserer ersten Begegnung so ermutigt hat, und Gerhard Plachta, in welchem ich einen Lektor mit viel Feingefühl und Sprachsinn gefunden habe.

Literaturhinweise

Adler, Alfred: *Der Sinn des Lebens*, Köln 2008
Aliki: *Gefühle sind wie Farben*, Weinheim/Basel 1995

Bachmann, Ingeborg: »Der gute Gott von Manhattan«, in:
Werke, Band 1, München/Zürich 1982
Bachmann, Ingeborg: »Ihr glücklichen Augen«, in: *Werke*, hrsg.
von Christine Koschel und Inge von Weidenbaum, Band 3,
München/Zürich 1982 (1982a)
Bauer, Joachim: *Lob der Schule. Sieben Perspektiven für Schüler,
Lehrer und Eltern*, Hamburg 2007
Bloch, Ernst: *Das Prinzip Hoffnung*, Werkausgabe in 16 Bänden,
Band 5, Frankfurt/M. 1977
Bovensiepen, Gustav; Hopf, Hans; Molitor, Günther: *Unruhige
und unaufmerksame Kinder. Psychoanalyse des hyperkineti-
schen Syndroms*, Frankfurt/M. 2002

Dammasch, Frank; Katzenbach, Dieter (Hrsg.): *Lernen und
Lernstörungen bei Kindern und Jugendlichen. Zum besseren
Verstehen von Schülern, Lehrern, Eltern und Schule*,
Frankfurt/M. 2004

Eliacheff, Caroline: *Das Kind, das seine Mutter zu sehr liebte*,
München 2001

Gibran, Khalil: *Der Prophet*, Düsseldorf 2005

Heinemann, Evelyn; Hopf, Hans: *Psychische Störungen in Kindheit und Jugend. Symptome – Psychodynamik – Fallbeispiele
– psychoanalytische Therapie*, Stuttgart, 3., überarb. Aufl.
2008

Juul, Jesper: *Nein aus Liebe. Klare Eltern – starke Kinder*, München, 7. Aufl. 2009

Keicher, Imke; Brühl, Kirsten: *Sie bewegt sich doch! Neue Chancen und Spielregeln für die Arbeitswelt von morgen*, Zürich 2008
Krolow, Karl: *Im Diesseits verschwinden. Gedichte aus dem Nachlaß*, Frankfurt/M. 2002

Lindgren, Astrid: *Ronja Räubertochter*, Hamburg 2007

Mentzos, Stavros: *Neurotische Konfliktverarbeitung*, Frankfurt/M. 1984
Mercier, Pascal: *Nachtzug nach Lissabon*, München/Wien 2006
Moeller, Michael Lukas: *Die Liebe ist das Kind der Freiheit*, Reinbek 1990

Parens, Henri: »Zur Epigenese der Aggression in der frühen Kindheit«, in: *Analytische Kinder- und Jugendlichentherapie*, Frankfurt/M. 1996

Raue, Jochen: *Aggressionen verstehen. Psychoanalytische Fallstudie von Kindern und Jugendlichen*, Frankfurt/M. 2008

Schlink, Bernhard: *Liebesfluchten*, Zürich 2000
Seiffge-Krenke, Inge: *Psychoanalytische und tiefenpsychologisch fundierte Therapie mit Jugendlichen*, Stuttgart 2007

Winnicott, Donald W.: *Aggression. Versagen der Umwelt und antisoziale Tendenz*, Stuttgart, 4. Aufl. 2003
Winnicott, Donald W.: *Vom Spiel zur Kreativität*, Stuttgart, 11. Aufl. 2006